歴史は現代文学である

社会科学のためのマニフェスト

イヴァン・ジャブロンカ 著
真野倫平 訳

L'histoire est
une littérature
contemporaine
Ivan Jablonka

名古屋大学出版会

Ivan JABLONKA
L'HISTOIRE EST UNE LITTÉRATURE CONTEMPORAINE
Manifeste pour les sciences sociales

Collection La Librairie du XXIe siècle, sous la direction de Maurice Olender.

This book is published in Japan by arrangement with Éditions du Seuil,
through le Bureau des Copyrights Français, Tokyo.

歴史は現代文学である——目　次

第II部　歴史の論理

第III部　文学と社会科学

凡　例

一、本書は、Ivan Jablonka, *L'histoire est une littérature contemporaine. Manifeste pour les sciences sociales*, Seuil, 2014 の全訳である。

一、原文の強調には傍点を付した。ただし、文意を明確にするために訳者が傍点を付した場合もある。

一、［　］は原著者による補足であり、〔　〕は訳者による補足である。

一、〈　〉は原文において大文字で始まる単語を指す。

一、（　）の注は原著の注、〔　〕の注は訳注である。

一、(1)、(2)……という番号は訳者による補足である。

序説

歴史《イストワール》でも文学《リテラチュール》でもあるようなテクストを想像できるだろうか。この挑発的な問いは、新しい形式を生み出すのでなければ意味がない。歴史と文学は互いにとって、トロイの木馬以外のものでありうるのだ。

私の考えは次のようなものである。歴史の書法《エクリチュール》は単なる技術（プランの提示や、引用や、脚注）ではなく、一つの選択である。研究者はある書法の可能性を目の前にしている。それに対して、作家《エクリヴァン》にはある知識の可能性が与えられている。つまり、文学は、歴史や社会学や人類学に対する適性を備えている。

十九世紀において歴史と社会学が文芸《ベル＝レットル》から切り離されたために、議論の根底には常に二つの公準が横たわっている。すなわち、(1)社会科学は文学的な効力を持たない。(2)作家は知識を生産しない。書法を犠牲にして「科学的」な歴史を取るか、真理を犠牲にして「文学的」な歴史を取るか、選択しなければならないのだ。この二者択一は一つの罠である。

第一に、社会科学は文学的でありうる。歴史はフィクションではなく、社会学は小説ではなく、人類学はエキゾチシズムではない。そして三者ともある方法上の要求に従っている。この枠組みの内側において、研究者が書く《エクリール》ことを妨げるものは何もない。研究者は、テクストならざるもの〔非文学的なテクスト〕の中に学識を放り出すのではなく、テクストにおいて論理を具体化し、自らの証明のために形式を練り上げることができる。社会科学と文学創造を両立させることは、より自由で、より正当で、より独創的で、より反省的なやり方で書こうと試みることであり、研究の科学性を弛緩させるどころか、それを強化することである。

というのも、書法が歴史と社会科学の無視できない構成要素であるのは、美学的理由よりもむしろ方法上の理由によるからだ。書法は単なる「結果」の伝達手段でもなければ、研究が終わるやいなや大急ぎでかけられる包装紙でもない。それは研究そのものの展開であり、調査の本体である。知的な楽しみと認識能力のほかに、さらに市民的な次元が存在する。社会科学は専門家のあいだで議論されなければならないが、重要なのは、それがさらにより広い読者によって読まれ、評価され、批判されうることだ。書法によって社会科学の魅力を増すことは、大学や書店における社会科学嫌いを和らげる一つの手段になりうるだろう。

第二に、私は、文学がいかなる点で現実を報告するのに適しているかを示したい。研究者がテクストにおいて証明を具体化できるのと同様に、作家は歴史や社会学や人類学の論理を実行することができる。文学はかならずしもフィクションの天下ではない。文学は社会科学の調査方法を適用し、時にはその先駆けとなる。世界を語ろうとする作家は、独自のやり方で研究者となるのだ。

社会科学は、現実についての知識を生産するがゆえに、また現実を再現する（古くからのミメーシス）だけでなく現実を説明できるがゆえに、すでに文学の中に存在している。旅行日誌、回想録、自伝、書簡、証言、私的日記、人生譚、ルポルタージュ、これらすべてのテクストにおいては、何者かが観察し、申し立て、書き留め、精査し、伝達し、子供時代を物語り、不在の者を思い出し、実験を報告し、個人の足跡をたどり、戦争中の国や危険地帯を駆けめぐり、雑多な事件やマフィア組織や専門領域を調査する。このような文学はすべて、歴史や社会学や人類学の思考を示しており、ある種の理解のための道具、すなわち現在と過去を理解するある種のやり方を備えている。

本書が答えようとするのは、以下のような問いである。

(1)歴史と社会科学の書法をいかにして刷新するのか。

(2)われわれは、現実についての文学を、世界について書くこと《エクリチュール》を定義できるだろうか。(3)われわれは、文学でも社会科学でもあるようなテクストを構想できるだろうか。

これらの質問は第三の、より実験的な問いへと収斂する。――(3)われわれは、文学でも社会科学でもあるようなテクストを構想できるだろうか。

歴史が存在して以来、われわれは歴史の書き方について反省を重ねてきた。二世紀半前、ヴォルテールは「この分野については多くが語られすぎたので、ここでは手短に語らねばならない(1)」と述べている。一方、社会科学が文学に何をもたらしたか、文学が社会科学に何を行ったかについては、これまでそれほど問われてこなかった。その理由は、社会科学が比較的若い学問だからである。二十世紀初頭以来、歴史と社会学は、厳密な意味での文学《レットル》と科学《シアンス》のあいだの「第三の教養」を形成してきた。世界大戦と大量殺戮もまた状況に変化をもたらした。歴史、証言、文学は、一九四五年以来もはや同じ意味を持っていない。

本書が扱うのは、世界につながった文学であり、社会科学としての歴史であり、方法でも創造でもあるような研究、すなわち書法における認識論である。歴史は自分が望む以上に文学的であり、文学は自分が思う以上に歴史学的である。どちらも柔軟で、並外れた可能性を秘めている。数年前から、あらゆる方面――雑誌や、書籍や、インターネットや、大学の内部――において、さまざまな自発的な動きが起きている。研究者や、作家や、ジャーナリストの側では巨大な欲求が感じられ、そして読者の側では巨大な期待が感じられる。

これは、すべてが同じだということを意味するのではない。社会科学があり、文学がある。境界線は実在するのだ。フィリップ・ロスが言うように、作家が「何者に対しても責任を持たない(2)」としても、研究者は少なくとも自分が明言したことの正確さについて責任がある。私はただ、ジャンルについての反省を行い、境界線が開拓前線になりえないかを見極めたいだけだ。規範を突きつけるのではなく、道を切り拓きたい。「こうしなくてはならない」ではなく、「こうできる」と言いたい。一つの可能性を示唆し、時には進めるであろう道を示したいのだ。

歴史を書く

本来の意味での「歴史の書法《エクリチュール》」（文学形式としての書法、社会科学としての歴史）について語るためには、文学と歴史の関係に目を向けなければならない。ところが、これらの概念はあまりに多義的で、あまりに流動的で、いくつかの点であまりに新しいので、両者を接近させるとどうしても誤解を招かざるをえない。

第一の誤解は、文学と歴史は明らかに同一だというものである。歴史小説がその証拠ではないだろうか。実際、この文学ジャンルは、回想録としての叙事詩という着想に基づいており、古代にまでさかのぼる。キケロが言うように、歴史とは「重要で記憶に値する」[3]出来事を取り扱うものである。大文字の〈歴史〉とは過去の重要事であり、偉人たちが重大事件を生産するスペクタクルであり、戦争や革命、陰謀、結婚、疫病が個人や集団の運命を激動させるフレスコ画である。小説家の中には、この「大いなる〈歴史〉」をつかまえて、クレオパトラや、剣闘士や、サン＝バルテルミーの虐殺や、ナポレオンや、塹壕や、宇宙開発をよみがえらせようとする者もいるだろう。しかし、歴史とは内容よりも手続きであり、理解しようとする努力であり、証拠についての考察である。〔シャトーブリアンの〕『墓の彼方からの回想』や〔プリーモ・レーヴィの〕『アウシュヴィッツは終わらない[1]』が騎士任侠物語〔デュマの『三銃士』など〕よりも歴史的なのは、ナポレオンやアウシュヴィッツについて語っているからではない。それらが歴史の論理を生産しているからだ。

われわれは歴史と文学を、主題と切り離して、叙述《ナラシオン》という目的に基づいて同一視することができるかもしれない。二つとも物語り、事件を配置し、筋を組み立て、人物を舞台に乗せる。そのとき歴史は、「真実の小説」(4)という形式において、広大な小説文学の中に溶け込むことになる。しかし、歴史《イストワール》はかならず波乱に富んだ物語《イストワール》なのだろうか。そして、文学は小説に要約されるのだろうか。文学の概念をさらに狭め、文学が心地よい言い回しやバランスのよい文章にあるのだと信じるふりをするならば、歴史は魔法をかけられたように変身するだろう。文学を作るには、「美しいペン」を持つだけで、読みやすい本を書くだけで十分ということになるだろう。

一九七〇年代から八〇年代にかけて、ヘイドン・ホワイト、ポール・ヴェーヌ、ミシェル・ド・セルトー、リチャード・ブラウン、ジャック・ランシエール、フィリップ・カラールなどの思想家が、「歴史の書法」が存在すること、そしてさらに「歴史の(あるいは社会学の)詩学」が存在することを明らかにした。しかし、実際に研究者が物語ったり引用したりするからといって、彼が創造のために努力することに同意したのだと速断してはならない。あるテクストの文学的性格はその論証的性格とは別のものであり、後者には過去の管理や、資料の組織や、学識ある考証がかかわっている。歴史に技術的な書法が存在するのは自明なことである。とはいえすべての研究者が書き方の選択をするわけではない。それどころか、実際のところ、社会科学は素材については、二十世紀の小説と同様の変革を遂げたとは言いがたい。歴史家は、論述(ディスクール)からテクストへ移行することを受け入れれば、自らに新たな地平を定めることになる――それはもはや「歴史学的書法」ではなく、単に書く《エクリチュール》ことである。

したがって、歴史の書法について反省するためには、〈歴史〉とか「真実の小説」とか「美文」といった空虚な言い回しを避けなければならない。歴史が文学的であるのは、それが感情をかきたてたり、物語ったり、配置したりするからではないのだ。

第二の誤解は、第一の誤解と対称的なもの、つまり、歴史は反文学だというものである。科学の地位に到達するために、歴史は文芸から身を引き離した。そして社会学は、社会学者を自称する小説家たちに対抗して構築された。文学者の努力は、アマチュアリズムや気取りや方法の不在と結びついており、まさしく研究者の仕事に寄生するものである。それに、今日では文学という概念はフィクションを含意しているが、歴史はフィクションではない。もしフィクションであるなら、歴史は、「『現実』とか『本当に起きたこと』といった古くからの考え[5]」に密着するという、自らの存在理由を失うことになるだろう。歴史は知識を生産するのではなく、多少の説得力を持つ事実の解釈を生産するものとなるだろう。一九七〇年代から八〇年代にかけて、言語論的転回《リングイスティック・ターン》とポストモダニズムは、歴史を文学（フィクションとして、そしてレトリックとしての）になぞらえることで、歴史が認知的な効力を持つことに異議を唱えようとした。

文学と歴史が対立させられるようになって以来、物事は明確になった。一方には娯楽としての書くこと《エクリチュール》があり、他方には真面目な研究がある。この二分法は、多くの研究者が文学に対して持っている曖昧な関係を説明してくれる。彼らは自分たちの仕事の枠内で文学を利用し、プライベートで文学を大いに楽しむが、自ら文学を作り出すことはない。それは違反を犯すことになるからである。普遍的に受け入れられる唯一の「書法」は、規範的なもの、すなわち、序説、章、脚注、ならびに若干の修辞技法である。

社会科学の研究が文芸やフィクションに不信を抱くのは当然だろう。しかし、文学の仕事とまったく関係ないと繰り返し言いすぎると、社会科学の研究は弱体化するおそれがある。小説はその問題提起と形象化の力によって、十九世紀の歴史に深い影響を及ぼした。とりわけ、「文士」たちの関心の対象であるという理由で書法に有罪宣告を下せば、われわれは歴史記述《イストリオグラフィー》の大部分を無に帰してしまうことになる。というのも、ヘロドトスからポリュビオス、キケロからヴァッラ、ベールからギボン、ミシュレからルナンにいたるまで、あらゆる認識上の前進は等しく文学的革新によってなされてきたからだ。それゆえに、書法を軽視すると高くつくおそれがある。

したがって、歴史の書法について反省することは、破門制裁のようなやり方を拒絶することである。歴史が方法であり、社会科学であり、専門化された学問分野であるからといって、まったく文学的でなくなるわけではない。

歴史の書法——それは自明なものか、あるいは危険なものか。すべての歴史が文学的であるのか、いかなる歴史も文学的でないのか。このような不毛な逡巡から逃れるためには、研究者の文学への熱望が、何かを断念することや、「本当の」仕事の後の気晴らしや、戦士の休息になるのではなく、認識上の恩恵になるようにしなくてはならない。それが反省をうながし、率直さと厳密さを増加させ、しきたりを明らかにし、証拠についての議論や、批判的論争へと誘うのでなければならない。したがって、社会科学を書こうとすることは、〈歴史〉の名誉を回復することでも、カフェのカウンターで社会談議にふけることでも、華やかな文体を称賛することでもない。それは学問分野の基礎に立ち戻り、方法と書法を両立させ、書法における方法を実行することである。フィクションとレトリックの打撃によって歴史を殺すのではなく、形式や叙述の構築や言語の研究によって、真理のための努力と結びついた調査としてのテクストにおいて、歴史を鍛え直すことである。文学創造とは歴史学の科学性の別名なのだ。

より繊細で、より自由で、より正当なやり方で書くことは、研究者に利益をもたらす。ここでは、数学的証明が「エレガント」であると言われるのと同様に、正しさや自由や繊細さが認知能力と結びついている。年表や年代記は知識を生産しない。事実そのものが語るなどという考えは、魔術的思考に属しているからだ。それに対して、歴史は知識を生産する。なぜなら歴史は文学的だからであり、テクストにおいて展開されるからであり、物語り、開示し、説明し、反論し、立証するからであり、そして真実を書くからである。書法は研究者に対する呪いではなく、証明が取る形式である。書法はいかなる真理の喪失ももたらさない。それは真理の条件そのものなのだ。

一人一人が、おのれの方法としての書法を鍛え上げなければならない。社会科学の書法を刷新するとは、あらゆる規則を廃止することではなく、自由に新しい規則を自分に課すことなのだ。

現実についての文学

約三万二千年前にショーヴェ洞窟の壁に描かれたサイや、ホメロスより二千年以上前にギルガメシュ叙事詩群に描かれた森や怒りは、ミメーシスが芸術と同じくらい古いことを示している。ルネサンスにおいて、遠近法と表現力が世界の表象を完成させた。小説は、そのさまざまな変身——十二世紀の騎士道物語、十七世紀以降の冒険小説や心理小説、十九世紀の社会小説——において、レアリスムの別の形式を提示する。それは現実を描き、人物や場所を描写し、行動を演出し、人間の魂に入り込むことができる。画家がデッサンと色彩を対応させるように、作家は言葉と物を対応させようと試みる。

誰も、それがある種の効果を与える構築物であることを疑わない。誰も、言葉が「現実」に直接到達できる——まるで言葉が指し示す力と、指し示した瞬間に消え去る力の両方を持つかのように——とは思っていない。しかし、あらゆる科学の原動力である知識への野心は、テクストが現実と一致しうるという確信に基づいている。一九三〇年代にタルスキが指摘したように、ある理論が真実であるのは、それが事実と対応している場合であり、そのような場合だけである。言語哲学において、「同一化の公理」は、聴衆がある発言からある対象を認識できるということを公準として要請する。

歴史家と社会学者と人類学者は、自らの文章と現実のあいだのずれについて、正しい言葉を選ぶことの難しさについて、ある種の経験の伝達不可能性について、非常に研ぎ澄まされた意識を持っている。誰一人として、「客観的」な現実や「ありのまま」の事実を再現しようなどというナイーヴさを持ってはいない。しかし誰一人として、自らの言葉が事物から切り離されているという考えを受け入れたりはしない。われわれが図書館に閉じ込められ、ある言葉から別の言葉へ、ある意味から別の意味へと翻弄され、世界との断絶を嘆き悲しむ（あるいは喜ぶ）よう運命づけられているという考えは、研究と両立しない。われわれの言葉は、たとえ不完全なものであれ、物を補足する力を持っている――つまり、テクストはとにかくテクスト外のものを報告できる。言語活動はわれわれの問題であると同時に、われわれの解決でもある。それゆえにわれわれは「書く勇気」(6)を持ち続け、物語を語ったり、イメージを用いたり、比喩を創作したり、シンボルを動員したりできるのである。

科学者と社会科学研究者の確信が、どうして文学に反響を及ぼさないことがあろうか。問題のすべては、世界がいかにしてテクスト内に入り込むかを知ることにある。それはレアリスムによってか、あるいは真実らしさによってか――。それに反論するのは容易だろう。プラトン的伝統において、そしてバルトにいたるまで、文学はコピーのコピーであり、だまし絵であった。ドイツ・ロマン派は、小説《ロマン》はそれだけで一つの宇宙であると考えた。それは固有の法則に支配された独我論であり、自らの文学性や作家の想像力を演出するのだ。第二次世界大戦後、ヌーヴォー・ロマンが伝統的レアリスムの終焉を告げたとき、プリーモ・レーヴィ、ヴァルラーム・シャラーモフ、ジョルジュ・ペレック、アニー・エルノーといった作家たちは、現実を理解するための別の解決法を提案した――それはすなわち、われわれの人生を解読することであった。起きたことを理解すること、書法を「知識を得る手段、世界を所有する手段」(7)とすること。こうした欲求から、理解への意志につちかわれた、根本的に歴史学的で社会学的な文学が生まれた――ミメーシスを軽々と飛び越えて。

文学と現実の関係についての問いを立て直すことにしよう。表象や真実らしさについての使い古された問いを扱うのではなく、どうすればテクストにおいて、テクストによって、真実を述べることができるのかを解明しなくてはならない。現実についての文学を理論化するためには、レアリスムからでなく、社会科学から――それが調査を行うかぎりにおいて――出発する必要がある。あるテクストが世界と一致するのは、論理によってである。文学と社会科学が両立可能なのは、論理がすでに文学の中心に隠れているからだ。たとえば、人生譚や回想録やルポルタージュが示すとおりである。

このように観点を逆転することで、「世界から切り離された」文学という紋切り型や、いかなる美的野心も創作力も持たない非情な社会科学という紋切り型を、お払い箱にすることができる。そしてさらに、心静かにフィクションの問題に取り組むことができる。というのも社会科学そのものが、証明の不可欠な要素である、管理され補強されたある種のフィクションを用いているからである。現実についての文学は、社会科学の形式と内容から発想を得ているので、もはや自らをノンフィクションと定義する必要はない。それはただ事実を伝えるだけではなく、理解のための道具を用いて事実を説明する。それが生産する知識は、単なる「事実に基づく」物語を超越する。その理解はミメーシスを包含し、完成するのだ。

研究としてのテクスト

本書は、社会科学を書くための、そして現実についての文学を構想するための別のやり方を提案する。しかし、本書自体は特に斬新な形式を取り入れるわけではない。なぜこのような矛盾が生じるのだろうか。なぜなら本書は、また別の本である『私にはいなかった祖父母の歴史』の後継であり分身だからである。同書はポーランドの共産主義者のユダヤ人夫婦マテス・ヤブウォンカとイデサ・ヤブウォンカの足跡を、彼らのユダヤ人村《シュテトル》からアウシュヴィッツまでたどるものである。この家族の伝記の試みが本書に直接的な発想を与え、本書はその理論的な基礎をなしている。

二〇〇〇年代の半ばに、私は自分の博士論文（生活保護を受けた子供たちについて）の口述審査を受け、同時に『姉妹なる魂』という小説（ピカルディーとモロッコのあいだのある若者の放浪を描いた）を刊行した。博士論文はソルボンヌ大学に提出され、小説は匿名で刊行された。「純粋」な歴史と「純粋」な文学というこの二重の試みは、いささか人為的なものであった——たとえ二つの作品がいずれも、親を失ったり捨てられたり裏切られたりした子供たちの物語を語っているとしても。私は、社会科学と文学創造は両立させられず、ましてや公の場でそのようなことを主張できるはずがないと判断した。そのために私はある種の苦しみを感じていた。「もし私が歴史家になれば、書くこと《エクリチュール》は単なる趣味になってしまうだろう。もし作家になれば、歴史はもはや金儲けの道具にすぎなくなるだろう」。私がこの『私にはいなかった祖父母の歴史』という非合法的形態を採用することを決意するには、何年かの歳月、いくつかの試み、いくつかの出会いが必要であった。同書が歴史学的な性質を持つのか、文学的な性質を持つのかは決定不可能である。私はついに作りたいものに到達したのだ。

まずは研究としてのテクスト、そして今回は、その方法論の解明。一方は他方なしでは成り立たない。しかしこの使用説明書はまた、マニフェストのようなものでもある。私は「私」と言う、なぜなら私はそこで私の確信と私の実践を開示するから。私はまた「われわれ」と言う、なぜならわれわれは研究者や、作家や、ジャーナリストや、出版者からなる一種の共同体——もしかしたら一つの世代——であるから。われわれは、ある反省——社会科学や、研究の形式や、世界について書くことや、自らを創り直す必要についての——によって結びついている。もちろん、われわれの反省はどこから出てきたわけでもない。それは、それぞれの方法で歴史を書き現実について語った、われわれの先人たちの経験や、われわれの先輩たちの成功に基づいている。

重要なのは、社会科学と文学が出会うことを受け入れたとき、両者の潜在的可能性を開拓することである。このような構想はあらゆる規範を、ましてやあらゆる出来合いの方法を拒絶する。すなわち、歴史が「事実」や「概念」をもたらし、文学が「書法」や「感性」を引き受けるのだから、あとはそれらの要素を混ぜ合わせるだけでよいといったものだ。とはいえこの受精のパロディーは、いまなお習慣的なアイデンティティを規定している。文学には、人生や、個人や、心理や、内面や、複雑な感情が結びつけられ、社会科学には、真面目で集団的な主題や、重大事件や、社会や、諸制度が結びつけられる。文学は「作家《エクリヴァン》」のみによって書かれ、「文学者《リテレール》」のみによって研究されるという考え、そして歴史は「歴史家《イストリアン》」のみのものであるという考えを拒絶しよう。科学対物語、理性対想像力、真面目対楽しみ、内容対形式、集団対個人といった、昔ながらのカップルの夫婦喧嘩を信じる必要はない。

たしかに境界は必要である。歴史はフィクションや、寓話や、妄想や、模造品ではない（今後もそうだ）。アリストテレスが『詩学』第九章で行った、詩と歴史のあいだの区別は、この点で基礎的なものである。しかし、起こりうることと実際に起こったことを区別することは、研究者がポイエーシス〔創造〕と無縁であると宣告することではない。研究者が古文書学や、方法論や、概念や、叙述や、語彙について発明を行うことは、本来の意味での創造的行為である。研究者は、知識の生産と、知の詩学と、美学とを結び合わせることで作品を作る。だから問題は、「歴史家が文学を作るべきか否かではなく、どのような文学を作るか」[8]である。作家と社会科学についても同様のことが言える。問題は、作家が現実について語るかどうかではなく、現実を理解する手段を手に入れるかどうかである。

重要なのは、恥ずかしいなどと思わないことだ。すべては集団的に実験を行えるかどうかにかかっている。想像しよう――人を魅了する社会科学を。証明するがゆえに感動的である歴史、書かれるがゆえに証明する歴史を。人間の生活が開示されるような調査を。研究としてのテクスト、あるいはクリエイティヴ・ヒストリーと呼びうるような雑種的形式を。そして、世界について真実を語れるような文学を。

第I部

大いなる離別

第1章　歴史家、弁論家、作家

誰の目から見ても、歴史《イストワール》は文学《リテラチュール》ではない。われわれはいつからそのように考えているのだろうか。十九世紀以前において歴史と文学の分岐を研究しようとするのは時代錯誤だろう。というのもこれらの概念が実在しなかったから、あるいは少なくとも、今日とはまったく異なる意味を含んでいたからである。だからといって、両者の対立がロマン主義あるいは方法的革命に始まったにすぎないと結論したら、それは間違いになるだろう。それはまるで、「歴史」と「文学」が生まれるやいなや互いに独立したと言うようなものである。

間違いを避けるためにも、知的生産の体系のただなかにおいて、これら二つの概念——ジャンルならびに制度として——の系譜を作る必要がある。それも、それらの意味が語彙の中で固定化してしまう以前の両者の関係に注意しながらである。歴史は最初から文学（詩、レトリック、文芸という意味での）と親密な関係にあった。それが十九世紀に文学から身を切り離して科学として誕生したのである。しかし、すでに古代の議論において、歴史とその「文学的」な周縁部は区別される傾向にあった。歴史と文学の区別は二十五世紀前に始まったのだ。

悲劇としての歴史

ヘロドトスについての後世の評価は矛盾をはらんでいる。ペルシア戦争、サラミスの海戦、マラトンの戦い、ペルシア人、エジプト人、スキュタイ人、バビロニア人についての歴史家は、「歴史の父」として称えられると同時に、その素朴さを揶揄されてもいる。紀元前五世紀に書かれた『歴史』は、事件の原因（とりわけギリシア人とバルバロイの戦争の原因）を合理的に探究する。しかしそれは同時に、記憶という原初的な機能にも基づいている。「ハリカルナッソス〔ヘロドトスの出身地〕のヘロドトスはここに自らの調査の結果を示す。時間とともに人間の仕事が失われ、ギリシア人やバルバロイが達成した偉大な業績が忘れられることを防ぐためである」。この有名な序文は、神々が真理の所持者であり、真理を夢や神託のうちにちらつかせる世界、ピュティア〔デルポイの巫女〕が人間の未来や浜の真砂の数までも知っている世界へと、われわれを招き入れる。『イリアス』におけるホメロスや『神統記』におけるヘシオドスと同様に、ヘロドトスは神々の力と人間の偉業を同時に褒め称え、その記憶を未来の世代へ伝えるのだ（後世の伝統は『歴史』の諸巻に、ムネモシュネの娘である九人のミューズの名を与えることになる）。彼は最初の近代人なのか、あるいは最後の吟唱詩人なのか。

ヘロドトスを誹謗する者たちにとって、彼の「詩人」としての側面は、彼が語る寓話や吹聴する物語（*muthoï*）に由来する。アリストテレス、ディオドロス、ストラボンは『歴史』を無駄話の塊と考えた。プルタルコスはヘロドトスの「悪意」についてパンフレットを作成した。この「散文家」、「話好き」、「作り話をする者」（*homo fabulator*）の動機は何だろうか――楽しませることである。ヘロドトスは聴衆を喜ばせるためなら真実を犠牲にしただろう。彼の目的は、話の真実性ではなく、文体の魅力と物語の驚異である。だからまだ「ヘシオドスやホメロスのフィクションを信用する方がたやすい」[1]ほどだ。

トゥキュディデスは『戦史』(前四三〇年頃)の冒頭で自らの方法を示しながら、ホメロスやヘロドトスとは反対の方向を目指す。ホメロスについては、容易に信頼してはならない。なぜなら彼は「詩人なので」、飾り立てて美化するからである。ヘロドトスについては、オリュンピア祭典競技のところに関しては「考証の断片」によって優れており、つかの間の満足を与えてくれる。同時に、トゥキュディデスは自らの認識上の野心を表明し、拍手喝采は香具師に任せようとする。「私の物語には驚異が少ないので、おそらく耳に心地よいものではないだろう」[2]。われわれが「永遠の知識」を手に入れるのは、美しい言葉によってではない。真理は厳格な歴史記述を必要とするのだ。

三世紀後、もう一人の歴史家ポリュビオスは、悲劇作家という、別の詩人としての歴史家から距離を取った。彼は悲劇作家たちの誤謬や、厳密さの欠如や、とりわけパトスへの嗜好を非難した。マンティネイアの戦いを物語るさい、フュラルコスのような者は「おぞましき場面」を多用する。たとえば、敗者は奴隷として連れ去られ、女たちは絶望のあまり髪をふり乱し胸を露わにして抱きしめ合う[3]。フュラルコスは、感情としての歴史に身を任せるという過ちを犯した。そこには、事件の原因や、行動の動機や、人間の意図といった説明的要素はまったくない。ポリュビオスは、フュラルコスの残酷なあるいは感動的な場面を批判することで、歴史よりも詩に優越性を置いたアリストテレスに反駁したのである。ポリュビオスは、自分が詩人よりも有益だと主張するため、魅力的なものと理解可能なものを対置する。「私は読者に気に入られるよりも、思慮深い精神の持ち主に貢献したい」[4]。詩人には悲劇的なものや、スペクタクルや、特異なものを。歴史家には真理という堅固なものを。

ヘロドトスの「神話」やフュラルコスの「悲劇《トラジェディー》」は詩を志向する。叙事詩であろうと悲劇であろうと、詩は観客に最大の効果を与えるために物語を配置する。この種の歴史はどのような価値を持つのだろうか。アリストテレスはすでに、それは詩よりも低級なものであると答えている。しかし、演劇化された歴史もまた粗悪な歴史である。それは真実よりもセンセーショナルなものに関心を持ち、教えることよりも怖がらせたり魅惑したりすることを好む。このような「悲劇役者」（あるいは「神話学者」）は、詩人によれば歴史家、歴史家によれば詩人であり、同時に二流の詩であり二流の歴史であることを運命づけられている。

ヘロドトスについての黒い伝説〔悪意のある言い伝え〕と、悲劇作家をめぐる論争は、一つの理想と、それと背中合わせの反対物を浮かび上がらせる。すなわち、娯楽を持たない真理としての歴史と、演劇化され偽りの魅惑に満ちた詩としての歴史である。トゥキュディデスとポリュビオスはこのようにして、認識論と美学を一致させた。歴史は魅惑することも感動させることもできない。それは厳格な真理を目指すだけなのだ。

だからといって、彼ら自身が「悲劇」を提供するのをやめたわけではない。トゥキュディデスはわれわれに惜しげもなく、ケルキラ島で生きながら幽閉された犠牲者たちや、自らの血で赤く染まった川で溺れたアテナイ人たちのスペクタクルを並べ立てる。ポリュビオスの現存効果は、本質的に悲劇的なものである。というのもその効果は「あたかもそこにいるかのよう」に物事を描き出すことで、パトスを生産するからである。ティトゥス＝リウィウスも、ルクレティアやウェルギニアの死の物語によって、あるいはガリア人に蹂躙されたローマの光景によって、読者に強い印象を与えることを恐れはしない。たとえば、敵の叫び声は「女子供の泣き声や、炎のうなる音や、家々が崩壊する轟音によって[5]」かき消されたというのだ。

キケロがルキウス・ルッケイウスへの書簡で書いているように、悲劇作家は曖昧で甘美な感情を呼び起こす（アリストテレスならカタルシスと言うだろう）。彼自身の執政官時代の歴史は、危険と波乱に満ちた作り話（*fabula*）と化しており、読者に感嘆、期待、喜び、悲しみ、希望、不安といったあらゆる状態を通過させる。おそらく、それが無償の効果なのか、あるいは教訓的エピソードなのかという違いはあるだろう。しかしここで重要なのは、歴史家たちが自らに課してはすぐに破るあの規則――演出なし、感情なし、スペクタクルなしという規則である。この着想は、科学としての歴史を予告するものであり、それ自体のうちに言語活動に対する不信、つまり自己目的的で、きらびやかで、自らの力を過信するあまり世界に取って代わろうとする言葉に対する不信をはらんでいる。

雄弁としての歴史

最初期の年代記作家たちは、物語の零度に達するほど手段を節約している。たとえば、聖書の系譜や、エジプトで各年に起きた記憶すべき出来事のリストや、スーサのアクロポリスの石碑に刻まれた歴代の王の名前や、オリュンポス祭典競技の勝利者のリストや、ローマの大神祇官が記録した公的回想録や、エフェメリッド〔日付ごとに起きた事件を記した暦〕などである。カトーやファビウス・ピクトルからシセンナにいたるローマの年代記作家たちも、それ以上のことはしていない。キケロは『弁論家について』の対話と『法律』において（これらは前五五―五二年に執筆された）、名前や場所や行為を記載するだけで満足してしまう、こうした根本的に事実中心の「歴史」の貧しさを嘆いている。ギリシアと違って、ローマはまだ歴史家を持っていない。というのも、キケロにとって歴史家とは物語を飾るすべを知っている者だからである。すなわち、それは単なる語る者（*narrator*）ではなく飾る者（*exornator*）であり、書法《エクリチュール》の質や、文体の豊かさや、調子を使い分ける能力によって特徴づけられる。だからこそ歴史は弁論家にとって素晴らしい仕事なのだ(6)。

この雄弁《エロカンス》としての歴史は、現実に価値を与え、美しい行為を美しい言語の中にはめ込む。このような局面こそまさに歴史家の劣等性を示すものである。歴史家は純粋な語り手であり、論証せず、何も立証せず、誰にも反駁しない。ただ「起きたこと」を語ることで自らの才能を示すだけである。飾られた歴史（*historia ornata*）は、公共広場や法廷における高貴なレトリックと異なり、いかなる説得の努力も行わない。歴史が「優れて弁論的な芸術」（*opus oratorium maxime*）であるという格言があるからといって、キケロ自身にとって歴史家が、議会や法廷の輝かしい代表者である弁論家や政治家や弁護士より劣っているということを忘れてはならない。歴史家が顕示の雄弁を操るのに対し、これらの者は戦いの雄弁を操るのだ。歴史のレトリックは純粋に装飾的なものであり、都市で活動する闘争的なレトリックとはまったく異なる。ルクレティアの自殺の後、ブルートゥスは激烈な言葉で民衆の怒りを引き起こした。そのような言葉を「弁論家たちは憤激によって見出すが、歴史家たちは与えることができない[7]」。

歴史は高貴なレトリックに奉仕することができる。それは、例示や先例や逸話を提供することで、判事に熟考を促したり群衆に強い印象を与えたりすることによってである。キケロやクインティリアヌスにとって、弁論家が事件の年譜やローマ史や偉大な王たちの歴史を知るのは、有益なことである。ポリュビオス、ティトゥス＝リウィウス、スエトニウス、プルタルコスらの「人生の師」である歴史は、倣うべき例や役に立つ教訓に満ちている。それは弁論家や、政治家や、弁護士や、公的生活に乗り出そうとする若者にとって有益である。それはまた、都市の引退者にとっての甘く苦い避難所でもある。たとえばサッルスティウスはカエサルの死後に、スキピオの美徳や、ユグルタの狂った野望や、習俗の退廃について熟考した。歴史は公共広場の戦いに有益だが、それはまた公共広場の戦いの代用品でもあるのだ。

キケロ風弁舌というこの弁論術、この近代的な意味での「レトリック」（アリストテレスやキケロ自身が理論化した、法的で政治的なレトリックとは反対のもの）は、歴史の輝かしさと脆弱さの両方を説明する。つまり、美しいがゆえに輝かしいが、ただ美しいがゆえに脆弱なのである。歴史は、真のレトリックの下位に置かれるものであり、道徳的教訓の他に「真理」をもたらさず、知識や闘争という形式ではなく、ただ言語という形式で楽しみを与える。歴史は堕落した二流のレトリック、二流の政治学であり、それを語る者の満たされぬ野心のはけ口なのだ。クインティリアヌスが言うように、歴史はただ「後世に事実を伝え、作家に名声を獲得させる」[8]ことを目指す。歴史家が自らの言説《ディスクール》を、見事な配置（*dispositio*）と最上の措辞（*elocutio*）によって描かれた偉業の目録と見なすやいなや、歴史家は文章家となる。彼は、真実よりも効果や美が重視される、詭弁術の方へそっと近づいてゆくのだ。

古代において、歴史家には文体上のさまざまな長所や短所が結びつけられた。キケロはこの分野において、「流麗でゆったりとした」文体、甘美で規則的で豊かで優美さに満ちた文体の擁護者となった。ヘロドトスを読んだことで、彼の演説は、太陽の下を散策する者が日焼けするように、「色彩豊か」なものになった。反対に、無味乾燥で難解な思想を持つトゥキュディデスは、この弁論家にとって何の役にも立たなかった[9]。言語の純粋さ、簡潔さ、荘重さ、飾り気のなさといった、アッティカ風文体に基づくトゥキュディデスの伝統を受け継いだのは、政治家・歴史記述者としてのキケロの対抗者であったサッルスティウスであった。この節度に満ちた書法は、同時代のカエサルにも認められるが、何よりもまず理解を重んじる知性としての歴史から生じるものである。それは聴衆の興奮をかきたてる情熱としての歴史の反対物である[10]。それは文体の厳格さなのか、あるいは理論の厳格さなのか。

裸の歴史（*historia nuda*）と飾られた歴史の対立は、キリスト教の歴史記述にも見出される。四世紀初頭、カエサレアのエウセビオスは、簡潔な表現を持つ年代記や編年史と、より雄弁な歴史や武勲詩とを区別した。十一世紀と十二世紀に歴史家たちは、聖アウグスティヌスが司祭たちに勧めた「慎ましき誓い」に倣って、単純でわかりやすい文体で書きたいと述べた。このような約束にもかかわらず、彼らは権力者に対して、レトリックに満ちた芸術的散文（*Kunstprosa*）のような、ラテン語の——あるいは韻を踏んだ——美しい散文の言説を提供した[11]。一三六九年、フロワサールは韻文を捨てて散文を取ったが、彼は自らの『年代記』によって「素材に沿って年代記や歴史を書く」機会を得た。

雄弁としての歴史は、悲劇としての歴史に続く古代の歴史の第二の「文学的」形式であるが、研究されると同時に批判された。なぜ学者がうまく書く必要があるというのか。誰かが興味を引くのは、彼が真実を述べるからであり、美しい文章を作るからではない。起きたことを報告しようとする者にとって、頭韻法や転置法は何の役にも立たない。それでは、修辞技法が事実を損なわないように、最小限に物語るようにすべきだろうか。そうなれば「裸の真理」は、編年史家の空虚なカタログに陥るおそれがあるだろう。アッティカ風の簡潔さに与するにせよ、飾る者（*exornator rerum*）であるキケロと張り合うにせよ、歴史家はあるジレンマに直面する。もし「あまりに多く」語れば、彼の言葉はもはや現実に合致せず真理を裏切ることになる。もし「あまりに少なく」語れば、もはや事実の羅列と名前のリストしか残らない。それでは、どうすれば物語を美化することなく読者の心をとらえることができるのか。どうすれば美のために真理を犠牲にせずにすむのか。書法の問題があれほど古代や中世の歴史家の関心をとらえたのは、それが認識的な効力を持つからである。

賛辞としての歴史

キケロは顕示のレトリックの中に、歴史や、称賛や、イソクラテスの『民族祭典演説《パネギュリコス》』風の演説や、ギリシア人が演示と呼ぶ、褒め称えたり非難したりする「講演」のすべてを含めた。歴史と弁論術を最初に結びつけたのは、実際は紀元前四世紀のイソクラテスとその弟子たちであった。「賛辞《パネジリック》」を発明したのは彼らであり、それは民族（『民族祭典演説《パネギュリコス》』におけるギリシア人）への、あるいは個人（テオポンポスにおけるマケドニアのフィリッポス）への称賛であった。

称賛において、歴史家は、記憶を分け与えるという詩人の原初的な任務を再発見する。そして彼が引き渡す「真理」すなわちアレテイアは、まさに忘却すなわちレーテーの否定である。歴史家は王たちに栄光を付与するかぎりで、王たちの栄光を永遠のものにする。このような特権は歴史家の役割を途方もなく大きなものにし、不死に憧れるすべての者にとって歴史家を不可欠のものにする。キケロはルッケイウスに、自らの執政官職に対する称賛を浴びたいという「途方もない欲求」を告白している。詩人のアルキアスも、自分が「時代の記憶の中に栄光と不滅の種を」[12]蒔くことを手伝ってくれるだろう。帝政時代には、タキトゥスが『弁論家についての対話』で嘆くように、公的なイデオロギーが弁論の才能を窒息させてしまう。それは歴史を道具にしてしまう。たとえば、ティトゥス゠リウィウスは永遠なるローマを歌うことでアウグストゥスの権力に仕え、小プリニウスは『トラヤヌス帝への賛辞』において皇帝を称えた。

悲劇や雄弁と同様に、称賛も疑念を生じさせる。この行動は後世に伝えられるに値するのだろうか。ヘロドトスがテミストクレスについて、プルタルコスが立法者や征服者たちについてしたように、歴史家は権力者を過大に評価していないだろうか。反対に、歴史記述者の中には、公平性を自らの倫理の重要要素の一つとする者もいた。彼らが告発するのは、（演示に固有の）称賛というよりはむしろ、歴史家を宣伝者に変えてしまうような、追従的で過大で不当で違法な称賛である。宣伝者が筆致を辛辣にして告発者になる場合も、同様に罪深い。ポリュビオスは、歴史家たちが献身のため――あるいは恐怖のため――に、マケドニアのフィリッポスに対して不公平な態度を取るのを激しく非難した。「君主たちをわけもなく誹謗してはならないし、褒めちぎってもならない」[13]。サモサタのルキアノスは、紀元一六五年頃にギリシア語で書かれた『歴史は如何に記述すべきか』において、歴史と賛辞のあいだに「壁」があると判断している。清廉で自由な立場にいる歴史家は、真理の他にいかなる友人も、いかなる王も、いかなる祖国も持ってはならない。もし追従者がアレクサンドロスは投げ槍の一撃で数匹の象を殺せると主張するなら、彼の著書は川に投げ捨てられるべきだ。[14]

形式はさまざまであるが、詩（叙事詩であれ悲劇であれ）と雄弁と演示は、われわれの「文学」に相応する。いずれも同じように、形式に配慮し、美的な目的を持ち、楽しみを原理とし、才能に価値を認める。[15] ところで、古代以来、歴史は自らの「文学的」諸形式に対して距離を取ることで自らを定義してきた。すなわち、悲劇としての歴史はその演出と劇的効果によって強い印象を与え、雄弁としての歴史は文体と教訓に配慮し、賛辞としての歴史においては歴史家の情熱が沸き立つというのだ。これらの形式はときに互いに結びつき混じり合う。イソクラテスとその弟子たちは、弁論術と歴史と賛辞を同時に実践した。ルキアノスは、歴史、詩、神話、称賛、誇張法、追従を混同することを「重大な誤謬」と考えた。

しかし、これら三つの「文学的」形式を区別することが有益なのは、トゥキュディデスとポリュビオス以来、そのいずれもが引き立て役として役に立つからである。歴史家でありながら、小説を書いたり、美化したり、誇張したり、朗唱したり、おのれをひけらかしたり、追従したり、理想化したり、戯画化したり、有罪判決を下したりする者は、もはやあまり歴史家ではない。こうした逸脱に対しては三つの対抗策が存在する。すなわち、(1)感情なき歴史、(2)飾り気なき歴史、(3)傾向なき歴史である。これらは十九世紀に科学としての歴史に収斂することになる。

悲劇とともに「誇張する」こと、雄弁とともに「自分の話に酔う」こと、賛辞とともに「味方する」こと——これらの文学的形式は歴史を危うくする。しかし——これが重要な点だが——それらは歴史の外部にあるのではない。それらを異物として排除することはできない。それらは歴史のテクストの内部に残像の状態でとどまっている。なぜなら、読者の関心を引かなくてはならないからであり、事実を取り出すだけでは満足できないからである。研究対象とのあいだには常にある絆が結ばれるものだからである。問題が生じるのは、物語がパトスになり、書法が大言壮語になり、関心が不公平さになるときである。文学が多くなりすぎると、歴史は死ぬ。文学が少なすぎると、もはや何も残らない。歴史が個人の考えた物語であるかぎり、そして偶然に選ばれた日付のリストでないかぎり、歴史は文学的であるだろう。それゆえに、「文学」から完全に解放されたと思っている歴史家たちを、彼ら自身の「文学」によって罠にかけるのは容易なことである。われわれは常に、他の誰かの目から見ると詩人なのだ。

したがって、古代以来告発されてきたこれらの「文学的」形式は、歴史家の自我が持つ病理ではない。それは冒すべき危険であり、たどるべき稜線である。文学は必要かつ危険なものであり、歴史の中心に生きているのだ。

宮廷史に抗して

古典主義の時代には、歴史は常にジャンルから外れたものであった。人文主義の知識全能主義の遺産である「文学《レットル》」は、歴史、哲学、文法、法律、倫理学、神学、幾何学、物理学、天文学といった知の総体を指すものであった。「文学共和国《レピュブリック・デ・レットル》」は、全ヨーロッパの学者たちが交流する抽象的な共同体であった。十七世紀後半になると、この普遍的な〈文学《レットル》〉のただなかに、言語活動の技術とそれが引き起こす魅力によって結びつけられた下位グループである「文芸《ベル＝レットル》」が姿を現す。周りの境界は流動的だったが、その不動の核となったのは文法、雄弁、歴史、詩であった。ル・モワーヌは『歴史』（一六七〇）の冒頭で、「歴史家であるためには詩人でなくてはならない」と述べ、歴史は「才気をもって」書かれるべきだと明言した。ルネサンスもまたこのような比較を行った。一四八二年のフィレンツェにおいて、詩とレトリックの教授であるバルトロメオ・デッラ・フォンテは、歴史についての演説によってその年の講義を開始した。

文芸の内部におけるこのような共存のせいで、古代の議論が再燃することになった。「文学的」形式によって支配され編成された歴史、朗唱的で詩的な歴史は、いかなる真理に迫ることができるのだろうか。十六世紀にキケロ風弁舌は、国家や教会の人間、高等法院の弁護士、モラリストのもとで絶大な人気を博した。それはこれらの者たちに、都市における効果的な弁舌のモデルを提供したからである。しかし人文主義者の中には、キケロ風弁説に反対して論争を始める者もいた（たとえば宗教改革についての歴史家であり、フロワサールやコミーヌのラテン語訳者であるジャン・スレダン）。古代におけるキケロやティトゥス＝リウィウスのような、あるいは近代における『黄金伝説』の聖人伝作者のような歴史家としての詩人は、自らの寓話や称賛や非難によって真理を犠牲にした[16]。後の世代の法学者で哲学者のジャン・ボダンは、「簡素で単純で直接的」な裸の歴史を理論化した。それは、証人としての立場と無味乾燥な文体によって栄光を獲得した、カエサルの『ガリア戦記』の伝統を受け継ぐものであった。

歴史家の美しく誇張された言葉は、また追従的でもある。絶対主義の隆盛とともに、公的な修史官たちは歴史を国王の利害に従属させたとして非難された。その中には、シピオン・デュプレクスや十七世紀のイエズス会の神父たちのような、真の学識者も含まれていた。その他に、一四六〇年代にブルゴーニュ宮廷の修史官であったシャトランのように、君主のたわごとに対して躊躇なく「真理を述べた」者もいた。しかし、このような国王によるメセナのシステムにおいて、歴史は、コルベールの助言者であるシャプランの言葉を借りれば、「国王の計画の栄光と彼の奇跡の詳細を記録する」手段となった。修史官の肩書きは羨望の的であったが、人々は廉潔さの名においてそれを非難した。なぜなら金で買われた詩は、歴史の観念そのものを堕落させるからである。一六七七年にルイ十四世の修史官に任命されたラシーヌとボワローについて、セヴィニエ夫人はビュシー＝ラビュタンに宛てて、国王は「二人の詩人以外の歴史家を」持った方がよいと書いた。ビュシー＝ラビュタンは彼女に対し、「あの連中は真理を取り逃がすことで、真理そのものの信用を失わせる」[17]と返答した。

修史官が道具になったことの反動として、歴史の三つの形式が発展を遂げた。すなわち、(1)回想録《メモワール》、(2)説教《セルモン》、(3)学識《エリュディシオン》である。修史官が君主たちの記念碑を建てているあいだに、回想録作者は事実を立て直した。なぜなら彼らは、戦場や、外交使節団や、宮廷における目撃者だったからである。マルタン・デュ・ベレー(一五六九)、ブレーズ・ド・モンリュック(一五九二)、ミシェル・ド・カステルノー(一六二一)、バッソンピエール(一六六五)、レー(一六七七)といった者たちは、自らの回想録を執筆しながら、「ありのままの」事実を述べるという野心を抱いていた。そしてそのついでに、自分たちがどれほど君主の勝利に貢献したかを示した。歴史が長広舌や、称賛や、装いや、文体の装飾を好むのに対し、回想録は気取りのない言い回しや、単純な書法や、「化粧も手垢もない清潔さ」[18]を実践する。

ボシュエは説教壇の上から、宮廷の権力者たちに別の「真理」――つまり彼ら自身の虚しさ――を開示した。栄光は、征服者や彼らに仕える者のものではなく、ただ創造主のものである。持ち上げるのも貶めるのも、王たちに権力を授けるのもそれを奪うのも、すべて創造主のしわざである。碑文も、記念柱も、棺台も、コンデ一族の栄光も、キケロ一族の虚栄心も、「今はなきものの虚しきしるし」[19]である。教会人は、太陽王の廷臣である以上に神の道具なのだ。

ベールは『歴史批評辞典』(一六九七)において、雄弁としての歴史と賛辞としての歴史から最も明確に距離を取っている。修辞学教師の仰々しい文体は、単純さと荘重さを必要とする歴史には向いていない。「歴史技術の規則」には、君主に対する独立が含まれる。十七世紀の法律家・歴史家で、イタリアとヴェネツィアの専門家であったカプリアータは、フランスとスペインのあいだで均衡を保ったことを自慢した。デュプレクスはマルグリット・ド・ヴァロワの家と密接な関係にありながら、正当にもその悪徳を暴露した。彼は「真理の公共大臣」として、「これらの事実をはっきりと確かめる」のに貢献した。歴史家の自由は、権力者への献辞や彼らの褒賞によって損なわれるものではない。歴史家は党派的精神も、中傷の精神も捨てなければならない。どこの者か尋ねられたら、歴史家はこう答える。「私はフランス人でも、ドイツ人でも、イギリス人でも、スペイン人でもありません。私は世界の住人であり［……］、真理に仕えます。それが私の唯一の女王なのです[20]」。文芸のシステムにおいて、詩と雄弁はともに歴史にとっての敵となった。

作家と文学の誕生

歴史は文芸《ベル＝レットル》に属するので、後に「文学《リテラチュール》」に属することになる。この「文学」という語は、十六世紀と十七世紀において、〈文学《レットル》〉についての知識、つまり数学を含む世俗の知の総体を指した。文芸が形成されるにつれて、「文学」は、偉大なテクストについての知識がもたらす学識や、古代の作家や弁論家や詩人や歴史家の著作を愛読することとなった。一六八〇年にリシュレ辞典が与えた定義はそのようなものである。「文学」という語は「文芸」とあまりに隣接していたので、その同義語に、次いでその競争相手になった。バトゥー神父の論文『文芸講義あるいは文学の諸原理』（一七五三）は、わずか数年後にただの『文学の諸原理』というタイトルで再刊された。バトゥーはそこで主要な文学ジャンル（教訓、叙事詩、叙情詩、雄弁、歴史）とそれらの構成規則を定義した。彼は例として、ホメロスや、ウェルギリウスや、ラシーヌや、ラ・フォンテーヌを引用した。

そこから第二の移行が起こる。「文学」はテクストそのものの集成を指すようになる。それは専門知識よりもむしろ相続財産を指し示す。そこで重要なのは、レトリックを学ぶことや古代人の見事なラテン語法をかじってそれを模倣することではなく、精神が生み出した作品を評価することである。この変化はヴォルテールの『哲学辞典』

（一七六五）に感じ取れる。つまり、文学は「趣味のよい作品についての知識や、歴史や詩や雄弁や批評についての生半可な知識」であるが、「よき文学《ベル・リテラチュール》」は「ウェルギリウスやホラティウスやキケロやボシュエやラシーヌやパスカルの美しい作品」(21)を指すというのだ。

この規範に適うのは誰だろうか。それは「天才」である、とヴォルテールは述べる。この回答は語彙における別の変革を示している——すなわち、作家《エクリヴァン》の誕生である。十七世紀以降、アカデミー、サロン、メセナ、著作権、新聞、言語活動の体系化などが、文人や文筆家が駆け回る社会的領域を画定していた。(22)「作家」という語が賛美の性格を帯びるようになったとき（書く《エクリール》ことは美的目的を持つ作品を生産することにある）、「文人《ジャン・ド・レットル》」という表現は滑稽な衒学者の同義語に、タルマン・デ・レオーがふざけて言う「ジャン・ド・レットル」〔文学太郎〕の同義語になった。作家は、歴史家であれ、書簡文作家であれ、寓話作家であれ、詩人であれ、小説家であれ、公衆の楽しみのために創造する。それは世界に属する人間、世界の中にいる人間である。それに対して文人《オム・ド・レットル》の方は、ギリシア語や、哲学や、代数を知っており、他人の著作を解説し引用する。それはラ・ブリュイエールのいう「衒学者」と同様に、慎ましい人物であり、書斎に閉じこもり、終生瞑想や探究や比較対照を行う。啓蒙の世紀に文人は大勝利を収めたが、それは自らの世紀に社会参加《アンガジェ》した「大作家」としてであった。そしてヴォルテールは、古代史学者や学識者に対して軽蔑しか抱かなかった。

「作家」が「文学」と出会うのは十八世紀末である。作家とは、美しく独創的な作品、つまり規範に適うような作品を創る者のことである。彼は自らの天才（*ingenium*）から、ジュリーやサン＝プルーやヴェルテルといった、生命を備えた主人公たちが動きまわる世界を引き出す。ルソーは読者に褒めそやされる有名人となり、自らの草稿を保存し、自らの人生を物語った。反対に、セルバンテスやシェイクスピアは無名の人生を送り、その名は個人の姓というよりもむしろ商標のようなものであった。彼らもまた、過去にさかのぼって「作家」となった——一方はドン・キホーテ、サンチョ・パンサ、ドゥルシネーアの生みの親として、他方は古代人の模倣を拒絶し、天才の全力をふるって写生を行った者として。一八〇〇年頃、スタール夫人が『文学論』を刊行したころ、シュレーゲル兄弟とイエナのサークルの友人たちは、文学を絶対的なものに、純粋状態のポイエーシスにした(23)。バトゥー神父にとって、天才とはプランを作り、それを満たす材料を現実から汲み取ることにあった。それに対してロマン主義者たちは、作家を、自分以外にモデルを持たないデミウルゴスにした。「文学」は最高の精神的価値の一つとなり、「作家」はその司祭となった(24)。

この時代に、文学はすべてのジャンルを包含するものとなった。ルソーは三十年のあいだに、音楽についての論説と、不平等の起源についての論述と、書簡体小説と、教育についての試論と、政治概論と、自伝を書いた。ヴォルテールも同じくらい大量の作品を書いた。一七七〇年頃、スコットランド人のジェームズ・ビーティーは数か月の間を置いて、その苦悩がバイロンやロマン主義を予告する詩篇『ミンストレル』と、ヒュームに反駁を加える『自然と真理の不変性についての試論』を刊行した。ドイツ・ロマン派は、小説《ロマン》の中に詩、レトリック、哲学といったあらゆるジャンルを統合しようとした。そしてさらに詩と散文、創造と批評を融合しようとし、ついには「機智（*Witz*）を詩にし」ようとした。スタール夫人はといえば、「哲学的著作と想像による作品を」区別しようと注意しながらも、「文学の名のもとに詩と雄弁と歴史と哲学を(25)」考察しようとした。

したがって、文学と作家の出現は文芸のシステムを一変させたわけではない。その代わり、その重力の中心は小説の方へと移動した。シャルル・ペローは『十七世紀フランス偉人伝』において、「哲学者、歴史家、弁論家、詩人といった卓越した文人たち」を数え上げている。「文芸の知識に」秀でた悲劇役者と学識者のあいだに、小説家はただ一人、オノレ・デュルフェしか見当たらない。当時、小説とは、辞書によれば、恋愛と騎士道に関する冒険を物語る寓話のことであった。たとえば、『アストレ』はもちろん、『クレオパトラ』（一六四六）、『グラン・シリュス』（一六四九）、『ファラモン』（一六六一）などである。ピエール＝ダニエル・ユエと他の幾人かを除いて、誰も小説を評価しなかった。小説は真実味がなく、あらゆる放埒なスペクタクルを提供し、その軽薄さは人を堕落させるというのだ。反対に、歴史は人生の師であった。アンリエット・ダングルテールは歴史のおかげで小説への嗜好を失った。「彼女は真実に基づく教育を受けるよう心がけ、これらの冷淡で危険なフィクションを軽蔑した」[26]。

一世紀後、作家は、『クラリッサ』（一七四八）、『新エロイーズ』（一七六一）、『危険な関係』（一七八二）、『デルフィーヌ』（一八〇二）などにおいて、小説あるいは「収集された」書簡という形式において、きわめて現実的な世界を発明した。ところでこれらのフィクションは、その喚起力と教訓によって、歴史の競争相手となった。スタール夫人にとって小説とは、愛情、野心、高慢、貪欲といった「人間の心のあらゆる動きについての内的な知識」を与えるものである。小説は力強く詳細にさまざまな性格を描き出し、情熱について完全な画面《タブロー》を作り出す。読者はそこに自らを投影し、小説が与える教訓を感じ取る。このような深さは歴史には存在しなかった。歴史は「公的な事件についての巨大な画面」を与えるが、決して人間の生活に触れることはない。教訓は民族や国民といった「集団においてしか」存在しない[27]。

したがって歴史は、世界についての不完全なイメージ、共通の経験とは無関係なイメージしか与えてくれない。小説のフィクションは、真実らしさと同一化に基づくことで、文学における真理となる。そのテーマは、心の動きや、内的生活や、心理的事件や、社会的制約に直面した個人の切望や、例外的な苦悩などである。真実の人生の師である歴史（*historia magistra vitae*）、それが小説なのだ。ドイツのブランケンブルク、イギリスのクララ・リーヴ、フランスのスタール夫人が、一七七〇年代から九〇年代にかけての小説の理論家になるだろう。

「文学」の内部において、すべてのジャンルが同じ地位を持つわけではない。歴史は文芸の内部では重要な地位を占めていたが、そこでは弱体化した。それは単に小説の勢力が台頭したからではなく、ロマン主義的な意味での文学の野心そのもののせいである。一七九六年にシェリングが述べたように、「もはや哲学も歴史もない。科学と芸術の中でただ詩のみが生き残った(28)」。真の美的存在論である文学は、〈言葉〉と〈存在〉を一致させた。文学は世界を把握したのではなく、世界に取って代わったのである。反対に、歴史は文学的絶対とは何の関係もない。その目的はまさしく、テクスト外のものを報告することにあるのだ。

歴史あるいは「第三の教養」

人文主義者が天文学や数学や詩を〈文学《レットル》〉に含めていたのに対し、十八世紀の知の地平は、「科学《シアンス》」と「文学《レットル》」（狭義のそれ、すなわち文芸）の対立〔いわゆる「理科」と「文科」の対立〕によって次第に標準化され構造化された。科学アカデミーと碑文文芸アカデミーは、ともにコルベールによって一六六〇年代に設立され、前者は物理学と数学を専攻し、後者は歴史、貨幣、印璽、憲章、古代文書を研究し、それらについて十八世紀のあいだに何百もの論文を刊行した。

科学と文学《レットル》が分離するにつれて、それらは特徴的な長所と短所を付与されていった。科学を研究する者は真理の友となるが、切り立った険しい道をたどりながら疲労や落胆や危険に身をさらすことになる。文芸は花咲く庭園であり、精神はそこで冗談や妙技の悦楽にふけることになる。これらの学問領域の戦いは、早くも一七〇二年にフォントネルが、「厳密」な科学の方が社会の要求により応えているという考えを唱えたことによって、いっそう激しいものになった。科学は航海や、外科学や、農業や、工芸を進歩させているではないか。科学の有益さは文学《レットル》の心地よさよりも価値があるのだ。ある司祭は、「科学が文芸にどれほど多くのものを負っているか」を指摘して反論した。別の者は、「文芸の有益性」と「数学と物理学を優遇しようとする偏狭な嗜好の問題点[29]」を立証しようとした。それにもかかわらず、啓蒙の世紀において、科学はあらゆる美徳によって飾られた。

ところで、歴史は科学によって魅惑されずにはすまなかった。歴史は科学のように真実を述べようとする野心を持ち、科学のように社会的に有益な知を生産しようとした。学識者たちは、脚韻や追従や古代風文彩でふくれ上がった芸術としての歴史に不信を抱き、文芸のシステムから離れていった。古代においてトゥキュディデスの歴史は好意を得ることに不信を抱いたが、十七世紀末においてベールのような者は雄弁と賛辞が隣接していることに頭を悩ませた。小説が抑えがたい上昇を始めたこの時代に、歴史はまだ文学の内部に自らの場所を持っていたのだろうか。一七六〇年代から七〇年代にかけて、バトゥー神父は歴史を自らの文学の手引きの末尾に、弁論ジャンルと書簡ジャンルのあいだに追いやった。彼の書くところによれば、歴史家は強烈な表現や、気取った言い回しや、きらびやかな思考を避けるべきである——なぜならそれらは情熱と高慢のしるしだから。「歴史家の務めはただありのままの物事を示すことである[30]」。われわれは文学を行わないほど、真理を述べることになるのだ。

したがって、歴史は居心地の悪い立場にいることになる。文芸のシステムの中にとどまるかぎり、それは最後尾の文学ということになる。しかし厳密な科学のあいだでは、それは正当性を持たない。歴史が権威を増すために、いくつかの可能性が提示された。最初の解決策は、碑銘学、古銭学、印章学といった補助的な「科学」を活用することだった。それはルイ・ジョベールが『メダルの科学』（一六九二）によって切り拓いた道である。しかし、碑文文芸アカデミーが得意とする古代遺物の歴史は、哲学的精神とほとんど共通点を持たない。ヴォルテールは『ルイ十四世の世紀』を準備しながら、歴史の細部を「偉大な作品を殺す寄生虫[31]」と呼んだではないか。

われわれはまた、文学《レットル》を科学の下に置く知のヒエラルキーを拒絶しようとすることもできる。一七四〇年代から五〇年代にかけて幾人かの学者が、科学は文芸に、その批評的精神と正確さへの嗜好に、多くを負っていると断言した。フランス愛好家の若きイギリス人、エドワード・ギボンにとって、文学《レットル》は論理的であるならば社会にとって有益である。そして歴史は「原因と結果についての科学」であるがゆえに哲学的精神を持っている。歴史がシステムであるにせよ、関連づけや連鎖であるにせよ、歴史は文学の内部にとどまりながら人間の行動を説明することができる。(32)

最後の展望は、「人間科学《シアンス・ド・ロム》」である。それは一七七〇年頃に重農主義者と感覚論者のあいだで生まれ、個人を身体的かつ精神的な次元において研究しようとした。その目標は、最良の制度に基づいて社会の幸福に貢献できるような、統治の技術を解明することだった。コンドルセは一七九二年の公教育組織に関する報告において、いくつかの知のクラスを区別しているが、それらの中には「文学《レットル》」（そこには美術と学識が含まれる）と「道徳政治科学」が含まれる。後者の任務は、人間のさまざまな感情と、法を生み出す自然的公平の諸原理を研究することである。人間と制度に関心を持つ歴史は、一方のクラスから他方のクラスへ移ることができるだろうか。

一七九五年の創立時、フランス学士院は三つのクラスを持っていた。物理数学科学クラス、道徳政治科学クラス、文学美術クラスである。第二のクラスは、観念学派《イデオローグ》のグループによって推進され、ドーヌーの主導により、（とりわけ）歴史研究に専念した。同年にヴォルネーは高等師範学校で『歴史講義』を行った。彼は歴史に対して科学の名を拒絶したが、歴史の認識論と義務論についての省察に取り組むことで、歴史がより堅固でより非独断的なものになり、統治の科学を解明できるようになることを目指した。文学《レットル》と科学のあいだで、歴史は「第三の教養(33)」を体現し始めた。

一八〇三年、ナポレオン・ボナパルトはフランス学士院を再編成し、あまりに反体制的な道徳政治科学を廃止した。それで歴史家たちは、新しい「古代史ならびに古代文学」クラスに加わらなければならなかった。執政時代における人間科学の退潮とともに、科学と文学《レットル》は再び互いに対立するようになる。「学者《サヴァン》」と「作家《エクリヴァン》」は、ますます政治的になった闘技場において対立した。文芸の黄金時代であるルイ十四世の世紀を、唯物論的科学に熱中した啓蒙時代に対立させることで、文学《レットル》の擁護者たちは反革命的な口調を装った。一八一九年にルイ・ド・ボナルドは目の前の二つの陣営を次のように描写している。一方には「厳密な自然科学」があり、統計学や考古学といった「補助的グループ」に支えられている。他方には「軽薄な文学《レットル》」があり、悲劇、叙事詩、歴史、さらに小説や軽喜劇が含まれる。(34)

この「科学と文学《レットル》の戦い」において、人間科学は粉砕された。歴史の方は、あらゆる科学的野心を剝ぎ取られ、考古学や統計学や古代遺物から切断され、もはや単なる快適な暇つぶしとされかねなかった。

第2章　小説は歴史の父か

一六二三年にシェイクスピアの全集を最初に刊行した、彼の劇団の元役者のコンデルとヘミングスは、戯曲を喜劇、史劇、悲劇の三つに分類した。この分類は明らかに奇妙である。史劇に含まれるのは、イングランドの歴史に関連する作品ばかりである。国王の治世の順に挙げると、ジョン欠地王、リチャード二世、ヘンリー四世、ヘンリー五世、ヘンリー六世、リチャード三世、ヘンリー八世。古代史を扱った戯曲（『ジュリアス・シーザー』『アントニーとクレオパトラ』）と十一世紀のスコットランド王の名を冠した『マクベス』は、「悲劇」の中に数えられている。反対に、いくつかの「歴史」劇は明らかに悲劇的である（たとえば『リチャード三世』）[1]。

実際のところ、一六二三年のファースト・フォリオは歴史についてのある着想を示している。すなわち、キリスト教徒のイングランド国王たちの王位継承によって区切られた政治的物語である。このような見方は、十六世紀の歴史家であり、劇作家にとって『マクベス』と『リア王』の源泉となったホリンシェッドの『年代記』と対照的である。シェイクスピアの演劇（あるいは「文学」）が歴史家たちに影響を与えたのは、それが政治的ドラマを再現し、そして凶暴で野心家で残忍な君主たちの肖像を描いたからだが、それと同じくらい、王家とイングランド国民が衝突する、「最新の」国民の歴史を作り上げたからでもある。十九世紀に小説が歴史を作り変えたのも、似たような理由による。

シャトーブリアンと歴史としての叙事詩

『革命試論』（一七九七）から『墓の彼方からの回想』を経て『ランセ伝』（一八四四）にいたるまで、シャトーブリアンは歴史を作ってきた。それは家族と彼自身の歴史、アンシャン・レジームと新しいフランスの歴史、大革命とボナパルトの歴史である。この歴史が「私の時代の叙事詩」を包括するかぎりにおいて、シャトーブリアンは、彼自身が引用するボシュエのように、歴史家でも詩人でも弁論家でもあった。しかしこの「高貴な人物たちの歴史家」は、自分が学識者や文士《ジャン・ド・レットル》であるとは考えていなかった。たとえば彼は、ルイ十四世時代の「古代史学者」の嘆き（国王が城館を建造するためにローマ時代の寺院を破壊させたときの）や、「輝かしき歴史家[2]」であるアドルフ・ティエールの詭弁を嘲弄した。

シャトーブリアンは、新しい語法で言うと「作家《エクリヴァン》」の側に位置している。ミューズたちの愛し子である彼は、自分の仕事机で、キジバトのそばで霊感を待った。『アタラ』の成功と、女性読者たちの愛情告白は、彼の「著者としての虚栄心」をくすぐった。彼はミルトンの『失楽園』、オシアンの詩篇、『ヴェルテル』、ベルナルダン・ド・サン＝ピエールの『自然の研究』に感嘆した。シャトーブリアンによれば、文学《レットル》の世界には厳然たるヒエラルキーがあった。その頂点には「他のすべての者を生み出し育てた」、ホメロス、ダンテ、シェイクスピアなどの「母なる天才」たちがいた（シャトーブリアンは自分自身がロマン主義世代の魂であると好んで指摘した）。その後に来るのが、威信が大きいものから順に、著者たち、エピゴーネンたち、すなわち「詩人ルネと散文家ルネの一族」

〔『墓の彼方からの回想』中の言葉〕、そして最後に学者たちと学識者という写字生たちであった。

ホメロスからバイロンまで、シャトーブリアンは根源的な作家たち、天才たちと世界の創造者たちからなる図書館を構想した。しかし「文学《リテラチュール》」は依然として文学《レットル》（詩、演劇、小説、歴史、エッセー）の総体を指していた。それゆえに、十九世紀初頭にバンジャマン・コンスタン、スタール夫人、ボナルド、シャトーブリアンの世代は、「文学の変革」をもたらし、「新しい文学」(3)を生み出したのである。文芸のシステムは依然としてさまざまな文筆活動をごた混ぜにしていたが、それは次第に、美的目的を持つ著作に支配されていった。それらの著作は、政治家の栄光より上等の――少なくとも同等の――栄光をもたらした（それゆえに『墓の彼方からの回想』において、シャトーブリアンの生涯とナポレオンの生涯が絶えず交錯するのである）。

このような知的コンテクストにおいて『殉教者』（一八〇九）は着想された。この作品は、歴史でも叙事詩でも詩でもあり、ローマのキリスト教徒の将校とホメロスの女司祭の不幸な恋愛の物語でもあり、そして一種の問題提起――キリスト教の驚異は異教の神話より上等である――のための歴史小説でもある。このような企ては学識を排除するものではまったくない。よく知られているように、シャトーブリアンは綿密な資料調査を行い、古代ギリシアとキリスト教の主要な遺跡を訪問し、学識ある友人たち――そのうちの一人はソルボンヌ大学のギリシア文学の教授だった――に相談した。彼は序文で原資料を引用し、自由な解釈を施したと認めている。すなわち、彼はディオクレティアヌスを少しよく描き、舞台を（皇帝の通常の滞在先であるニコメディアではなく）ローマに置き、「少し時間を」早めて教会の偉人たちを一巻のうちに集めた。

このような嘘くささと時代錯誤にあふれた叙事詩が、なぜ若き自由主義者の歴史家たちの熱狂を引き起こしたのだろうか。『殉教者』は歴史の原型なのだろうか。公平性の誓いや、文献的かつ地形的な正確さや、書誌的「権威」によって辛うじて支えられた、自らを模索中の方法なのだろうか。それはむしろ、『殉教者』が完全なフィクションでありながら、突然その息吹きによって歴史を書く新しいやり方を開示したからである。タキトゥスやシドニウスの影響を受けた、フランク族の描写に満ちあふれるでたらめな細部（熊の毛皮で身を飾り汗をかいた戦士たち、血の涙を流す目、死の賛歌）は、あまりに強烈な喚起力を持ち、あまりに偉大な劇的感覚を示しているので、その物語は単に真実らしいだけでなく、生命に満ちたものになる。それは数十年後にミシュレが実行するような、過去の「復活」なのだ。

読者が『殉教者』を発見した一八一〇年頃、歴史は三つの極に分裂していた。(1)ヴォルテールやギボンに倣って歴史と文学的才能を結びつけた、シャトーブリアンのような「作家《エクリヴァン》」たち。(2)フランス学士院（碑文文芸アカデミーは一八一六年に再建された）ならびに専門化が進むドイツの諸大学によって代表される「学識者《エリュディ》」たち。(3)メズレーやヴェリー神父の後継者であり、彼らと同様に中等学校教本の『フランス史』概要を著したアンクティルのような「修史官《イストリオグラフ》」たち。オーギュスタン・ティエリは最後の者たちに対して、また彼らの気取った文体や慣例的な決まり文句や「フランス王国の創立者クローヴィス」についてのたわごとに対して、軽蔑しか抱かなかった。ローマ帝国の勢力と戦った荒々しい略奪者であるゲルマン人を取り上げて、フランク人の宮廷における「王の寵愛」や「ギャラントリー」の話をするとは！

オーギュスタン・ティエリは、七月王政において新しい歴史学派の指導者となった後で、ブロワの中等学校時代に『殉教者』を読み「想像力の眩惑」を感じたことが、自らの天職を決定したと語った。[4] この逸話はおそらく、その後フランス文学《レットル》の長老となる者に対するオマージュである。それでもこの逸話は、シャトーブリアンが一七九〇年代生まれの歴史家たちに与えた知的衝撃を物語っている。彼の叙事詩は、アンクティルやヴェリー風の歴史——それは子供向けの物語や『グラン・シリュス』（スキュデリー嬢の長編小説）の一ページのようなものにすぎない——以上に真実なのである。フィクションはいまや歴史以上に虚構なものになったのだ。

スコットと歴史小説

ウォルター・スコットの小説は巨大な成功を収め、フランスでも『ウェイヴァリー』(一八一四)出版の二年後に翻訳が出され、歴史記述の革命を引き起こした。ある意味で、スコットはシャトーブリアン以上に歴史家ではない。彼は自らの時代の証人でもなければ、諸革命についての歴史家でもなく、そして彼が書いた十一巻からなるナポレオンの伝記はきわめて弁明的である。彼が描く過去は大いに理想化されており、荒地や、森や、積み石《ケルン》や、館や、騎士や、宮廷詩人や、馬上試合や、バグパイプなどでできている。

それでもウォルター・スコットが歴史家らしい点を持っているとすれば、それは単に彼が『アイヴァンホー』[1](一八一九)の舞台を十二世紀のイングランドに設定し、『クウェンティン・ダーワード』(一八二三)をルイ十一世の射手のために書き上げたからだけではない。さらに、彼が豊富で多様な資料調査に基づいて、筋の背景をしっかりと描いたからである。そしてまた、彼が自分の愛読者たちに説明しているように、フロワサールやコミーヌといった中世フランスの年代記作者の技法——地形、情景、描写、肖像、場面、行動、対話、細部など——を応用したからである。こうして「歴史に生命を与えること[5]」によって、読者は、過去の人々が、死んで遠くにいるにもかかわらず、自分と同じく生命と情熱を抱いた人間であったと感じるのだ。

歴史叙述は数年のうちに一変した。スコットの小説はバラントの『ブルゴーニュ公の歴史』(一八二四)、オーギュスタン・ティエリの『イングランド征服史』(一八二五)、さらにはウジェーヌ・シューの『フランス海軍の歴史』にまで影響を与えた。バラントの著作において、われわれは決闘や、馬上試合や、祝祭や、婚礼を目撃する。まるでブルゴーニュ公たちがわれわれの同時代人であり、彼らの人生がわれわれの目の前で展開するかのように。

一八二〇年代の半ばに、ある批評が次のように指摘している。「厳密な意味での歴史は、スコットランドの小説家が開拓した道を進んでいる。［……］それまで、近代史は肉の落ちた骸骨にすぎなかった。ウォルター・スコットとバラント氏とティエリ氏は、歴史に筋肉と身体と色彩を与えたのだ」[6]。一八三〇年代にはプーシキンが、詩と、プガチョフの乱についての学術的研究と、この反乱に着想を得た歴史恋愛小説（『大尉の娘』）を同時に書き、さらに図書館や文書館《アルシーヴ》に通ってピョートル大帝の歴史を準備した。

もちろん、歴史家たちと異なり、スコットは創作を行った。しかし歴史家たちにとっての大いなる教訓は、彼のロマンスが虚偽において昔の大家たちの学識を覆したと認めることにある。つまり、彼のロマンスは歴史そのものより多くの真理を含んでいるのだ。叙述はさまざまな存在に生命を与え、それらの関係を示し、複雑な利害や感情を明らかにし、歴史をくだくだしい治世の羅列から救い出すのである。オーギュスタン・ティエリは一八二〇年にすでに、『アイヴァンホー』がノルマン征服をよみがえらせたと書いていた。それに対して歴史家たちは、権力とか統治とか継承といった月並みな抽象観念の下にそれを埋もれさせてしまうと。長老のセドリック・オブ・ロザウッド、その被後見人のロウイーナ姫、ユダヤ人の美女レベッカ、そして騎士本人といったフィクションの登場人物たちが、「『アイヴァンホー』という寓話が収まることになる現実的で真に歴史的な劇場」[7]に生命を与えている。この寓話において現実であり真実であるもの、それは色褪せた学識では絶対に作り出せない、生命の熱気と過去の英知なのだ。

しかしシャトーブリアンとスコットの衝撃は、単に「文学的」なものではない。彼らの作品がもたらしたのは、過去の復活や地方色だけではない。自由主義の歴史家たちが小説との接触によって一新したもの、それは彼らの書く技術だけでなく、彼らの方法である。

(1) 対象。オーギュスタン・ティエリは『フランス史に関する書簡』の第六書簡において、スコットの小説は、それまで野蛮と非難されていた中世に対する、そしてノルマン征服やフランス王とブルゴーニュ公の争いといったいくつかのエピソードに対する好奇心を生み出したと指摘した。より一般的には、ウェイヴァリー小説群は民衆に対する新しい関心を宣言した。民衆は、人物（豚飼いのガース、道化のウォンバ、鼓笛隊隊長）や、日常生活（習俗、仕事、衣服、貧しさ）や、政治的原則（歴史は物言わぬ群衆の活動に支配されている）において示された。「すべての者を正当に評価し[8]」なければならない。かくして民衆が登場した。民衆はミシュレや、ジョレスの『社会主義的フランス革命史』において再び見出されるだろう。無名なる者の登場が歴史を民主化するのだ。

(2) 問題。 征服／隷属という組み合わせは、ティエリの歴史記述の重要な要素の一つである。彼の歴史は、家臣と君主のあいだの千年にわたる闘争によって構築されている。「敗者」（ガロ＝ローマ人、サクソン人、農奴、第三身分）は「征服者」（フランク人、ノルマン人、領主、貴族）のくびきの下に打ちひしがれている。ティエリ自身もプチブルジョワの出身であり、平民に帰属する分の栄光を平民に返そうと努めた。第三身分は一七八九年に大地から突然出てきたわけではなく、ローマの自治都市制度や中世におけるコミューンの解放を通じて、長期にわたる上昇を遂げてきたのだ。このような解読表の起源を『アイヴァンホー』のうちにある程度まで見出すことができる。ティエリは、ノルマン人のイングランド征服とサクソン人の原住民の隷属に対する自らの関心を絶えず繰り返した。「この大いなる事実は［……］謎に満ちた未解決の問題として、私の想像力に衝撃を与えた[9]」。したがって、スコットの小説は歴史学的な問題提起を拡大するのに貢献した。そしてティエリとギゾーの「人種の闘争」は、マルクスの「階級闘争」の概念に影響を与えることになる。

(3) 研究領域。 一八二〇年に公刊された〔『フランス史に関する書簡』の〕第一書簡において、ティエリは「フランス史」を書く必要性を指摘した。また、シャトーブリアンが『歴史研究』（一八三一）において敬意を表した新しい学派は、共通の目的によって団結していた。それは、「われわれの国民の歴史の基礎」を据えることである。と

ところで、オシアンの詩篇がケルト人の魂を反映していると考えられたように、またヘルダーがドイツ文化の唱道者を自任し、マンゾーニの『いいなづけ』[2]が十七世紀のロンバルディアで慎ましい「イタリア人」カップルの後を追ったように、スコットはスコットランド人の高邁さとサクソン人の独立精神を称賛した。この国民的空想は、一七八九年と一八一五年のあいだにフランスで何か決定的なことが起こったという、歴史家たちの精神に深く根づいた確信と対になっている。自分自身がこのドラマを生きた――叙事詩の主人公のように――という事実が、証人としての歴史家に特別の資格を与え、彼らの能力は自らの経験を利用できることによって高まった。ミシュレが〔『フランス史』の〕一八六九年の序文で指摘する「これほど強大になった近代人としての人格」は、大革命が生み出したものである。歴史家たちは、歴史を書く前に歴史を経験したのだ。ここに、図書館に閉じこもった十七世紀のベネディクト派と、シャトーブリアン、ティエリ、ギゾーらとの違いがある。バスティーユ監獄襲撃からワーテルローの戦いにいたるさまざまな事件が、彼らに「年代記の字句の下にある物事の根底を見る」[10]すべを教えたのだ。歴史家は国民の基礎を据え、国民は歴史家を支持した。すなわち、ドーヌーのコレージュ・ド・フランス、次いで古文書館《アルシーヴ》館長への任命（一八三〇）、歴史的建造物監督庁の創設（一八三〇）、歴史の教授資格の創設（一八三一）、フランス史協会の創設（一八三三）、膨大な古文書コレクションの刊行（一八三五）、古文書学校の再開（一八三六）などである。国民的な偉業が、統一的な研究プログラムを備えた科学的共同体の萌芽をもたらした。国民が歴史の正当な枠組みとなったのである――それも長期にわたって。

(4) 証明。 スコットのそれぞれの人物の背後には、ある時代、ある国民、ある社会階層、ある闘争があり、それによって個別の者が集団に帰属する。個人は、啓示者となるやいなや、単一性を――そしてフィクションを――離れ、タイプや、実例や、シンボルになる。歴史家たちはこの代表性の規則を小説から借り受けた。ティエリは『メロヴィング朝史話』（一八四〇）において、「最も特徴的な事実」を集め、「その世紀にとっての典型である四つの肖像」を浮き彫りにした。すなわち、最も基本的な蛮族であるフレデゴンド、少しだけ文明化された蛮族であるキルペリク、蛮族となった文明人であるムモルス、懐古趣味の文明人であるトゥールのグレゴリウスである。[11] 個人や行動が認識上の論拠として意味を持つという技法は、ティエリの学説よりも長持ちすることになる。ティエリの学説は世紀末には反駁されたからである（ノルマン征服はすぐに忘れられ、自由の発展は敗者の復讐ではなかった）。

要するに、小説が引き起こした方法的革命は、四つの方向においてなされた。すなわち、(1)対象、つまり歴史家が選ぶテーマ。(2)問題、つまり歴史家が立てる問い。(3)研究領域、つまり提示された理解の枠組み。(4)証明、ならびに論証の実行。

一八二〇年代から三〇年代のあらゆる歴史記述が小説によって説明されるわけではない。それ以上に、大革命が、過去や、世襲財産や、記憶や、やがて「アンシャン・レジーム」と呼ばれることになるあの時代との新しい関係を決定づけた。オーギュスタン・ティエリは歴史家として仕事をした。彼はベネディクト会の膨大なコレクションに身を投じ、「フランス史の書き方における真の革命」の先駆者であるシスモンディやギゾーやバラントに敬意を表した。そして彼の第三身分についての省察は、ブランヴィリエ、サン＝シモン、マブリ、シェイエスらによる十八世紀の議論を引き継いでいた。

それに対して、『殉教者』における「四万の蛮族」の軍歌や、『ロブ・ロイ』や『アイヴァンホー』における決闘の場面が、叙述的な効力しか持たないわけではないのも確かである。叙事詩人シャトーブリアンや小説家スコットのフィクションが、歴史家アンクティルの物語（あるいはむしろ準フィクション）以上に真理を含んでいるのは、それらが登場人物や感情や雰囲気によって過去をよみがえらせるからである。それはまた、それらがある行動を切り離し、ある問題を立てることで、読者に理解のための道具を与えるからである。問いを立て、事実を選択し、何かを物語り、理解させること——これらすべての「文学的」手段によって、歴史は少しずつ科学としての地位を獲得した。文学のただなかにおいて、叙事詩と小説は歴史の科学性を上昇させたのである。

真理をめぐる戦い

十九世紀初頭、歴史家としての作家たちは、叙述とテーマの面で、そして方法論と古文書学の面で、作家としての歴史家の一世代に影響を与えた。しかしスコットの成功は、歴史小説の流行をもたらすことで、歴史の競争相手を創り出した。ユゴーの『ビュグ＝ジャガル』（一八二〇）、『アイスランドのハン』（一八二三）、『ノートルダム・ド・パリ』（一八三一）、ヴィニーの『サン＝マール』（一八二六）、バルザックの『ふくろう党』（一八二九）、メリメの『シャルル九世年代記』（一八二九）、そしてさらにデュマの小説は、バラントやティエリやギゾーやミシュレの初期作品と完全に同時代の文学を形成している。シェイクスピアの再発見は、ロマン主義者の歴史学的使命を勇気づけた。舞台に登場するのは事件だけでなく、それらの隠れた動機や裏面だからである。高貴な場面と卑俗な場面を切り替え、宮殿の足元にある茅屋や勝利に居合わせた奴隷を示すことで、演劇は「完全な人間性」[12]の画面《タブロー》を提供した。『クロムウェル』（一八二七）の序文で、ユゴーは文学に新しい使命を委ねた。それは、道化芝居から犠牲的行為に、グロテスクから崇高にいたる、全体的な人生の絵画だった。ドラマは現実を語る、なぜならそこから何一つ省略しないから。

新しいシェイクスピア風演劇と「ウォルター・スコット的フランス史」[13]の交差点において、ヴィニーは『サン＝マール』で、サン＝マール侯爵がリシュリューの専制を打倒し貴族の諸権利を回復するために企んだ陰謀を物語った。そこで明らかになる真実の理論は、歴史に基づいて歴史を超越するというものである。ヴィニーは「芸術における真理（vérité）と事実における真実（vrai）」を区別する。前者が後者を完成する。つまり、前者は事件を完全なものにすることで、事件に、それが後世の目に対して保つべき道徳的意味を付与するのだ。彫刻家が大理石を必要とするように、芸術家は歴史を必要とする。芸術家は「各世紀のすべての真実」を知らなければならない。しかし、芸術がこのようなジグソーパズルにとどまるならば、芸術は人生のやり直しにすぎず、「悲しく幻滅させる現実」の複写にすぎないだろう。証人たちが抗議し、学者たちが発掘や資料調査をするあいだに、作家は実証的なものを捨て、事実を上級の真理にまで高めなくてはならない。[14] ヴィニーは、歴史家たちが専念する現実を昇華させた。かすかに震える事実よりも強烈な美を、細部の調査よりも時代の精神を、型通りの正確さよりも深さを選択することで、彼はキケロ風の雄弁としての歴史が所有していた理想化の力を再発見したのだ。

しかし、ささやかな真実への崇拝を捨て去ることはそれほど容易ではない。スコットと異なり、ヴィニーは歴史的人物を自らのドラマの前景に置いたが、そのことは綿密な資料調査を必要とした。このような真実性への配慮は、スコット以後の作家を、学識という罠に陥れることにならないだろうか。『サン＝マール』において、リシュリューがジョゼフ神父に自らの回想録の一ページを読み聞かせるときに、ヴィニーは注で『フランス史に関する回想録コレクション』〔一八一九―二九年刊行〕を参照した。彼は早くも第二版（一八二六年六月）において、誤謬を修正し出典を示す必要を感じた。枢機卿の衣装はアルスナル図書館にある『ポンティス回想録手稿』に描写されており、サン＝マールが遺言を記した自筆書簡はパリ王立図書館に保存されていた。ヴィニーは、自らの芸術を現実のレベルに下げることを恐れながら、結局は「逸話的真実」に縛られてしまう。作家は自分が望むほど自由ではない。そして、理想の美は事実に対して二次的なものになってしまう。

これもまた師の模倣である。スコットは自らの小説の「マグヌム・オプス」版において、約八百ものあらゆるサイズの注を付け加えた。彼は一八二九年の総序において、そのことについてこう説明している。原典を示すことは、時計の「内部の機械仕掛け」が子供の好奇心を目覚めさせるように、読者に第二の楽しみを与えるのだと。歴史の威信が増大したせいで、小説家が真面目さを保証するようになったのだろうか。ユゴーは一八四三年に、『城主』で十三世紀にユダヤ人が行っていた殺人儀式についての伝説を吹聴したと非難されたとき、イスラエル古文書館の部長に「劇詩人は歴史家であり、人類と同様に歴史を作りかえることはできない」[15]と指摘した。ここに読み取れるのは詩人の独立不羈ではなく、歴史家のためらいである。誤謬（あるいは虚偽）という非難はあまりに不名誉なものなので、小説家は自らの世界の支配者でありながら、それに耐えることができない。小説家の自由は、フィクションの名において真実性の裁判を払いのけるほど大きくはないのだ。歴史小説は正確さの要求から解放されることはない。

歴史家の方もまた、小説の成功に反応し、小説を自らの領域に引き寄せた。ドイツの歴史家ランケはスコットの愛読者であったが、『クウェンティン・ダーワード』におけるシャルル突進公とルイ十一世の扱いに衝撃を受け、自分は絶対に「美化」[16]しないと決心した。ギゾーはこの小説について、リエージュ市長が「まさしくコメディーのブルジョワのように、太って軟弱で経験不足で腰抜けに」描かれていると判断した――この時代のブルジョワは常に胸に鎖帷子を、手に槍を持っていたというのに。[17]同様の批判は『サン＝マール』に対しても聞かれた。一八二六年、サント＝ブーヴは『グローブ』紙において、ヴィニーが登場人物を自由に扱い、想像力に任せて行動や性格を書き加えたと告発した。二十年後にアカデミー・フランセーズにおいて、モレ伯爵はヴィニーが「真理に対して、したがって歴史の倫理に対して」深手を負わせたと非難した。告発は『ステロ』（一八三二）の中の、恐怖政治時代のアンドレ・シェニエの捕囚に関する一節にも向けられた。[18]小説家は歴史に関心を抱くやいなや、真理をおろそかにする権利を失う。フィクションは現実の物差しで判断されるのだ。

創造者としての歴史家

「芸術における真理」の教義は、歴史家と小説家の最初の対立を引き起こした。すなわち、小説家は真理を尊重するのか、あるいは嘲弄するのか、というのだ。この問いは、文学創造という第二の対立を覆い隠している。ヴィニーにとって、「事実のさなぎ」は想像力と天才の翼に乗ってしか飛び立ちはしない。歴史はそれなしでは、細部のほこりの中で足踏みするしかない。言い換えれば、創造するのは詩人であり、歴史家ではない。

歴史を「文学」(ロマン主義的な意味での)から排除する、この新アリストテレス学派の信仰告白に反対して、歴史家たちは自分たちも創造者たりうると断言することになる。彼らがフィクション的存在を創作するということではない。そうではなく、集団を擬人化し、力に名前を付け、新しい人物を生み出すのだ。ミシュレにおいてそれは〈フランス〉、〈民衆〉、〈魔女〉、〈女〉になるだろう。ランケにおいては〈時代精神〉、〈思想〉、そして〈国家〉や〈教会〉といった見えざる〈権力〉だろう。バンクロフトにおいては〈アメリカ〉、〈進歩〉、〈神〉である。カーライルにおいては〈英雄〉であり、『フランス大革命』(一八三七)においては〈太陽〉、〈ギロチン〉、〈フォブール・サン゠タントワーヌ〉、そしてさらに「死の天使のようにフランスの上を舞う」[19]〈大革命〉そのものである。

これらの歴史家は、実在する人物を創作するがゆえに、デミウルゴスである。ミシュレはこれらの人物に、死者という別の民衆を付け加えた。作家としての古文書学者は、この「素晴らしい墳墓」の立法者であり、そこに仕事をしに降りてゆく。「死者のみなさん、お静かに、順番に進めましょう[20]」。彼は死者たちや、殺された者たちや、力尽きた者たちに再び生命を与え、彼らのために涙を流し、彼らに彼ら自身の謎を説明する。この責任が歴史家を一人のプロメテウスにする——その火が、凍りつき沈黙した声を呼び覚ますのだ。

表1

	モンガイヤール『フランス史』(1827)	カーライル『フランス大革命』(1837)
噂	「しばらく前からパリに，夜中にヴァンセンヌ宮殿の主塔にあらゆる種類の武器と弾薬が運び込まれているという噂が広がっていた」	「コブレンツかオーストリアが，ある朝この地下道から出てくるのではないだろうか。そして長距離砲でフォブール・サン＝タントワーヌの愛国者たちを吹き飛ばすのではないだろうか！」
フォブール	「大勢の群衆がフォブール・サン＝タントワーヌから動き出し，主塔を破壊しに行った」	「サン＝タントワーヌは，これまでにもよくやったように，自らの界隈を飛び出した。[……] そして東へ，悲しげに目に映るヴァンセンヌの方へ向かった」
王党派	「これらの個人の大部分が黒い服を着て，髪をカールし，ピストルと短刀を身に付けていた」	「王党派の諸君，特別注文の磨きをかけた短刀と，仕込み杖と，隠し武器と，入場券を取りなさい」
ラファイエット	「彼はヴァンセンヌでプロレタリアを撃退したのち，王宮に来て宮廷の常連たちを追い払った」	「彼はサン＝キュロットのスキュラを逃れるやいなや，途上で貴族のカリュブディスを見出した！」

歴史家は、自らのエネルギーを過去の世紀の人間たちに伝えることによって創造を行う。この生命の贈り物は、文学的創造の別の名である。『フランス大革命』は一つの再構成、一つの再演である。その途中でカーライルはよく響く「あなた」で主要人物に呼びかけ、自由間接話法を用いて彼らの心の奥に入り込み、視点を次々と変え、読者を国民議会からノートルダム大聖堂の塔へと連れてゆく。カーライルのテクストと、その原資料の一つであるモンガイヤール神父が刊行した『ルイ十六世治世の終わりから一八二五年までのフランス史』を比較すると、この作業の重要性を測ることができる〔表1〕。一七九一年二月二十八日、フォブール・サン＝タントワーヌのサン＝キュロットたちは、ヴァンセンヌ宮殿の主塔を攻撃した（なぜなら噂によると王党派はそこに武器を隠していたから）。そして貴族たちは国王を守るために、短剣で武装してチュイルリー宮殿に駆けつけた。ラファイエットが率いる国民衛兵は、この二つの反乱の動きを鎮圧した。

擬人化、象徴化、勧告、劇的な要約、観客を巻き込むこと、決まり文句、メタファー、これらはモンガイヤール神父の直線的な物語と対照をなしている。ランケは、一五一五年のミラノ戦役のさいの若きフランソワ一世の武勇を示すために、同じ手法を用いた。「誰もが知っているように、夜になって戦闘が途絶えると、彼は兜を置いただけで、武具を付けたまま大砲の砲架の上で休息した。他の者と同じように、泥と血の混じった溝の水で渇きを癒した。夜明けには新たに勇気を奮い起こして戦闘を再開した。そして勝利を手にした[21]」。

この歴史は根本的に英雄的なものだ。それはあらゆる者を、国王も、短刀を持った騎士たちも、フォブールも、劇作家としての歴史家も、そして身震いする読者も、叙事詩の中に引き入れる。疑いもなく、この壮大な構成は何か熱狂的なものを含んでいる。一八三〇年代から四〇年代にかけて、ミシュレの『フランス史』、バンクロフトの『合衆国史』、マコーリーの『イングランド史』が、国民の歌としてひとりでに生み出され、更新され、すべての顔が溶け合って普遍的なものが形成された。この叙事詩が抗しがたい魅力を持つのは、それが国民や自由や人類の進歩を称揚するからだけではない。それはまた、ロゴスがわれわれの眼の前で、暴君と民衆が人類の運命を賭けて戦う姿を描いたフレスコ画に生命を与えるからである。十九世紀前半において、グリムやミシュレやマコーリーやランケは、専門家の枠を超えて教養ある公衆の心に触れた。アントニー・ビーヴァー、イアン・カーショー、ティモシー・スナイダーといった、今日の全体主義や第二次世界大戦に関する歴史家たちがそうであるように。

「私の人生は本書の中にあった。それは本書の中で過ぎ去った」——ミシュレは自らの大作を締めくくる序文〔『フランス史』の一八六九年の序文〕の中でこう書いた。歴史家の技術は根本的に個人的なものであるが、だからといって恣意的なわけではない。そこに現れるのは創造者である人間である。行動し、戦いに身を投じ、自らの生命を与えて死者をよみがえらせる、歴史家である人間である。このロマン主義の歴史家は、この点においても一人の作家——自らの感性によって動かされ、自分自身のうちに作品の一貫性を見出す、一人の作家——なのだ。バルトが示したように、ミシュレの作品は、死者を貪り食い死者に同化することや、豊穣の祝祭や、覗き見のエロチシズムや、女性の支配力や、動物的肖像画や、血の眩惑――黒い、腐敗した、よどんだ血、あるいは豊かな、多血質の、激情的な血――によって統一されている。ランケにとって、歴史は文学である。歴史は、言語の天才や、作家の価値観や、その美的感覚や、勇気や、誠実さや、集められた素材を再創造する能力を動員するのだ[22]。このような考えはシュレーゲル兄弟からそれほど遠いものではない。

われわれは忘れがちであるが、ロマン主義の歴史は科学的野心を持っていた。ライプツィヒ大学で文献学の教育を受けたランケは、原資料に立ち戻り、原典を引用し、豊かな考証資料を作り上げた。そして読者は、プロテスタントの歴史家が教皇庁の歴史に取り組むさいの公平な態度に感嘆した。それは「偏見や狂信のために真理を犠牲にしようとしない、科学の堂々たる平静さ[23]」に満ちていた。ミシュレは、国立古文書館の歴史部長であった。たいへんな学識者で、古文書《アルシーヴ》を熟知し、未刊行資料を発見し、初期の『ローマ史』（一八三一）から『フランス史』、『フランス革命史』にいたるまで、実に多様な資料――土地、風景、碑文、メダル、写本、珍しい印刷物、立法文書、訴訟原本、陳情書など――を利用した。

ミシュレが書いた歴史はすでに科学的だった。それは以下のすべてを結びつける――「微細な学識の細部」、「無数の多様な資料」、国民という枠組み、問題提起、年代記の検証、断絶についての理解、他の知への開かれた態度、そしてさらに、経済、言語、芸術作品、感性、想像力、病気、食物、衣服などを考慮に入れる知的好奇心。もちろん、ミシュレが誤謬を犯すことはある。たとえば、彼は紀元千年の恐怖〔世界の終末への悲怖〕を指摘したが、これはむしろ神話に属している。反対に誤謬でないのは、耕地の農奴や、主塔の囚人や、地獄の劫罰に怯える修道士の信仰（四十年前なら「心性」と呼ばれたもの）を理解しようとしたことである。ミシュレは分析能力で武装し、「歴史の方法はたいてい文学の技術の対極にある[24]」と指摘した。それゆえに彼は詩人である以上に、科学としての歴史を書く作家なのだ。

バルザックと道徳科学

　歴史は小説との競争によって、生まれ変わった人文科学からなるあの「第三の教養」の方へ押しやられたのだろうか。一八三二年に公教育大臣となったギゾーは、道徳政治科学アカデミーを再建し、これらの科学に「これまで欠けていた、真に科学的な性格」を与えようとした。このアカデミーは当時の大問題——恒常的な貧窮、子供の遺棄、監獄——について議論した。そしてその理由により、歴史家たちを迎え入れた（ミシュレは奴隷制廃止を主題とした一八三七年の歴史賞を主催した）。ドーヌーは、観念学派《イデオローグ》の時代の古参兵として、当然そこに所属した。しかし彼の経歴はむしろ、文芸のシステムの永続性を示すものであった。彼は碑文文芸アカデミーのメンバーに、次いで終身書記になり、王政復古時代には『フランス文学史』と『イタリア文学史』に参加し、七月王政時代には『歴史研究講義』の指導者になった。詩人で、弁論家で、古文書学者で、ボワローとギリシアの歴史家の礼賛者で、ロマン主義に対する中傷者であるドーヌーは、完全に文学の一部である歴史を体現している[25]。

　しかし、小説は歴史に影響を与えたのと同様に、道徳政治科学の計画にも参入しようとした。大革命の動乱が不安を生み出し、一七八九年以降の社会は読解不能なものになったかに見えた。七月王政時代の小説は、社会的なものを解明するかぎりにおいて、「風俗情景」や「生理学」といった「調査《アンケート》」（たいてい道徳政治科学アカデミーが命じた）と同じ解釈学的な体制に属していた。それは一種の先駆的な社会学であり、現代生活を解読し、社会の病弊を測り、自由の影響を理解するものとされていた。国やイデオロギーの違いを超えて、一八三七年から五〇年にかけて刊行された、チャールズ・ディケンズの『オリヴァー・ツイスト』や『クリスマス・キャロル』、オノレ＝アントワーヌ・フレジエの『危険な階級』、ウジェーヌ・シューの『パリの秘密』、フリードリヒ・エンゲルスの『イングランドにおける労働者階級の状態』、ヘンリー・メイヒューの『ロンドンの労働者とロンドンの貧民』[3]のあいだには、強い類似が存在する。それは飛躍するジャーナリズムと、威厳を手に入れた小説と、懐胎中の社会科学の入り組んだ関係を示している。知るべきものとされるのは常に、ロンドンやパリの下層民——その路上生活から陋屋にいたるまで——なのである。

スコットの革命から生まれた、レアリスム小説と国民の歴史は、いくつかの点——真理への志向、解読の能力、民衆の公現、過去の再生など——で競合関係に入った。バルザックは何度か——とりわけ『あら皮』の序文において——小説家は「一種の千里眼」を用いて真理を見抜き、「アナロジーによって」真実を創造するのだと主張した。彼は実際に、タイプ化という証明形式を利用した。一人の登場人物に特徴的性格を集中させることで、「ジャンルのモデル」、つまり理解しやすい社会的フィクションを練り上げたのだ（三十女、老嬢、地方の独身者など）[26]。

この類型による認識論は、雑然とうごめく民衆を理解することを可能にする。それはいたるところに、オーギュスタン・ティエリやミシュレにおいても、また、ヘンリー・メイヒューの肖像（野菜商人、貧しい花売り娘、若い売春婦）においても、さらに「社会的類型」を描いた挿絵入りパンフレットのシリーズである『フランス人の自画像』（バルザックは食料品屋の肖像でこのシリーズを開始した）においても見出される。〔『ゴリオ爺さん』の〕ヴォケール館においては、住居や、家具や、衣服や、下宿人のすべてが一体となって、精神的雰囲気を作り出すと同時に、社会学的説明を形成する。登場人物は一つの歴史——出自、身分、財産、職業——を持ち、それが彼らを叙述の中に、そしてフランス社会の中に位置づける。バルザックは、その愛読者であるヘンリー・ジェイムズにとって、創造者であるのと同じくらい「現実についての篤学の士」であり、説明し記録する欲求にさいなまれる飽くなき探究者であった[27]。『人間喜劇』は、国民的叙事詩と道徳政治科学の中間にある歴史以上に、大革命後の社会を見事に読み解いてみせる。

そこから絶えず次のような主張が生まれる――バルザックは、「小説家よりも歴史家で」あろうとし、単に「事実と日付に気を取られた」[28]学識者よりも習俗に敏感であろうとしたというのだ。そして「哲学研究」(一八三四)の序文の筆者は、バルザックは「事実を記録したがゆえに自分は偉大だと思い込んだ、トーガを着た歴史家」よりも上等であると断言する。歴史に反対する議論は、『人間喜劇』の前言(一八四二)においても続けられる。小説家は、環境や時代に応じて変化する習俗に関心を持ち、同時代の民主的な歴史を書く。それに対して歴史家は、「無味乾燥で無愛想な学術用語」の背後に身を隠し、社会の表面をなぞるだけである。バルザックは十九世紀のフランスに対して、ローマやエジプトやペルシアやインドに対しては不可能だったことを行った――調査し、記録し、説明し、行動や事物の意味を明らかにしたのだ。作家は歴史家よりも困難な仕事を行うだけではない。彼の小説はより正当で、より証明的で、要するにより真実なのである。「戸籍簿と競争」できる(ドン・キホーテ、マノン・レスコー、ロビンソン・クルーソー、ヴェルテル、あるいはアイヴァンホーによって)という小説家に対する有名な称賛は、歴史家を貶めることを目的にしている。歴史家のすべての野心は、「すべての国民においてほぼ同じである諸事実を整理する」ことにあるからだ。バルザックは自分のために、ヴィニーの二つの挑戦的な言葉を取り上げる。(1)小説家は歴史家以上に優れた歴史家である。(2)小説家は創造するが、歴史家は創造しない。

二十世紀になると、ある人口学者がバルザックが行った「歴史講義」を前に脱帽することになるだろう。『人間喜劇』は歴史と社会学にプログラムを提供しているというのだ。たとえば、社会進化の生物学(老化、生殖、寿命)や、社会階級の研究(ヒエラルキー、接触、場所、慣行)である。[29]バルザックは一人の天才作家であるだけでなく、歴史家の第一人者でもあったというのだ。ところで、一八三〇年代から四〇年代にかけて、歴史家たちは同じ二重性を主張した――自分たちは真実を独占する、全権を有する創造者なのだと。オーギュスタン・ティエリは、ランケやミシュレと同様に、ドラマと正確さ、叙述と問題、学識と叙事詩を両立させることで「芸術と同時に科学を作り出す[30]」という野心を抱いていた。

ロマン主義時代の科学としての歴史は、自らを取り巻く文学と互いに影響を与え合っていた。この奇跡的状況はまた、その挫折にもつながる。世紀末の大学教授たちは、それがあまりに叙述的で、あまりに抒情的で、あまりに党派的で、要するにあまりに「文学的」だと宣言することになる。彼らはミシュレを悲劇としての歴史のお涙頂戴の方へ、ドーヌーを雄弁としての歴史の仰々しさの方へ、ティエリを賛辞としての歴史の過剰の方へと押しやるだろう。一八六〇年代初頭にサント＝ブーヴは、歴史家と詩人のあいだに新たな分割線を引いた。詩人の中には、「水晶のプリズムを通して」現実を見たヴィニーと、さらに「半ば神秘的な科学[31]」を実践したミシュレが含まれていた――この二人は原資料をよく理解せず、妄想に陥ったというのだ。

第3章　科学としての歴史と「文学という黴菌」

「レアリスム」という言葉は、クールベの一八五五年の展覧会の名であり、デュランティが編集する雑誌とシャンフルーリーの論文集（一八五七）のタイトルであり、十九世紀後半の小説の大部分の性格を言い表している。実際、それらの共通点を見つけることは難しくない。たとえば、検閲も理想化もなしに現実を描こうとする意志、民衆の生活や日常茶飯事に対する関心、同時代の重大問題の提起などである。

しかし、このように定義すると、レアリスムは根本的に新しいものではない。十七世紀初頭、カラヴァッジョやル・ナン兄弟のような画家たちは、都市や田舎の下層民をためらわずに描いた。デフォーの『モル・フランダーズ』（一七七二）、サン＝シモンの『回想録』（一七二〇年代から三〇年代に部分的に書かれた）、フィールディングの『トム・ジョーンズ』（一七四九）、これらは世間やその貧しさや悪徳を描いている。七月王政時代に、バルザックは社会の苛酷さを描き、ウジェーヌ・シューは下層階級の運命に関心を抱いた。広い意味で言うと、レアリスムの伝統は福音書に起源を持っている。そこでは神の言葉が、職人や、漁師や、不具者や、売春婦の生活を横切るのだ。[1]

ルネサンス以来、芸術革命の大半は真理の名においてなされた。しかし古典主義とロマン主義は、学者の権威に基づいてはいなかった。反対に、一八六〇年代から八〇年代にかけてのレアリスム小説は、科学に基づいた真理についての言説を手に入れるという野心を抱いていた。クロード・ベルナールは『実験医学研究序説』（一八六五）において科学の基礎を示した。文学と調査と生物学の交配から生まれたレアリスムの企てを特徴づけるのは、世界の忠実な再現（あるいは「虚飾なき」悲惨のスペクタクル）というよりもむしろ、現実についての科学を作り上げようとする意志である。まさにこの点において、一八七〇年代以降、自然主義と方法的歴史〔第三共和政時代の科学的な歴史のこと〕が出会うことになる。

自然主義の方法

レアリスムの作家たちは、科学を介して真実に到達するような芸術を理論化しようと努力した。すでに一八五〇年代に、フローベールは「文学は次第に科学の道をたどるようになるだろう」[2]と予言していた。そしてゴンクール兄弟は『ジェルミニー・ラセルトゥー』（一八六四）の序文において、この「真実の小説」は「科学の義務」を自らに課したと説明した。このことは、レアリスムが伝統的な小説よりも自然科学や医学を模範としていることを説明する。バルザックは『人間喜劇』の前言において、まずビュフォンやキュヴィエやジョフロワ・サン＝ティレールの名前を引き合いに出し、その後でペトロニウスや武勲詩に短く言及した。このような庇護関係を見るかぎり、レアリスムは、フィクションや叙述《ナラシオン》といった文学的形式であるのと同じくらい、現実についての理解であった。それは、メダンの夕べに通っていたゾラの知人の言葉によれば、「考え、見、熟考し、研究し、実験するための方法であり、分析して知ろうとする欲求」であった[3]。

それゆえに創作力は決して、資料調査の努力をかすませることはなかった。レアリスムの小説家たちは無から出発するのではなく、自ら実務家や、ジャーナリストや、古文書学者や、旅行家や、民族学者になり、材料を集めた。バルザックは『ふくろう党』のためにヴァンデーの反乱の資料を集め、『幻滅』のために自らの印刷業の失敗を思い返した。ユゴーは自分の小説の中に、パリや、バリケードや、英仏海峡の暗礁や、イングランドの貴族や、国民公会や、ワーテルローの戦いについての長い詳説を挿入した。フローベールは、一八五八年にチュニジアを訪問した後で、『サランボー』の草稿は「完全に書き直す[4]」べきであると決意した。アメリカの小説家たちもまた、大いなる調査者になるだろう。『ジャングル』(一九〇六)[1]はアプトン・シンクレアのシカゴの食肉工場における経験に着想を得ている。スタインベックは『怒りの葡萄』(一九三九)を書く前に、移動農業労働者に会い、カリフォルニアの移民キャンプを漁りまわった。

元ジャーナリストであるゾラは、このような調査方法の上を行った。彼の小説はいずれも、情報や資料を収集し、訪問を行い、人々に会い、雰囲気に浸るという長期にわたる準備を必要とした。ゾラは同時代の偉大な精神医学者たちの著作を読み(時にはカードに整理し)、そのおかげでアルコール中毒性譫妄や多様な職業的病理の効果を正確に描写することができた。彼はレアール市場やヴァリエテ座を訪問し、ボンマルシェ百貨店の棚のあいだを散策し、炭鉱に下りてゆき、労働組合の会合に参加し、鉱員住宅や居酒屋に入り込み、ボース地方を耕し、セダンの戦いにおける軍隊の進路をたどり直した。『ジェルミナール』(一八八五)[2]には炭鉱員の日常生活についての完全な民族学が存在する。時間割、食習慣、家族や恋人たちの儀式、祝祭、娯楽、ラクロスの試合、九柱戯の勝負、アトリ〔鳥〕のコンクール、ゾラはこれらを自ら観察した――あるいは描写させた。この小説の準備書類はきわめて多様な原資料の存在を明らかにする。たとえば、新聞の切り抜き、ラルース辞典の項目、採掘技術や炭鉱員の衛生に関する著作の報告書、鉱員住宅の設計図、アンザン炭鉱会社についての注、炭鉱用語辞典などである。この本全体がこのような「現実感覚[5]」を示している。

ゾラはこのような資料調査で武装し、できるかぎり科学的な実験を行った。彼は特殊な条件を持つ一定の環境の中に登場人物を置き、そこから彼らの行動を演繹し、最初の仮説の妥当性をテストした。人体と気質は環境の圧力のもとに変化する。そして小説はこの実験の調書なのである。「結局、人間についての知識、科学的知識があるのだ」[6]。その意味で、作家は何も創作しない。彼は学者としての好奇心と真理への愛に駆り立てられ、症例を研究し、問題を解決する。小説はフィクションとしての性格を持ちながらも、認知的な目的を持つのだ。

この科学主義の幻影について長々と論じる必要はないだろう。自然主義の裁判は自然主義そのもの——その醜悪さ、猥雑さ、単純化、恣意性、宿命論など——とともに始まった。実際のところ、ゾラの「仮説」は凝り固まった信仰に属している。すなわち、個人は自らの遺伝の囚人であり、近代社会は神経質で貪欲な人間を生み出し、彼らはやがて道徳的怪物性にむしばまれるというのだ。『ルーゴン＝マッカール叢書』全体が次のような考えに支配されている——すなわち、第二帝政は大革命の混乱をさらに悪化させ、野心を刺激し、欲望を解放し、賭博熱をあおり、民主主義の騒乱を助長したため、個人はせわしない生活に疲弊してばたばたと倒れてゆくというのだ。したがってゾラは、一行も書かないうちから自らの真理を手にしていた。ゾラが膨大な資料調査をしたにもかかわらず、彼の小説は何かを「証明する」ものというより、公準を発展させ、診断をわかりやすく説明するものであった。

しかし、レアリスム作家たちが科学を行っていると信じるのと、彼らが医師や物理学者や生物学者と同じ価値観を共有するのとは別のことである。「文学《レットル》」は「科学」の影響を次第に強く受けるようになった。十九世紀後半において、科学主義は小説と歴史という、方法としての文学の二つの形式を同時に呑み込んだ。

科学としての歴史の登場

ガブリエル・モノーは『ルヴュ・イストリック』誌創刊号の巻頭の辞において、歴史は「厳密に科学的な視点」を取らねばならないと告げた[7]。ドイツの地では一八三〇年代から見られていた一つの知的革命が、ヨーロッパと北アメリカでは十九世紀の最後の四半世紀に起こり、それが歴史を「実証科学」に加えたのである。この革命は、雑誌の創刊（一八七六年の『ルヴュ・イストリック』）や、協会の設立（一八八四年のアメリカ歴史協会）や、機関の設立（一八七五年のローマのフランス学校）や、ある方法の開発（一八八三年の共著による『歴史教育の方法』、一八九八年のラングロワとセニョボスの『歴史研究序説』）によってしるしづけられる。世紀末に勝ち誇る歴史科学は、三本の柱に支えられていた。すなわち、(1)客観性という理想、(2)原資料、(3)専門家集団である。

歴史家とは事実を研究する者である。この定義は、大革命後の論争とも、人生の師としての歴史とも、また過去にも未来にも通用する法則を確立しようとする〈歴史〉哲学とも決別することを目指している。したがって新しい歴史家は、オーギュスト・コント的な意味での「実証主義者」ではない。彼は大文字の〈歴史〉の意味や、人類が通過するさまざまな時代を明らかにしようとはしない。その代わりに、彼は「方法的歴史家」、すなわち科学的手続きに従って研究を行う学者となる。

歴史家は論争も、忠告も、思索も行わない。彼は、ランケのものとされる言葉に従えば、「本当に起きたこと」(*wie es eigentlich gewesen*)を明らかにするだけだ。ランケ的規範と呼ぶべきこのスローガンは、このドイツの観念論者を、科学性のモデルに、この学問分野の創立の父に仕立て上げた。こうして一八八〇年代のハーバード・アダムズから二十世紀初頭のジョージ・アダムズにいたるアメリカの歴史家たちが、ランケを崇拝することになる。情熱も先入観も持たない客観的な歴史は、ベーコンからジョン・スチュアート・ミルにいたる経験論を通俗化した。すなわち、観察に基づく慎重な推論、早急な一般化と形而上学的理論の拒否、分類学の重要性、事実に「語らせ」て最終的な歴史を生み出そうとする意志などである。(8)

そのために、歴史は原資料に基礎を置く。原資料とは、古文書《アルシーヴ》や遺跡や碑文や貨幣からなる原材料であり、古銭学や古書体学や碑銘学や公文書学といった「補助的」な科学によって真正なものと認定される。セニョボスにとって、資料とは痕跡であり、そのおかげで歴史家は今日では消滅した事実にまでさかのぼることができる。この領域において、フランス人とアメリカ人は、ニーブール、ベック、ランケ、ハルナック、ゲルビヌス、モムゼン、ヴァイツといったドイツの学者を模範とし、『モヌメンタ・ゲルマニアエ』や『スクリプトレス・レルム・プルッシカルム』といった彼らの偉大な学識のコレクションから影響を受けた。歴史の制度化——統合された専門家集団、学術刊行物、高等教育との関連——は、感嘆のもう一つの理由であり、多くのアメリカ人とフランス人がドイツの大学に留学した（モノーは一八六七年から、エマートンとハーバード・アダムズは一八七六年に、セニョボスは一八七九年に、カミーユ・ジュリアンは一八八二年に）。歴史はアマチュアの書斎を離れ、科学（*Wissenschaft*）の時代に入った。これ以降、歴史家は大学教員となり、高等教育はゼミナールや課程やカリキュラムや学位を中心に組織されるようになる。(9)

ドイツの学識とフランスにおける歴史の制度化は、すでに十九世紀前半に歴史の実践を変えていた。しかし歴史が真に確固たる地位を獲得するのは、世紀末の数十年のあいだである。歴史は古代においてはマイナーなジャンルであり、二流の詩、二流のレトリック、二流の哲学にすぎなかった。中世においては芸術と神学と法学のあいだで引き裂かれ、大学では二次的な地位を占めていた。古典主義時代の修史官は、廷臣と同列の存在であった。歴史は専門職に、方法に、真理についての言説になることで、初めて支配を脱した。それは科学になることで、最終的に尊厳を獲得したのだ。

客観的モード

資料調査の必要性、事実の記録、方法論への配慮、真理の探究——レアリスム文学と科学としての歴史のあいだのこのような認識に関する収斂は、バルザックの時代と同様に、電波の混信のような効果を生み出した。ゴンクール兄弟にとっては、「歴史が文書資料によって作られるのと同様に、現代の小説は、ありのままを語ったり記したりした資料によって作られる」[10]。ゾラはさらに先に進んだ。彼の『ルーゴン＝マッカール叢書』は第二帝政時代の一家族の「生理的で社会的な歴史」を取り扱う。つまり、「私は歴史を作っている」[11]のだ。反対に、一九〇〇年の歴史家国際会議において、議長のアンリ・ウッセーは、小説は手帳や直接的観察といった「人間の資料」によって作られると指摘し、その後で「小説家は歴史家と同じようなやり方をする」[12]と結論した。一方は過去を研究し、他方は現在を研究する。つまり対象が異なるだけなのだ。

小説家と歴史家を突き動かす科学主義は、両者に共通の叙述モードと、両者がともに利用できる技術的基盤を創り出した。この収斂は、フュステル・ド・クーランジュやルナンやテーヌといった一八六〇年代の大家たち、方法的革命を予言した作家としての歴史家たちによって準備された。この客観的モードは四つの次元を持つ。

⑴ **学者としての超然たる態度**。ベネディクト派の学識を尊敬する、科学としての歴史の信奉者たちは、客観性と冷静さの理想を掲げた。えこひいきも憎悪も遺恨もまったくない。過去は現在から截然と切り離され、歴史家は必要な距離を置いて過去を研究することができる。歴史家はあらゆる情熱を捨てて、無私無欲に、距離を取って

「歴史の純潔である完璧な公平性の魅力」[13]を味わうすべを知っている。われわれはこのような態度をフローベールにも認めることができる。彼は、昆虫学者がアリの巣を見るのと同じような中立性、同じような無関心さで人間の魂を扱おうとした。テーヌは一八七七年にこの大作家に向かい、彼が『三つの物語』で著者と作品をつなぐへその緒を断ち切り、「冷静さ」と「常なる不在」を示したことに対する称賛を告げた。「『ヘロディアス』は紀元三〇年のユダヤ、現実のユダヤです。［……］あなたが私に言われたとおり、現在ではもはや歴史と小説を区別することはできません」。フローベールはこの無感動の原則ゆえに、世紀末の歴史家たちの指導者でないとしても、少なくとも先駆者だと言える。[14]

(2)「私」の追放

一八五〇年代以降、あるいはクロード・ベルナールの研究以降、科学は客観性の体制に入った。そこでは、観察を行う主体から観察を守らねばならない。[15] 人間による媒介はいまや、混乱や、変形や、誤謬の危険性となった。観察者を廃止し、テクストの話者《ナラトゥール》を排除すること。フローベールにおいては、不介入の規則が同じ役割を演じる。小説家は自分の意見を言う権利を持たず、「彼は創造において神の創造を真似なくてはならない。つまり、黙って作るのです」[16]。ゾラにとって、語るのは作家ではなく、事実や遺伝法則である。フュステル・ド・クーランジュ（および彼以降のたいていの歴史家）は、この自制の倫理を共有し、主観性に汚されそうなものをすべて遠ざけ、読者に個人性を押しつけないよう自分をしっかり支配した。「古代についての最高の歴史家は、自分自身や、個人的な思想や、時代の思想を最も完全に捨象して古代を研究した者である」[17]。この自己抹消の中には、自制や自己犠牲的な慎みがあり、それはマビヨン修道僧や、ルナンの言う無名の個別研究者に甘んじた「科学の英雄たち」のうちにも見出される。美徳は真理と同じくらい重要である。歴史における自我は、ナルシシズムであるだけでなく、科学ならざるものでもあるがゆえに、憎むべきものである。化学や天文学が非個人的なものであるように、自我の抹消が歴史家の客観性を保証する。それは価値論的中立性を、マックス・ヴェーバーが二十世紀初頭に推奨したあの価値自由（*Werfreiheit*）を保証する。

(3) 普遍的視点。小説家と歴史家が採用した距離を取る態度は、パノラマを把握する一つの方法である。神の視点という張り出した位置は、一度にすべてを見ることを可能にする。この全体的ビジョンはレアリスムの商標の一つであるが、歴史家たちはそれを、ポリュビオスがシノプシス、すなわち一目ですべてを見渡せるような概観的叙述を発明したときから知っていた。サモサタのルキアノスが言うように、われわれは上方からローマ軍の陣営を見、一瞬後にペルシア軍の陣営を見ることができる。ゼウスや『イカロメニッポス』の冒険者のように、歴史家は「雲の上を」飛ぶ者になる。これは外部の視点なのか、あるいは全知の視点なのか。歴史家は小説家と違い、魂の内奥まで入り込むことはできない。しかし小説家と同じく、常に彼の人物たちより多くのことを知っている――たとえそれが、彼が歴史の続きを知っているからにすぎないにせよ。話者が不在であると同時に遍在する（ジェラール・ジュネットの分類学を借りると）焦点化ゼロは、方法的歴史の特権的モードになるだろう。結局のところ、歴史科学の「視点なき視点」とは、「神のごとき観覧者の上空に張り出した視点」[18]であり、フローベール的話者の「どこにもいてどこにもいない」に行き着くのだ。

(4) 透明性という夢。小説家は、自分たちが現実に直接到達できるという考えを広めるために、しばしばガラス窓のメタファーを利用した。「フィクションの家には結局一つの窓もないが、無数の窓がある」――ヘンリー・ジェイムズは『ある婦人の肖像』の一九〇八年の序文でそう書いた。この開口部は、窓であろうと壁の穴であろうと、「人間的情景」に通じている。ゾラにおいて、窓、ガラス、温室、ガラス張りの書斎といった開放的建築は、視線から何一つ隠さない「ガラスの家」を形成する。このガラスのヴェリズモ〔十九世紀末にイタリアで起きた一種のレアリスム運動〕は、完全に明快な筋や、すべての人物を平等に照らす光や、論理的な構成や、誰にでもわかる語彙によって伝えられる。というのも、モーパッサンが言うように、小説家が「単なる現実」から離れ、疑わしい事実を示したり気取った書き方をしたりすると、「清潔なガラスの上に雨を」(19)降らせることになるからだ。方法的歴史家は、歴史が痕跡による間接的な知識であることを知らないわけではない。しかし彼らの叙述は、クインティリアヌスが定義したように「事物をわれわれの目の前に置く」活写法《ヒュポテュポシス》に多くを負っている。見せることによって、このレアリスムは「事実」に直接到達することを可能にする。われわれは情景を目撃する——まるで言語や叙述が消えうせたかのように、過去はわれわれの目の前で再び演じられるのだ。

　科学主義は、レアリスム文学と方法的歴史の両者が頼りにする、客観的モードを正当化した。叙述の技術の向こうに、われわれは客観性についての真のハビトゥスを認めることができる。それは慎ましさと自信と自己抑制であり、それらが学者と結果の正当性に結びついている。したがって、認識的かつ道徳的な立場が、書法《エクリチュール》の選択を決定するのである。バルトの影響下にある詩学研究者たちは、そこから生じる「現実効果」を示した。それは、〈神〉としての話者の特権であり力技であるミメーシスが伝える幻覚効果のはたらきであった(20)。

　教育的性格、明晰さと透明さの理想、滑らかな表面、切れ目のない叙述、無感動の原則、発話者の全面的不在、絶対的視点、現実への直接的到達、自明の調子——こうしたものが、ひとりでに語られる歴史《イストワール》／物語（言葉の二重の意味で）の認知的であると同時に叙述的な構造なのである。この威厳ある「客観性」はついに神話的な次元を獲得した。ソルボンヌ大学におけるフュステル・ド・クーランジュの代理教授、次いで高等師範学校の教授と校長を務めたエルネスト・ラヴィスは、まるでゾラがデパートの棚を描くように、ルイ十四世の宮廷の祝祭を物語った。

　これらの輝かしい祝賀行事には、甘美な洗練が見られた。［……］ヴァイオリンやオーボエや水の音が入り混じって聞こえるマレの木立で間食が出された後に、リュリの『アルセスト』が、オレンジの箱や飾り燭台や燭台置きや黄金の花瓶で飾られた、マルブルの中庭で上演された。花で飾られた噴水から水が流れていた。あまり水音を立てないように、水は花を生けた花瓶に音もなく落ちるようになっていた。夕暮れ時や夜に、リュリと楽隊が乗った船にともなわれてゴンドラで水上を散策するのが、国王の最も大切な楽しみの一つであった。(21)

方法的歴史は、証明に関する考察ではない。そこにあるのは証明というよりも、事実の展示と確信の羅列である。噴水から水が流れ、ルイ十四世とその宮廷がわれわれの目の前に現れる。われわれは始まりもざらつきも持たない物語の上を滑ってゆく。というのも、客観的モードのパラドクスは、それが自らを否定し、自身から逃避するモードであり、現実に「自ら」語らせる自己抹消の力によって、自らの存在と特性を隠蔽してついには姿を消すモードである点にあるからだ。

ボードレールは一八五九年のサロンについて、事物を「あるがままに」描こうとするレアリスム絵画の特徴は実証主義であると書いている。実際には、芸術の分野で客観的歴史に相当するものは、クールベの絵画ではなく、アカデミーの絵画である。カバネル、ジェローム、ブグロー、メソニエ、ロラン、ドターユといった「官展派《ポンピエ》」画家たちは、アカデミーや美術学校やサロンといった主要な公的制度と結びつき、権力の座にあるブルジョワジーにヴィーナスや騎兵隊の突撃を提供した。彼らは公的芸術の生産者であり、技術的名人芸が発揮される細部に情熱を燃やし、学識者として描いた。その正確さはゲートルのボタンにまで及んだ。

一八七〇年代から九〇年代にかけての国家的歴史家のように、アカデミーの画家たちは〈歴史〉の場面における国民的な過去を再演した。王たちや黒幕たちがものものしくふるまう、彼らの事件としての歴史は、入念に仕上げられた歴史であり、そこでは模倣が知性に優先する。芸術の分野においても歴史の分野においても、同じ正当性の独占があり、同じ専門意識があり、同じわかりやすさへの配慮があり、同じ正面からの普遍的な視点があり、同じ「仕上げの美学」がある。その美学は、地塗りや下絵をごまかし、画家を作品の背後に退場させ、距離と非個人性の力によって現実の現実感を失わせる。このような描き方を時代遅れにするだけでなく、アカデミーのシステムをも覆すためには、マネの全天才が必要であった。[22] しかしフランスの大学にマネはいなかった。

見者と大学教授の対立

世紀末の数十年のあいだに、大学の方法的歴史家たち（セニョボス、ラヴィス、ランソン、デュルケム）は、第一世代の科学主義者たちが導入した認識と叙述に関する諸原則を先鋭化し、そこから堅固な法則を作り出した。しかしながら、その第一世代は科学としての歴史をはるかに柔軟に実践しており、そこには文学的な次元も含まれていた。

テーヌは『批判と歴史に関する試論』（一八五八）の序文において、クロード・ベルナール風の実験的歴史を絶賛した。彼は、事実の分析、分類、抽象化、公式化によって、「人類史における解剖学」を達成しようとした。それでも彼は、レッシング、スコット、カーライル、ティエリ、ミシュレといった、テクストの背後に情熱を備えた生きた人間を探し求めた近代的歴史記述の開拓者たちに敬意を表していた。テーヌは「ジャコバン派の心理」（一八八一）を扱った論文において心理的歴史を提案しているが、それは直観や、想像力や、内省能力や、歴史家の対象への同一化や、内的独白の技術に基づくがゆえに、文学に近いものであった。[23] 文献学者のルナンは、パレスチナに旅行し、ナザレ人イエスが踏んだ小道の上や眺めた地平線の前を歩んだ後で、『イエスの生涯』（一八六三）を書いた。この伝記作家は、内省や心理とともに、想像力を道具として用いた。過去の魂をよみがえらせるためには、「予見と憶測が部分的に許されるべき」というのだ。

これらの初期の科学主義者たちは、まだ文芸の時代——ペンの技術、文人の才能、専門化の拒否、随筆趣味、学識のための旅行、世俗的成功——を生きていた。それだけではない。彼らは、歴史が文学に属することを完全に意識していた。それに対して、方法的歴史家たちの世代はあらゆる近親関係を拒絶した。さもないと、歴史というこの「純粋科学」は汚染される危険があったからである。世紀末の数十年で、歴史は文学と決別した。より正確には、「文学」テクストの階級から身を引き離した。

この離婚にはいくつかの原因がある。第一の原因は、客観的モードの使用によってライバル関係が先鋭化したことである。一八三〇年代の真理をめぐる戦いはまだ続いていた。歴史は自然主義よりも優れた社会科学になるだろうか。誰が現実について最も適切な言説を手に入れるのだろうか。社会調査や現代史が小説という形式を取った時代において、専門職の歴史家たちは、ゾラとは違い、職業や、給料や、予算や、社会階級や、生活様式や、誕生や、死や、病気や、性や、愛情には——そして二十世紀に『アナール』学派や心性史が情熱を燃やすようなテーマには——関心を持たなかった。その意味で自然主義は、かつてスコットの小説がそうであったように、先駆的役割を演じたのだ。作家たちはすでに一八三〇年代に、シカゴの社会学者たちはすでに一九二〇年代に、下層民に対して関心を持っていた。しかし歴史家たちが貧しい人々や、無名の人々や、物言わぬ人々や、日常茶飯事について研究することを思いつくには、両大戦間のジョルジュ・ルフェーヴルの仕事や、一九七〇年代の「新しい歴史」を待たねばならなかった。

制度的な変化も断絶のもう一つの要因をなしていた。大学と文学界が並行して自立を遂げるとともに、二つの人物像が明確なかたちを取った。すなわち、真理と国民の栄光の立役者であり、名誉で飾られた名士である「学者《サヴァン》」(クロード・ベルナール、パストゥール、ラヴィス)と、ブルジョワ社会の非難と同時代人の無理解の的である「芸術家《アルティスト》」(ボードレール、ヴェルレーヌ、ファン・ゴッホ)である。[24] そしてこの二つの力はぶつかり合った。詩人はボヘミアンの生活を送り、慣習に対する軽蔑や散文的な日常に対する（したがって自然主義に対する）嫌悪を表明した。科学の功利主義と資料至上主義は、彼の自由への渇望の妨げとなった。それは、見者と大学教授の対立であり、理解されざる天才と制度の対立であり、不滅の傑作とつかのまの発見の対立であり、キリストの受難と入念な仕事の対立であり、無償の芸術と進歩のイデオロギーの対立であった。

専門職の代表である歴史家は、もはや自分が芸術家や詩人やその他の「文　人《オム・ド・レットル》」の仲間であるとは認めなかった。前衛による挑発は、彼らが科学の尊厳を追究するのをかき乱した。集団的な規律は、自我の高揚や想像力の遁走とは両立しなかった。また謙虚さの倫理は、著者としての思い上がりを許さなかった。ボルドー大学の文学部長のポール・スタプフェルは、研究書『文学的評判』（一八九三）の冒頭において、自分が死後の名声を求めていると告白し、自身を笑いものにした。つまり自分は、批評家と歴史家の仕事は「われわれの人格を消すことによってしか価値を持たない[25]」ことを忘れていたというのだ。

ルイ十四世の時代において、たいていの文人はアカデミーの世界で活動するか、あるいは国家によって支援を受けた。十九世紀において、大学人は依然そのような境遇であったが、作家はもはやそうではなかった。歴史は従属のもとに生きており、国民や、学部や、同業者や、文書館に依存していた。文学の方は自由の身であった。両極化されたこのようなシステムにおいて、ゾラは中心的な、しかし曖昧な位置を占めていた。彼は呪われた芸術家たちと付き合うのか、あるいは共和国の学者たちと付き合うのか。彼はむしろ専門家の側、商業的成功の側、レジオン・ドヌール勲章の側であるように見える。しかし、科学と歴史はもはや文筆家を受け入れなかった。

歴史家に現実や真面目な物事や科学や真理を独占させ、作家に文学や芸術や想像力や主観性の世界を支配させることは、結局、自然主義の企てを断罪することになった。両者の中間物は疑わしいものになり、挫折を運命づけられた。このような背景において、ソルボンヌ大学の教授であり、後に（一九一九年にラヴィスの後を継ぎ）高等師範学校の校長になるギュスターヴ・ランソンは、テクストに学識と文献学と歴史の方法を応用することによって、文学についての科学を発明した。ブリュンチエールやファゲやニザールといった「文学的《リテレール》」な批評家たちは、文学の中、つまり科学ならざるものの中に追い払われた。

制度的な区分がこれほどの重要性を持ったがゆえに、ランソンは論文「文学と科学」（一八九二）において、学術的議論の論調を大幅に逸脱した激しさで、ゾラを攻撃したのである。ランソンにとって、自然主義者たちは「科学的文学の最も過激で最も堕落した」形態を示していた。彼らは田舎のカフェ＝コンセールの香具師のように、「つまらないシャンソンとくだらない学識のあいだ」に姿を見せる。ゾラの企ては、科学と芸術を、客観性と書法を最終的に切り離すために、断ち切らねばならない結び目であった。今後は各自がそれぞれの領地に陣を敷かねばならない。可能なもの、未知なるもの、証明不能なもの、非現実的なものが文学の素材を形成する。科学の対象は、詩や小説や弁論の創作の素材になることはできない。確かな地盤の上を歩いて文学についての科学の基礎を築くためには、方法を身に付けることが必要である。ランソンはそのことを喜んだ。「歴史は今日、文学と決別した[26]」。

文学は真理を述べる希望を完全に失わねばならない。それは科学と、大学における科学の新たな仲間たち――歴史、文学史、社会学――の役割だからである。学者は文学を作りはしない。ただ文学を読み、解説するだけだ。この創造への決別は、知の寺院に入り、専門分野のシステムの中で職業的自立を勝ち取るために、払わねばならない代償であった。これ以降、科学としての歴史は芸術としての文学に対立する。

忘れられた二千年

学者《サヴァン》と作家《エクリヴァン》。これが新たに引かれた境界線である。しかしこの線は歴史そのものの上を横切っている。文学や小説や詩や文学界《レットル》との別離は、あまりに「文学的」な歴史家（古代のであれ近代のであれ）自身への軽蔑と一体となっていた。彼らが実践する歴史は、歴史科学の反対物であると同時に、その過去の姿——劇化、逸話、奇妙さ、地方色、レトリック、主観性、折衷的態度、予見、現代的情熱など——でもあった。この分野の内部において、「文学的」という語は軽蔑的な言葉となった。一八五五年に、ミシュレは自分が作家あるいは詩人として褒め称えられることにいらだった。というのも、人々はこの呼称によって「これまで歴史家を苦しめようとしてきた」[27]からである。フュステル・ド・クーランジュは、自分の作家としての「才能」と「見事な『古代都市』[3]」を褒め称えられたことに傷ついた[28]。科学との近親性は高貴なことだが、文学との隣接は卑しいことなのだ。

モノーやラングロワやセニョボスにとって、歴史はロマン主義にいたるまでは文学ジャンルであった。一八六〇年代になってようやく、歴史は近代に入り科学になった。方法的歴史家たちは、ルネサンス以降における自分たちの先駆者を幾人か選び出した（イエズス会、ベネディクト派、ドイツの学識者たち）。これらの者は、長期にわたる模索や、歴史の先史や、〈科学〉に到達するために踏まねばならない諸段階を体現していた。その他の者は、想像力の気まぐれに身を委ねたがゆえに、「学者である以前に文士[29]」であった。ヘロドトスとギリシア人、タキトゥスとラテン人、中世の年代記作者、古典主義時代の回想録作者、グイチャルディーニやベールやヴォルテールのような人々、自由主義者、ロマン主義者、これらの魅力と情熱に満ちた独学者たちは、みな退場を命じられた。彼らは方法的革命に付随する犠牲者たちであり、今後は「文学」に属することになる。

ヴォルテールは哲学者にすぎない。ギボンは啓蒙の世紀の作家にすぎない。ミシュレは強烈な気質に恵まれた詩人にすぎない。ミシュレの私的書類を保管し、コレージュ・ド・フランスで彼について講義を行ったモノーでさえ、ミシュレの本が「科学的正確さと方法」[30]を欠いていることを残念がった。ミシュレは過去をよみがえらせた功績を持つが、学者とか、学識者とか、古文書の大家とか、概念の発明者というところはまったくない――リュシアン・フェーヴルが、ミシュレを「文学者」[31]の列に貶めてきた一八七〇年代から九〇年代の世代の「小物たち」に鉄槌を下すまでは、そのように考えられていた。方法としての歴史は、自分たちと異なる考えを持つ歴史家たちをそのように過小評価し歪曲した。これらの者は「才能ある作家」と、情熱のままにもっぱら文体や色彩や生命に腐心する芸術家と化したのである。事実を掘り出そうとしない者は、想像力の霧の中をさまようことを宣告された。ランケ的規範はランケの複雑さを消してしまった。

かつて文人が享受した創造の自由は、学問分野の専門化と経歴についての要求に耐えて生き残ることができなかった。この意味で、「詩人、弁論家、批評家、歴史家、伝記作者であったほぼ普遍的な天才」[32]と称されたマコーリーの一八五九年の死は、一八九〇年代初頭のルナンとテーヌの死に先立って、一つの時代の終わりを画している。これ以降、歴史以外のジャンルを実践しようとする歴史家はまれになるだろう。大学人《アカデミック》で将来アメリカ歴史学会の会長になるヘンリー・アダムズは、一八八〇年代に『デモクラシー』と『エスター』という二つの小説を発表したが、いずれも匿名で出版された。ブルゴーニュのブドウを愛するガストン・ルプネルは、小説家であると同時に農村についての歴史家であったが、玉虫色の経歴を送った。ただフェーヴルだけが、彼のうちに「少々空想家のアマチュア」[33]を見ることを拒絶した。同じ一つの研究のうちに芸術と科学を両立させようとする学者は、さらにまれである。エリゼ・ルクリュの散策のような夢想は、一人称で書誌なしで書かれており、教育と感動を目的とし、「科学でも詩でもある」[34]。しかし彼は、十九巻にわたる『新世界地理学』を著したにもかかわらず、「科学的」である以上に「文学的」な奇抜な地理学者として軽蔑された。このプロテスタントのブルジョワが、アナーキストでフェミニストでベジタリアンであると自称したのは事実であるが。

文学的資質はディレッタンティズムの証拠であり、真面目さの欠如であり、笑うべき気取りであると見なされた。歴史家は作家であることはできない。歴史家の教養はこれ以降、編纂者あるいは注釈者の教養となった。書くこと《エクリチュール》についてのこのような強迫観念、歴史を汚しかねない文学性に対するこのような恐怖心は、科学的パラダイムが持つ力を明らかにする。文学《レットル》と科学が分離した二世紀後、歴史は陣営を変えた。歴史は、自らにあれほど多くをもたらした文学や、詩や、叙事詩や、雄弁や、小説から身を引き離した。この離縁は、出自に対する羞恥のように、文芸のシステムにとどめの一撃を与えた。

こうして歴史家たちは二者択一に直面することになる。文学を作り、大衆を感動させるのか。しかしその場合、彼らの書法は前科学的、さらには反科学的とされ、彼らに対して大学の扉は閉ざされる。あるいは、歴史を作り、真実についての特権を手に入れるのか。しかしその場合、彼らは専門家集団の諸規則に従わねばならない。歴史家には二つのカテゴリーがあると、第一次世界大戦の直前にある詩人が指摘した。すなわち、科学としての歴史の基礎を築いた、セニョボスからオラールにいたる大学の党派と、戦争の物語や君主の肖像の専門家としてアカデミー・フランセーズを目指す、アカデミーの党派である。[35] 残念ながら、堅固な真理と生命力のあいだ、真面目さと再現のあいだで、選択をしなければならないのだ。

一八八〇年代の断絶は、規範的な分類にも反映されている。『二十世紀ラルース』においても、『ラガルド&ミシャール』〔フランスの高等学校の文学アンソロジー〕においても、文学は、古代と、中世と、ロマン主義の歴史家を、ルナンとテーヌにいたるまで含んでいる。彼ら以降、歴史はもはや文学に属さない。

テクストならざるものの誕生

しかし、方法的歴史家が文学から逃れたのは、彼らが文学を告発したからではない。まず、すでに見たように、彼らは客観的モードという一連の技術を、レアリスムの作家たちと共有している。ところで、現実効果は読者を、演劇的な叙述の中、〈歴史〉の中心へと続くスペクタクルとしての物語の中に放り込む。ガラスのヴェリズモは、客観性を保証するどころか、歴史を自明な物語にすることで、客観性をより脆弱にする。この自明性において、学者の自我はおのれが不可視だと知るがゆえにいっそう活動的になる。したがって、方法的歴史家の文学に対する攻撃的態度が、演劇的かつ党派的な書法と対になっているとしても驚くには当たらない。この意味で、彼らは大規模に「文学化された」歴史を実践しているのだ。若きラヴィスの『エーヌ県への侵入』（一八七二）は、悲劇としての歴史の性格を持つ叙事詩である。偉人や教訓に満ちた共和国の歴史教科書は、雄弁としての歴史というジャンルに属している。モノーやラヴィスに見出される高揚したナショナリズムは、賛辞としての歴史の復活である。

とりわけ、大学の歴史は知の詩学を練り上げた。序説や、威厳を示す「われわれ」や、引用や、脚注や、書誌は、歴史が「文学から逃れ、科学としての地位を獲得し、そのことを表明する」ための「文学的手続き[36]」を構成する。したがって、この書法は解毒剤の役割を果たす。すなわち、歴史家はメタファーを狩り出し、「模造ダイヤや紙の造花」を取り除き、「決して盛装しない[37]」よう気を付けるがゆえに、いっそう歴史学的（つまり科学的）だというのだ。歴史家はパストゥールのように、序論や展開部や結論に巣食う「文学という黴菌」を撲滅する[38]。書法は寄生的要素であり、できるかぎり縮小——というのも完全には排除できないから——すべきである。それは悪趣味な飾りであり、歴史のスカートを膨らませる道具であり、恥ずべき病気のようなものなのだ。

言葉をきちんと伝えるために、教科書や理論書は書法の問題に取り組む——しかしそれはかならず最後になって、すべてが扱われた時点においてである。ラングロワとセニョボスは、彼らの『歴史研究序説』の末尾になってやっとそれを扱った。ミシュレに対する熱意からこの問題に敏感なモノーにおいてさえ、書法は最後に来るものであった。歴史を作るときは、まず素材を集め、それらを分類し、その後で原資料と諸事実を批判し、次に全体を総合する。そして最後に「歴史の開示」、つまり結果の紹介が来る。この段階は歴史家の「個人的才能」に任されており、厄介であるが避けがたい変形をもたらし、現実に「主観的で個人的な要素(39)」を付け加える。書法は学者の研究の仕上げであり、甘受せざるをえない添加物なのだ。それは最後の仕上げであり、歴史家の「才能」に帰せられるが、それでもなお、それを正確に把握せよという職業上の規則に従っている。

実際、これらの禁止は社会的な区分に基づいている。大学におけるヒエラルキーは書法の実践に重くのしかかっているのだ。一九一三年に七十一歳のラヴィスは、栄誉に満ちた共和国の公的人物であり、フランスの歴史の「守護聖人」であった。彼は、自分が編集したアシェット社の『フランス現代史』の協力者に対して、真の検閲を行使した。彼はコレクションの第一巻であるフィリップ・サニャックの『大革命』の校正刷りにペンを入れ、あまりに大げさな動詞を緩和し、信念の吐露を抑制し、自らの自由主義的でブルジョワ的な視点を強調し、国民的合意を重視した(40)。しかし、ラヴィスがシュリーの善行を称賛したとき、彼に検閲を加える者はいなかった。彼が小学生に対して共和国の栄光を称えたときはなおさらであった。

アカデミックな世界において、書法は権力の分配を反映する。規則を定めたり違反したりする者は、栄光の頂点にいる。彼らは豊かで快適な文体でペンを走らせる。彼らはキャリアの頂点をしるしづける教科書やエッセーにおいて、自らの好みを示し、フランスを称える権利を持っている。彼らの「私」は、序文や自伝における、そしてやがて一九八〇年代末にピエール・ノラが導入した「自己史《エゴ=イストワール》」における市民権を持っている。それ以外の者、つまり大部分の大学人にとって、書法とは、同僚同士で外出するために身に付けなければならない衣服のようなものだ。言葉の必要性とは曖昧なものであり、分別ある者は裸で表に出るわけにはいかないが、バロックな身なりや「盛装した」外観で注目を浴びるのも無作法なことである。書法もまた、できるかぎり慎ましくなければならない。なぜならそれは、「客観的」現実という、それ自体よりはるかに貴重なものを包む包装紙だからだ。セニョボスが説明するように、「雄弁な言い回しは、無害な飾りではない。それは現実を隠してしまう。注意を対象からそらし、形式の方へ向けてしまう(41)」。

言語の外在性は、方法的歴史の原則の一つである。ランソンが言うように、文学においては「形式」が「内容」より重要である。しかし科学においては反対である。そこでは、真理は形式より先に存在し、形式より上位にある。したがって、「真理そのものが把握できるとすれば、形式は煩わしい衣装にすぎない。真理は裸形においていっそう美しい(42)」。この真理に到達し、「事実」に忠実であるためには、主観性に対する防壁となる、無菌の文体の中、仕切りのある構造の中に入り込む必要がある。書法は歴史の悩みの種となり、歴史は絶えず自分自身を束縛する努力をしなければならない。書くがよい、ただしできるかぎり少なく。言葉を用いよ、ただし無音のうちに。構想を、ただし機械的なものを。自分を無意味にし、灰色にせよ。

方法的歴史家たちが登場したのは、歴史が文学をまるで病気か何かのように自分から排除できると思い込んだ、このいささか馬鹿げた瞬間であった。この「解放」から抜け出したとき、歴史は身体の一部を失い、孤立無援となり、貧弱な認識しか持たなくなっていた。専門家集団による科学としての歴史の体系化は、一つの革命をなしとげたが、高くついた。書法の実利的かつ非本質的な性質を主張する、衣服としての文体の理論が、学術的出版物に浸透した。文学に対する軽蔑、「内容」に対する偏重、中立性と謙虚さに対する称賛、「きらびやかさ」に対する強迫観念、これらはテクストならざるもののうちに明確なかたちを取った。その機能は、絶えずおのれの文学性を放棄することであった。歴史は文芸のシステムを離れて科学の陣営に復帰することで、自分もまた一つの形式であるという考えを捨てたのである。

したがって、方法の調整とテクストならざるものの勝利のあいだ、科学性への欲求と文学の否定のあいだには関連性がある。それはまるで、歴史の新たな尊厳が、過去の清算を要求したかのようである。これ以降、テクストならざるものが科学性の証拠となる。客観的であるとは、書かざることなのだ。

方法的革命にもかかわらず、幾人かの歴史家はその後も作品を作ることになる。マルク・ブロックは、フランスの瓦解についての証言でも内省でも分析でもある『奇妙な敗北』（一九四〇）[4]を書くだろう。二十世紀には、ヨハン・ホイジンガ、C・L・R・ジェームズ、モナ・オズーフ、ミシェル・ペロー、ジョルジュ・デュビー、サウル・フリートレンダーがいる。専門職の歴史家たちは、自分たちの研究の余白に、小説や自伝を書くだろう。しかし、歴史が――社会科学として――文学創造であるという考えを擁護する者は、もはやほとんどいないだろう。

文学と決別したおかげで、歴史は知的かつ制度的な自立を獲得できた。そのことはまた下剤として機能した。というのも、歴史家はこれ以降、恥ずかしく思うすべてのことを文学《レットル》に委ねたからである。たとえば、自我の社会参加《アンガジュマン》、調査による挑戦、知の不確実性、形式の潜在力、感情、読者の楽しみなどである。このように多少なりとも強制された中立性は、時とともに、伝統や、職業的義務や、理解しがたい慎みや、自己検閲や、陰鬱な厳格さとなるだろう。大学では機構が整えられ、書法やテクストや構成やリズムや言語に対する、そしてもちろん読者に対する、完全な無関心が正当化された。なぜならこの軽蔑は科学性の証拠だからである。ただ一つの叙述のみが合法とされたが、それは自らを否定するもの、すなわち客観的モードであった。暗黙の規則の総体によって、歴史家は（そして彼の新たな同僚である文学史家と社会学者は）自らの創造性を押し殺し、テクストの生産をやめざるをえなくなった、あるいはむしろ、書法ならざるものに包装されたテクストならざるものを生産せざるをえなくなった。

社会科学と「生」

ラングロワやランソンの世代は、歴史のみが人間の真理に到達しうると断言した。それに対し、生まれたばかりの社会学と若き文学は激しく反応した。対立は苛酷さを増し、敵意に満ちた三つどもえができあがった。

(1) 社会学対歴史。 歴史は自ら「学識」とか「純粋科学」と称したにもかかわらず、依然として「第三の教養」との関係を保っていた。モノーは一八九七年に道徳政治科学アカデミーに加入した。彼はコレージュ・ド・フランスで、かつてドーヌーやミシュレが担当した「歴史道徳」講座の精神をよみがえらせた。しかし、デュルケムが一八九〇年代に基礎づけ、百年の伝統を受け継ぐことになる社会学は、歴史に対して厳しい態度を取った。二十世紀初頭、デュルケムの弟子のフランソワ・シミアンは、セニョボスの著作『歴史的方法の社会科学への応用』に応えて、歴史家たちに科学性をめぐる訴訟を起こした。彼らは科学の外部にいる、なぜなら彼らは三つの「偶像」——政治的あるいは軍事的な事実、個人あるいは唯一のケース、起源あるいは年代の巻物——を崇めているから。それに対して社会科学の方は、制度や規則性や集団的現象の研究を重視し、法則を解明しようとする。ひとことで言うと、「首飾り事件」〔一七八五年の詐欺事件〕を百度目に研究するのではなく、テュルゴーの時代の農業や産業の状態を研究するのだ。(43) デュルケム派は歴史を文学《レットル》の方へ、つまり科学ならざるものの方へ押しやった。歴史が文学を軽蔑したように、社会学は歴史を軽蔑したのだ。

(2) 文学《レットル》対歴史および社会学。 文学はにこやかで優しく、科学は非情である。十九世紀において、この決まり文句は「近代科学」の訴訟へと行き着いた。近代科学は生命を枯渇させ、世界を幻滅させ、自然の美や存在のきらめきをメスで解剖しようとしたとして告発されたのである。一八〇〇年代のカトリック作家たちが啓蒙思想家に反対して作り上げたこの批判は、ニーチェによって「生に対する歴史の利害」(一八七四)の中で再び取り上げられた。ベル・エポックにおいて、方法的歴史家やデュルケム派の主張は、保守的な作家たちの怒りをかきたてた。アガトン〔アンリ・マシスとアルフレッド・ド・タルドの共同筆名〕のように、そしてポール・ブールジェやアンリ・ボルドーのように、ペギーは〔共和派の〕ヌーヴェル・ソルボンヌの学者たちに向かい、彼らの合理主義や批判精神や晦渋な主知主義が感性や内面生活を破壊すると言って非難した。ペギーが『クリオ』と「ラングロワの評判」(一九一二)において資料カードを持った歴史家たちを厳しく批判しているあいだに、プルーストはサント゠ブーヴとランソンに対抗して『失われた時を求めて』を作り上げた。作家は、人生を語り人間の真理を述べるために、社会科学を必要としない。トーマス・マンは『ブッデンブローク家の人々』(一九〇一)について、自分はたった一人で、「いかなる読書もせずただの直観によって」、資本主義がプロテスタンティズムの倫理に属するという考えを見つけたのだと断言した――その後で自分の考えをヴェーバーやゾンバルトの中に再発見したのだと。(44) ポール・ブールジェは巨大な成功を収めたが、自らの『宿駅』(一九〇二)を、さまざまな「科学的真理」――一七八九年から生じた平等主義の情熱、とめどない個人主義、家族精神の死、人間の故郷喪失など――をもたらした、バルザックやル・プレの「社会学」の流れの中に位置づけた。

(3) 社会学対文学。 社会学は誕生以来、自らを文学と区別しなければならなかった。というのも、文学は何百年も前から、社会を理解するという、社会学と同じ計画を温めてきたからである。この認識をめぐる競争に、政治的な性質の分裂が重なり合う。文学は、印象主義的で個別記述的であるがゆえに、むしろ「古いフランス」に属する。それに対して社会学は、十九世紀の激動から生まれ科学的で共和的であるがゆえに、近代に属する。このような背景のうえに、デュルケム派と、文人でも小説家でも社会学者でもあるタルドやブールジェとの闘いが展開した。「社会学者」である作家は、「文士」である歴史家や「文筆家」である評論家と同様に、専門分野の領域から排除された。社会学はアマチュアリズムではないからである。社会学者が文学に興味を持つのは、発展させるべき例や分析すべきタイプを文学が提供するかぎりにおいてである。それゆえに、ファウストやヴェルテルやルネの名が『自殺論』（一八九七）に登場し、サン＝シモンがノルベルト・エリアスの『宮廷社会』（一九六九）の主要な情報提供者の一人になるのである。

デュルケム派と歴史家たちの論争とともに、共和派の大学の守護聖人たちに対するペギーの反抗とともに、社会学の制度化とともに、固く閉ざされたシステムが設置された。そこでは誰もが互いに異質であり、各自が他者との対立によって定義づけられる。すなわち、社会学は歴史ではなく、歴史は文学ではなく、文学は社会学ではない。歴史は文芸のシステムから離れ、一八八〇年代に科学と結びつき、そして一九三〇年頃に『アナール』誌とともに社会科学と結びついた。しかし、大学が自身の方法的近代化から書法を排除したとき、小説はまさに革命のさなかにあった。

第4章　抑圧された文学の回帰

論議は尽くされた。歴史家は科学を行えるが、もし（「個人的才能」に動かされ）あくまでも書くことに固執すれば、彼の仕事は科学性を失うだろう。一方が増えれば他方は減る。歴史は文学的になるほど非科学的になり、そして逆もまた真なり。一九三一年に、アメリカ歴史学会の同僚を前にして、カール・ベッカーは、歴史家の先祖である「吟唱詩人、語り手、宮廷詩人」の霊魂をためらわずに引き合いに出した。しかしそれは十九世紀の科学主義ときっぱりと決別するためであった(1)。

戦後のフランスにおいては、『アナール』の第二世代――統計や、集団力や、状況や、長期持続の世代――が、デュルケム派の批判を取り入れた。皮肉なのは、彼らがきわめて文学的な歴史を実践したことである。「経済的なもの」、「社会的なもの」、「心性的なもの」を展開する、ラブルース的発想による研究は、古代のレトリックの配置(*dispositio*)と同様の規則性に応えるものであった。ブローデルは『地中海』（一九四九）において壮大なフレスコ画を提供した。そこには、筋や、行為や、演出や、ヒロイン（海）や、さまざまなメタファーがあり、海はメタファーによって「遥かな西部」として、「貴金属を集める機械」として、大西洋によって退位させられた「老いた女王」として、「財産分配者の役割に失敗した」人物として描き出された。これらのイメージはどの程度まで証拠なしで済むのだろうか。「永遠の歴史」とか「歴史の物理学」といった言い回しは何を意味するのだろうか。[2]

ここでは、歴史家の文学性は、その輝きによって証明の脆弱さを覆い隠しているだけに、いっそう公言すべきではないとされた。つまり、詩としての歴史とレトリックとしての歴史が、社会科学を完全に遠ざけているのだ。自分を作家として認められないという状況が、二十世紀の歴史家の中で最も小説家的であるブローデルを、科学としての歴史の象徴的存在にしてしまった。

したがって、ラングロワとセニョボスの論理は『アナール』学派においても保たれた。すなわち、科学と文学は互いに排除し合い、文学は知に反してはたらくというのだ。「ペン」は過去に肉体を与え読者に楽しみを与えるのだから、方法に従わなくてもよいということがかろうじて受け入れられた。それ以来、作家としての歴史家たちは、規則違反を、あるいは科学冒瀆の罪を犯しているという感覚を抱いてきた。ジョルジュ・デュビーの歴史は、装置と舞台と、事件と内省と、生命と情熱とでできているが、『ギヨーム・ル・マレシャル』（一九八四）が「騎士道小説のように」読まれたと言って喜ぶには、彼ほどの勇気が必要であった。それでも彼は、後戻りしたという感覚を抱いていた。「私はたしかに物語に回帰したのだ」[3]。

ナラティヴィスムの「スキャンダル」

「物語《ナラティヴ》の復活」――これが、イギリスの歴史家ロレンス・ストーンが一九七九年に『パスト&プレゼント』誌に掲載した論文のタイトルである（翌年に『ル・デバ』誌が「物語への回帰」と訳すことになる）。ストーンの説明によれば、マルクス主義や、『アナール』や、アメリカの数量経済史が体現していた、環境的＝人口学的＝数量的パラダイムが衰退したことによって、歴史家は叙述《ナラシオン》や、自らの古くからのストーリーテラーとしての機能を再発見するにいたった。そして、疎外されたもの、内面、心性、情動、家族、愛情、性、死といった、新たな領域に取り組むにいたった。

つまり、科学としての歴史の支配は、ジョルジュ・デュビーやナタリー・ゼーモン・デーヴィスやロバート・ダーントンの研究が示すような、一九八〇年代における物語と伝記の回帰によって中断されたというのだ。このような分析は、一八七〇年代から一九七〇年代にいたる歴史家たちの否認を真面目に取りすぎる点で間違っている。それはまるで、たしかに方法的で数量的であったにせよ、彼らが歴史を物語ることを一瞬でもやめたと言うようなものである。こうなると、われわれは再び、一方が増えれば他方は減るといういまや古典的となった原理に従って、科学的／文学的という二分法に陥ってしまう。すなわち、かつて「科学」が「物語」を追放した。いまや語る技術が再び台頭し、それにともない統計学的で人口学的な歴史が衰退した。描写が分析に取って代わった。ポスト印象派の画家は、構造に関する強迫観念と決別した、という具合である。

それは、ストーンの分析が、歴史の書法《エクリチュール》に関する数十年間の反省からほとんど何も学んでいないということである。一九八〇年代から九〇年代にリクールとランシエールが関連づけた思想家たち――ウォルター・ブライス・ガリー、ダントー、クラカウアー、セルトー、ヴェーヌ――は、歴史が「叙述的メディア」[4]であるという考えに同意しつつ、過去についての理解が、筋や、演出や、描写や、肖像や、修辞技法を明らかに必要とすることを示した。アーサー・ダントーが『物語としての歴史』(一九六五)で説明したように、われわれはある事件を物語(ストーリー)の文脈においてしか、つまり他の事件に関連づけることによってしか、説明できない。この考えは、ポール・ヴェーヌによって『歴史をどう書くか』(一九七一)において、そしてリクールによって『時間と物語』(一九八三)において、再び取り上げられた。歴史的知識は、「叙述的理解」という、われわれが歴史を物語ったりたどったりする能力に由来する。しかしこの「歴史の最終的に叙述的な性格」を、伝統的な物語としての歴史の擁護と混同してはならない[5]。実際、それを書いたのがマコーリーであれ、セニョボスであれ、ブローデルであれ、ギンズブルグであれ、歴史は常に同一の構造を持っている。それは「これこれの主題を持つ一連の事件が起こった」というものである——その主題が粉屋であれ、オラニエ公ウィレムであれ、フランスであれ、地中海であれ[6]。

ここから、挑発的な響きを持つ結論が導かれる——しかり、歴史は書かれる。しかり、歴史を作るとは、一つの物語、真実の事件の物語を語ることである。しかり、歴史の文学性というものが存在し、歴史家というこの「細部の詩人」は「文学的演出[7]」をほどこす。一八七〇年代以降、われわれはそのことを完全に忘れていた!

今日、ナラティヴィスムはその偶像破壊的な性格をいくぶんか失った。その論証はもはや誰の目にも明白なものに映る。しかしそれはまた、それが科学と文学のあいだの退屈なバランスによってお茶を濁しているということでもある。ポール・ヴェーヌにとって、歴史の根本的な叙述的性格は、方法の不在と対になっている——すなわち、歴史は文学であり科学ではない。反対に、ラブルースにとって、歴史は数字やデータ系列や周期や平均へと向かう——すなわち、歴史は科学であり文学ではない。これ以降、「歴史は書かれる」と断言することは、論争を引き起こし、同僚たちを黙らせるようなふるまいになった。「もっと謙虚になりなさい。あなたがたは自分が科学者だと思っているが、本当は文学者にすぎないのです」。もしわれわれが、ティエリやカーライルやミシュレといった自由主義的でロマン主義的な歴史家を、この擬似的な二分法に従わせようとしたならば、彼らは返答として肩をすくめたことだろう。

反対に、明白でないのは、歴史家がいかなる文学性を選択したかを推し測ることである。というのも、あらゆる歴史が叙述であるというのが真実だとしても、ルナンやデュビーが他の歴史家より「文学的」な形式を選んだことは疑いないからである。

「レトリックの転回」

ナラティヴィストの立場は危険をともなう。それは、懐疑主義に対する寛大さである。ヴェーヌは、歴史とフィクションのあいだに「根本的相違」はないとほのめかす。[8] そしてリクールは、一方と他方を結びつける「交差的参照」を指摘する。ところで、一九七〇年代から八〇年代にかけて刊行された彼らの歴史記述に関する著作は、言語論的転回と同時代に属している。この思潮に従えば、歴史も言語活動である以上、数ある言説構造物の一つにすぎないことになる。

その主要な理論家の一人である、比較文学の教授のヘイドン・ホワイトは、『メタヒストリー』(一九七三)[1] において刺激的な理論を展開した。歴史とは、比喩的言語(メタファー、メトニミー、シネクドキ、アイロニー)と三つの説明のモード、すなわち筋立て(ロマンス的、悲劇的、喜劇的、風刺的)、論証(形式的、機械的、有機的、文脈的)、イデオロギー的含意(アナーキズム、ラディカリズム、コンサバティズム、リベラリズム)の組み合わせだというのだ。したがって歴史は、美学的、論理的、政治的選択によって、あらゆるケースにおいてあらかじめ規定される。その選択が言説の母型と、物語の「メタヒストリー的」基盤を形成するのである。

このようなアプローチは、歴史の叙述における予示を明らかにし、レトリック的で詩的な次元を明るみに出す。科学主義者が思うのとは反対に、書法は歴史の「内容」を包含するのではなく、それを構成するのだ。しかし、ホワイトはそう言いながら、二重の転換を行う。彼は歴史を純粋な文学的オブジェに還元するだけでなく、共通の形式という基盤の上でそれをフィクションに接近させる。比喩やイデオロギーが歴史家の叙述的「戦略」を決定するというだけでなく、歴史とフィクションは同じ性質を持つことになる。歴史はいまや構築物、技巧、「言葉によるフィクション」[9]となり、もはやいかなる固有の認知的体制も持たない。このようにして言語論的転回は、歴史はフィクションと同様に真実を述べることができないと主張することで、歴史を破滅させようとした。ヴェーヌもセルトーもリクールも、決してここまで踏み出すことはなかった。ナラティヴィストの立場と懐疑的相対主義との違いはまさにここにある。

言語論的転回は、いくつかの思潮が重なった結果である。第一に、一般的懐疑の結果である。紀元前三〇〇年頃に活動したギリシアの哲学者であるエリスのピュロンは、懐疑主義の創立者の一人と考えられている。しかし、『ピュロン主義哲学の概要』において彼の教えを学説に作り変えたのは、五世紀後のセクストス・エンペイリコスであった。すなわち、あらゆる思想学派の相互的矛盾、意見の決定不可能性、判断停止、アポリアなどである。「ピュロン主義」は十六世紀から十七世紀にかけて、『ピュロン主義哲学の概要』（一五六二）を翻訳したアンリ・エティエンヌによって、『歴史慣用論』（一六七一）におけるサン＝レアルによって、『歴史における不確実性』の著者であるラ・モット・ル・ヴァイエによって、再発見された。歴史はいかなる真理にも到達できない。なぜなら真理はこの世のものではなく、事実のさまざまな解釈のあいだで裁定を下すためのいかなる基準も存在しないからである。確実なことは言えないので、歴史は真実らしいことを述べ、人間の情熱を描くことで満足するしかない。

第二の伝統は、歴史を「文学的」テクストの大洋の中で溺れさせてしまう、詩学普遍主義《パン＝ポエティスム》である。クインティリアヌスにとって、歴史は証明しない。それは韻律の制約を持たない一種の散文詩であり、物語るだけである。言語論的転回は、とりわけソシュール的モデルに戯画的なまでに多くを負う。言語は記号の閉じたシステムであり、テクストしか存在せず、言葉は言葉自体しか参照しないというのだ。したがって歴史は、言語の捕囚であり、現実と関係のない意味を生産する記号的機械であり、テクスト外のあらゆるものと切り離された言葉による構築物であり続けることを運命づけられている。

この立場は詩学研究者たちの立場と同じである。詩学研究者たちは、レアリスム小説家も方法的歴史家も現実効果を利用しているという口実において、あらゆる歴史は客観的モードを用いており、フィクションと区別できないと結論づけた。言い換えれば、歴史がレアリスムの技術を用いることがあるがゆえに、歴史もまた「指向的幻想」に騙されているというのだ。バルトは一九六七年の論文において、記号論の立場と言語論的転回のあいだのつながりを認めた。歴史は言説の外部に指向対象があると信じるふりをするが、歴史が「現実」とか「なされたこと」（*res gestae*）として示すものは、記号内容《シニフィエ》を持たない記号表現《シニフィアン》にすぎないというのだ。指向対象は記号表現と直接関係を持ち、言説は現実を「表現」する。結論としては、「事実は言語的実在しか持たない」[10]（二十年後にホワイトはこの文章を『形式の内容』のエピグラフに置くことになる）。あらゆるテクストが自己指向的である以上、小説と歴史の唯一の相違は、レトリックの効果や、歴史が身に付けた論証の権威によるものにすぎない。

そこから第三の伝統との関係が生じる。すなわち、〈権力〉批判である。バルトによれば、歴史とは「イデオロギーの練成」である。彼はそこで、ポストモダニズムと、大衆を欺くための「大きな物語」に対する自らの不信感を結びつける。歴史は、正当化のための叙事詩を「われわれに」信じさせようとする。その叙事詩は、西洋の支配や社会的搾取を隠蔽する役割を果たしている（ホワイトなら、歴史は教化すると言うだろう）。イデオロギー、権威、規範、支配——つまり歴史は「ブルジョワ的」なのだ。それを破壊することは、現実を覆すことであり、反動的な過去から解放され、自由に未来のあらゆる可能性の中に入り込むことである。革命は、極右であろうと極左であろうと、歴史を憎まざるをえない。ちょうど文化大革命の紅衛兵が、孔子の生地に建つ寺院の「聖遺物を冒瀆した」ように[11]。一九七〇年代の批評家たちは、セリーヌの反ユダヤ主義的パンフレットやジュネの親ナチス的煽動を、すべて「フィクションの」モチーフとして示した。

虚無的ダンディズムとパラノイア的懐疑主義のあいだを進行する言語論的転回は、すぐに危険なものとして受け止められた。それは、一九八一年以降のアルナルド・モミリアーノ、その弟子のカルロ・ギンズブルグ、次いでクシシトフ・ポミアン、ロジェ・シャルティエといった歴史家たちによって攻撃された。誰もが、歴史家の使命は真実の探究であり、歴史家は最終的に現実に従うものであり、その知は検証可能で、文書や証言や遺跡や貨幣や、さらには年代特定法によって立証されうると強調した。(12) というのも、ホワイトの理論は、ファシストの哲学者ジョヴァンニ・ジェンティーレの観念論の影響を受けており、ガス室は「言説《ディスクール》」にすぎないと断言する者たちに武器を提供するものだからである。ホワイトと歴史家たちの最近の討論は、主にジェノサイドについて行われた。(13)

結局、言語論的転回は両義的な影響をもたらすことになる。歴史家たちは自らの方法論の説明に神経を尖らせるようになったが、その際に、書法をレトリックとフィクションのトロイの木馬と見なし、そこから排除するようになった。それは嘆かわしい徒労であった。ナラティヴィストが歴史は書かれ物語られるものであると証明することに成功したその瞬間に、歴史はポストモダンの懐疑主義によって――またもや――文学に反するものと自らを定義せざるをえなくなったのである。こうして昔ながらのアリストテレス的禁忌と、十九世紀のタブーが生きながらえることになった。歴史はポイエーシスではありえない、さもなくば歴史は科学ならざるものや、詩や、相対主義や、錯乱に陥るだろうというのだ。こうして科学と文学という、二つの超大国のあいだの冷戦が永続化することになったのである。

今日、言語論的転回は死んだ。しかしその死体の腐臭は今でも議論にまとわりついている。それは、歴史は文学ジャンルになるとかならず駄目になるという信仰である。歴史の詩学についての反省には、いまだにそれが染みついている。社会科学を書こうとする者は、方法なき文芸に未練があるとか、すべてをフィクションと見なす相対主義の前触れであるという疑いをかけられるのだ。

文学の「誘惑」

研究者の中には境界線上で仕事をする者もいる。歴史社会学とか、経済社会学とか、歴史人類学とか、歴史地理学とか、社会科学としての歴史といったものが存在するのだ。しかしながら、学問分野は各領域に分かれ、常に自ら禁忌を設定することによって存続する。社会学者の領域は、おおむね現代社会である。歴史家は過去を研究するが、ときに「現在時」を研究する。歴史家は作家や文学制度に興味を持つことはあるが、テクストを説明したり生産したりすることはない。文学者の方は、歴史に直接関心を持つことはない。文学者が作品のコンテクストや、興味のある「歴史」の断片を理解しようとするなら、彼は歴史書に没頭すべきだろう。大学において、歴史家と文学者はしばしば同じ研究組織にまとめられる。この「文学《レットル》ならびに人文科学」は「ハードサイエンス」〔自然科学のこと〕と対立する――まるで一方がソフトであり、他方が非人間的〔非人文的〕であるとでもいうように。作家の方は、科学を行わない（ハードサイエンスも人文科学も）。彼は発明し、創造し、「書く」だけである。社会学と歴史は文学に不信を抱く、というのも文学はフィクションや饒舌や無意味や空想を意味するから。創造としての文学は、研究の味気なさや束縛からすばやく逃れ去るのだ。

この区分は根本的に性的なものであり、伝統に従って、詩を心を惑わす女性に、真理を厳格な男性に結びつける。プラトンが述べるように、国家の中に「官能的なミューズ」を認めるならば、われわれは理性の代わりに、肉体的快楽や泣き女の嘆きといった魂の下部要素を置いてしまうおそれがある。サモサタのルキアノスにとって、歴史は詩の装飾を身にまとうことで滑稽なものになる。それはまるで闘技者が遊女の紅を身に付けるようなものである。古典主義時代において、「魅惑」は文芸の専有物であり、そして小説は女性や、心情や、涙や、感性や、さらには愛の陶酔に結びついていた。このエロチックで快楽主義的な見解は、過剰に「書かれた」歴史をも包含する。サント＝ブーヴが言うように、ミシュレは「クリオの胸まで」見つめるのである。叙述的な歴史は、事件の人間的で心理的な次元を明るみに出す。文学テクストは、厳格な統計の上に、運動や色彩や肉体を置くのである。われわれがそれを嘆こうが喜ぼうが、文学は歴史を女性的にする。重々しさは減少するが、魅力は増大する。あまり厳格ではないが、なんと繊細なことか！　男性である科学は概念をもたらし、女性である文学は生命を与える。歴史においても他所と同じように、性的分業があるのだ。

　このような仕事の配分は、社会学にも認められる。ブルデューにとって、近代文学（フローベール、プルースト、ウルフ）は卓越した直観を持っている。しかし、社会学がテクストを「あらわに」し、必要ならその「魅力」を断ち切らないかぎり（『芸術の規則』[2] はまさにそうしている）、近代文学はそれ自体にとって不透明なままである。社会学者という科学性の大家にとって、社会記述における文学の「誘惑」は危険なものになる。

> よほどの美徳の持ち主でなければ、このような誘いや、容易に獲得できるという約束に抵抗できないだろう。方法論の寺院の守護者である気難しい検閲者は、ときに心を動かされることもあるが、それはあくまで私的な悪癖としてである［……］。しかしながら、サバトへの勧誘は、知識の生産というつらい仕事への不満がつのるとき、社会学的解釈の最も深いところで聞かれる呼びかけである。それはまるで、○○記述と○○学の婚礼が、文学の魅力のうちに騒がしくも実り豊かに執り行われているのに、その婚礼を遠くから眺めなければならない嫉妬のようなものである。[14]

　この文章全体が、文学＝腐敗＝楽しみと、社会学＝美徳＝憤りのあいだの対立によって構築されている。社会学者は楽しまない、というのも彼は真実を言うことを選んだから。それは騒がしさと厳密さ、文学という梅毒と科学という純潔の対立である。男性の支配は、文学に対する社会学者の支配でもある。彼は彼女〔文学〕を「あらわにする」が、彼女に「屈する」ことはない。

学者の想像力をこのように構造化することで、歴史の科学性（あるいは文学性）に関する議論が常に底意に満ちていることの説明がつく。それはもはや研究者のおしゃべりを抑えるのではなく、彼に厳格さの倫理を課しているのだ。「きみは科学をやりたいのか。よろしい、文学の楽しみを断念したまえ」。研究者はそれに従う、しかし心の奥底に悔恨のような満たされぬ気持ちを抱いたまま。彼は（もちろん）文学を行わないが、できれば（少し）行いたいところだ。

この妬み深い尊大さに対して、作家は「上級の真理」という議論で答える。それは古典的なアリストテレス学派の立場である。すなわち、詩は一般的なものを扱うが、歴史は個別的なものに囚われているというのだ。吟遊詩人（ラプソドス）としての作家は、真理について瞬間的な洞察を持つ。それに対して歴史家は、決して到達できない真理をあくせく探究するよう運命づけられている。それはワシとネズミの寓話である。真理の閃光は、ディドロ、シェニエ、ユゴーなどに見られる「作家の聖別」[3]の様相を呈する。そして、自然主義の作家たちはこの天賦の才を非宗教的なかたちでわがものにするだろう。科学と歴史の競争を前にして、作家は内面の探究の方に向かうこともできる。その領域ではまだ「真理」を追究する余地が残されている。たとえば、人間の心、魂の深奥、感情、密かな動機、人格のニュアンスなどである。十八世紀末に、ルソーはこう書いた。「私が事実を言い落としたり、入れ替えたり、日付を間違えたりすることはありうる。しかし自分が感じたことや、自分の感情から行ったことについて、思い違いをすることはありえない。〔……〕私の告白の目的は、私の人生のあらゆる状況における内面生活を正確に知らせることである」。確実さや正確さは、王たちや偉大な文明の歴史には甘くないが、「私の魂の歴史」[15]には甘いのだ。

今日なお行われている、世界のこのような分割は、フィクションの王国を保証するものである。歴史家に対しては、「外的」な真理や、事件や、偉人たちを。小説家に対しては、「内的」な真理や、経験や、普通の人々を。小説はこのようにして、誰もが「真実」でないと知る物語を語りながら、歴史以上に「真実」な知識を伝えると述べる。精巧な心理描写のおかげで、読者は自分が人生で漠然と感じていることを理解することができるというのだ。クンデラにとって、小説は、人間に関する物事の不確実性や矛盾や両義性や相対性を明らかにする、つまり決定的真理が存在しないことを明らかにする。アンナ・カレーニナの自殺は、人間の行動の不合理で予測しがたい一面を明るみに出す。そしてカフカはわれわれの状況について、「いかなる社会学的、政治学的な省察も教えてくれないこと」[16]を教えてくれる。小説の真理とは、真理の不在であり、それは全体主義国家の真理に抵抗することを可能にする。

歴史と小説のあいだの芝居がかった争いのせいで、双方がおのれの知的というよりは社会的な任務を全うするようになった。〔ジョナサン・リテルの〕『慈しみの女神たち』(二〇〇六)と〔ヤニック・エネルの〕『ユダヤ人大虐殺の証人ヤン・カルスキ』(二〇〇九)[4]は、ロベール・メルルの『死はわが職業』[5]〔アウシュヴィッツ強制収容所の所長を主人公とする小説〕の遠い末裔である。歴史的使命を持つこれらのフィクションの成功は、論争を引き起こしたが、そこでは役割はあらかじめ割り振られていた。歴史家は「歴史的真理」の守護者として作家の誤りを正し、それに対して作家は「創造の自由」の名において言いたいことを言う権利を主張したのだ。クロード・ランズマンが『ヤン・カルスキ』を攻撃した後、著者のヤニック・エネルはこう反論した。「ランズマンが話をする歴史の法廷とは反対に、文学は『真理』が存在しない自由な空間なのだ[17]」。

こうなると、作家はあらゆる場面において勝利する。作家はショアーについて哲学し、読者に「真実」の物語〔実話〕を提供することで、大文字の〈歴史〉について自らのビジョンを提供する者たちの一人となる。しかし彼は、（フィクションという意味での）「文学」を作っているがゆえに、真理に対して何も弁明することを持たない。作家の自由は、あらゆる権威を拒絶することに似ているが、そこには事実や資料の権威も含まれる――これが十九世紀に勝ち取られた自立の延長である。この信仰告白は、作家をいつの間にか政治的地平へと押しやる。そこで彼は、言語論的転回に与する反抗者たちと再会する。すなわち、作家は既成の（歴史的）秩序に異議を唱える者となるのだ。

離婚ののち

作家は書き、歴史家は歴史を作る。文学と歴史が異なった二つの領域を形成して以来、両者の関係を研究することが可能になった。逆説的なことに、離婚がある種の対話を始めることを可能にした。文学は歴史に対して三つのものでありうる。すなわち、(1)資料、(2)研究対象、(3)霊感の源泉である。

文学、とりわけ十九世紀の小説は、歴史家に（そして社会学者に）情報や例や説明を提供する。文学は「原資料」となるのだ――たとえそれが誇張しているとか間違っていると言って訂正する必要があるにせよ。テーヌは『英国文学史』（一八六三）[6]の冒頭で、文学作品は「周囲の習俗の複製で、ある精神状態のしるし」であり、過去の人々が残した貝殻のようなものであると書いた。一九一六年から三六年にかけて、アンリ・ブレモンは十二巻からなる『宗教感情の文学史』を刊行した。

歴史が社会科学になったまさにその瞬間に、作品の資料的地位が一般に認められるようになった。フェーヴルは「過去の愛情生活」を再構成するために、法律古文書や、芸術作品や、文学的著作を根拠にすることを提案した。

それらには感性のさまざまなニュアンスが記録されているというのだ。[18] ルイ・シュヴァリエは、十九世紀のパリの民衆についての重要な研究において、『人間喜劇』を原資料として——その真実性を問題にしつつ——用いた。これらの小説を本物として扱うことはできない。シュヴァリエは、人口学と統計を経由することにより、これらの小説の「驚くべき性質」を、つまりそれらが古文書が示すことと合致することを明らかにした。このようなアプローチは、社会史をその「文学への従属」から解放した。すなわち、作品の比類なき真理を証明するだけでなく、文学の前に「それに対抗する記念碑」[19]を建立することで文学そのものと張り合うことを可能にした。

歴史家たちはまた、ジャンルや、コーパスや、専門家集団や、読書経験や、出版市場や、文学制度の変遷を調べることで、文学という対象を歴史化しようと試みた。このプログラムはランソンによって構想され、フェーヴルによって熱心に唱えられたが、一九八〇年代になってようやく、ロジェ・シャルティエ、ロバート・ダーントン、ピエール・ブルデュー、クリストフ・シャルルらの仕事によって実現した。その焦点はテクストよりもむしろ書物であり、書物は文化史のみならず社会史や経済史でもある歴史を生み出した。バルトは、ピカール風の古い文学史にけりを付けようとするあまり、『アナール』や社会学が文学的対象を詐取するのに賛同するばかりだった。社会科学としての歴史と詩学的批評のあいだには、もはや何もなかった。[20]

最後に、文学は、歴史家に感性や、情動や、直感や、第六感（いずれも「女性的」資質である）をもたらすミューズである。たとえばわれわれは、プルーストが、貴族階級の衰退や、進歩主義的ブルジョワの上昇や、差別化の文化的戦略の力や、プチブルでスポーツ好きで同性愛者であるアルベルチーヌのような社会的雑種の登場を「感じ」たのだと述べる。[21] こうした予知《プレシアンス》は、たとえそれが前科学《プレ＝シアンス》であるにせよ、歴史家にとって新たな研究の道を開くものである。文学は認識に関する刺激剤のようなものだ。歴史家は文学のおかげで、それまで知らずに見落としていたもの——偶然の役割、偶発事という観念、重大事件の私的次元など——を感知するようになる。[22] 文学は認知の道具箱であり、われわれはそこから、歴史性と模範性のモデルや、現実知覚のカテゴリーや、時間についての哲学や、世界を解釈する形式（「ホメロス的」、「ダンテ的」、「バルザック的」、「カフカ的」などになるだろう）を借りることができる。(23) 歴史家は読書を通じて、地下にある発想の源泉を汲み取るのだ。

これらの仕事はみな革新的で刺激的であるが、それらは密かな悲しみの上に立脚している。それは、歴史がもはや文学ではないということだ。自分自身から追放された歴史は、かたくなに文学ならざるもの、テクストならざるもの、書法ならざるものであろうとした。歴史は、古代や古典主義時代には文学《レットル》という「第一の教養」と混同され、十九世紀には科学という「第二の教養」によって魅了されたが、一九三〇年頃には社会科学という「第三の教養」を取り込んだ。しかしそれは、書法ならざるものが科学性を保証するという信仰も一緒に取り込んだ。方法なき文学は文学なき方法に場所を譲った。この断念は一種の自己憎悪であった。というのも、文学を歴史から排除することはできないからである。われわれはせいぜい、文学を無味乾燥にし、無意味で平板なものにできるだけなのだ。

この自傷行為には四つの原因があった。すなわち、⑴文芸を特徴づけていた、方法の不在。⑵有益かつ堅固である、科学の威信。⑶文学とほぼ同義となった、小説の支配。⑷懐疑主義の脅威。歴史は、フィクションではなく、ある方法に立脚し、真実を述べようとするかぎりにおいて、文学のある種の概念を警戒する理由がある。しかし、歴史は自らの新しい地位に酔いしれて、自らを否認するにいたった。この罠から逃れるためには、学問分野の枠組み（そこでは「歴史家」と「文学者」と「作家」がそれぞれの専門分野を持って張り合っている）から抜け出す必要がある。そして社会科学としての歴史を知的に基礎づけるものを、切り離して考える必要がある。

第II部

歴史の論理

第5章　歴史とは何か

記号学者あるいは言語論的転回論者の立場に身を置いてみよう。彼らは歴史の本を開いても、言葉の配置や、叙述《ナラシオン》や、言説《ディスクール》しか目に入らない。彼らは一点において正しい。それは、フィクションと歴史は、統語論的に同一であるだけでなく、物語のパラダイムにおいて結びつくという点である。「歴史はかつて存在した小説であり、小説はありえたかもしれない歴史である」――ポール・ヴェーヌが歴史を「真実の小説」と呼ぶ一世紀も前に、ゴンクール兄弟はそう指摘していた。(1) これらの定義は、一九六〇年代から七〇年代にアメリカのジャーナリストたちが刊行したノンフィクション・ノベルと無関係ではない。

しかし、誰の目にも明らかなように、何かを物語ることと、何か真実を物語ることは同じではない。それでは歴史と、レアリスムのフィクションや歴史小説や「見聞録」との共通点は何だろうか。

真理の効果

芸術における現実の表象は、西洋において省察の重要なテーマの一つであった。それはプラトンによれば「模倣の模倣」であり、アリストテレスにとっては行為の配置であり、古典主義時代においては自然の模倣であり、スタンダールによれば「道路に沿って持ち歩かれる鏡」であった。したがってそれは、内容（下層民や日常茶飯事など）である以前に技術であった。ヤコブソンにとって、レアリスムは、行動に動機を与え、メトニミーやシネクドキによって物語をふくらませ、非本質的な特徴で登場人物の性格づけを行うことを必要とする。[2] アウエルバッハにとって、レアリスムはむしろ、深刻な調子や、物語の一貫性や、現実の複雑さを模倣する従属《ヒポタクシス》の手法や、登場人物を既知の歴史的コンテクストの中に組み入れることに基づく。[3] たとえばゾラは、自らのモデルを二重にし、現実の形態とフィクションの形態の両方で登場させることがある。アンザン炭鉱会社は、モンスー炭鉱会社のモデルであるが、小説中でその名が引用される。ランチエは、ゾラが利用したベルギー人医師の著作を読む。（フローベールにおける）ピアノの上の気圧計や、（ミシュレにおける）シャルロット・コルデーの独房の小さな扉は、叙述における奢侈であり、こうした細部は本の中に現実を「出現」させる以外には何の役にも立たない。バルトの分析によれば、それこそが現実効果である。

しかし、レアリスムの概念は、このように定義されるとついには崩壊する。ヤコブソンが指摘するように、あらゆる芸術の流派は現実に忠実であろうと望む。さらに、あらゆる文学は、現実や、読者の経験や、読者に身近な対象や感覚を最終的に志向するがゆえに、レアリストである。ドン・キホーテは実在しない。しかしロバや、縮絨機や、『アマディス・デ・ガウラ』は存在する。ダンテが地獄に堕ちた者について、「彼は斬られた自分の首を髪の毛でつかみ、手からランタンのようにぶら下げていた[4]」と述べるとき、その描写は非現実的であると同時に驚くべきレアリスムでもある。最も信じがたい寓話や、最も難解な詩もレアリストである。それが、われわれが人物を思い描いたり、行動を理解したり、イメージを吸収するための条件なのだ。結局（やはりヤコブソンが指摘するように）、レアリスムについて判断するのは読者である。私に語りかけるもの、私の慣習に合致するものが「レアリスト」なのだ。細部や、真実らしさや、動機づけは、それらがわれわれの信じたいという欲望を満たした瞬間に、レアリストとなる。そしてこの信じること自体が楽しみを引き起こす。

歴史は物語り、行動を描くだけではない。それは現存効果に訴えることで、対象と読者のあいだの距離をなくし、見せる／信じさせるという驚くべき操作のうちに、読者を「現実」に直接触れさせる。この点において、歴史は十分にレアリストである。しかしこの能力は、理解の要因になるのでなければ、いかなる価値もない。歴史の目的は現実を「できるかぎり忠実に」反映することではなく、説明することだからだ。プラトンが『国家』で述べたように、模倣者は自分が模倣するものについて何の知識も持たない。そしてまさしくバルトが指摘したように、ミメーシスは幻覚効果を含んでいる。読者は自分が読んだものを信じる。しかしこの信じることこそ、まさに知識が手を切ろうとするものである。ゾラにおいてレアリスムが完成に達したとしても、その説明のレベルはきわめて脆弱である。それはせいぜい、生物学的決定論や、変質〔十九世紀医学で唱えられた遺伝的病変〕や、大革命が引き起こした混乱や、金銭欲にすぎない。これらのドクサこそ、まさに社会科学が乗り越えようとするものなのだ。結局のところ、レアリスムは歴史においても存在する。しかしそれは必要でも十分でもなく、省察の適切な要素をなすわけではない。

小説の強力な要因の一つは、大文字の〈歴史〉という既知の過去のカンヴァスの上で人物を動かすことにある。ミューズのクリオによって象徴され、そのトランペットと月桂冠によって称え（*kleô*）られる、偉人たちについての伝承は、記憶すべき事実の物語としての〈歴史〉と、知的活動としての歴史とのあいだの混同を長引かせた。つまり、ある種の人物、ある種の行動、ある種の時代は、他のものに比べてより重要でより「歴史的」なので、ポンパドゥール夫人やビスマルクの名前を挙げるだけで、歴史を作るには十分だというのだ。この叙事詩的かつ詩的な着想は、十九世紀にヘーゲルの観念論と実証主義によって再編され、歴史家を哲学者や王侯の家庭教師に変身させることになった。あるいはむしろ、たいていの場合、歴史家は自分の英雄たちの伝令官になった。

この〈歴史〉は、歴史小説と歴史画が入りびたる場所である。それは、教皇や、皇帝や、王や、大臣や、宮殿の陰謀や、暗殺や、戦争や、条約や、カノッサの悔悛や、レパントの勝利や、アルジェの太守によるフランス領事への扇の一打〔アルジェリア侵略の契機となった事件〕などである。このような着想は、一一二〇年頃のアルベリク・ド・ピザンソンの『アレクサンドロス物語』から、アレクサンドル・デュマやモーリス・ドリュオンの冒険物語にまでいたる。しかしそれには一つの弱点がある。「もしあなたの前景の人物が歴史的存在なら、彼らは歴史に属する。だからわれわれは彼らのことを実証し検閲する権利を持つ。あなたがわれわれにその権利を与えたのだから(5)」。ラファイエット夫人やウォルター・スコットやスタンダールのように、名もなき架空の人物の行動を「歴史的」スクリーンに投影し、君主たちを後景に押しやることで、この審問の手を逃れることもできる。レアリスムの歴史小説は、〈歴史〉効果を実行する。たとえば、コンテクストの暗示や、目くばせや、「現実」の導入や、アンリ二世の宮廷の輝かしさや、ジュリアン・ソレル〔『赤と黒』の主人公〕のナポレオンに対する賛嘆などである。

ヨーゼフ・ロートは『ラデツキー行進曲』（一九三二）において、〈歴史〉効果を動員した。この小説は、皇帝フランツ＝ヨーゼフを舞台に載せはするが、とりわけ「盲目で無頓着な〈歴史〉」が進む途上に落としてゆく「私的な運命」を描いている(6)。しかしそれは、一八五九年から一九一八年にかけての幾人かの無名の人物の苦難を物語るだけではない。トロッタ家の断絶は、メトニミーとしてオーストリア＝ハンガリー帝国の解体に重なり合う。言い換えれば、ある家系における架空の事件が、〈歴史〉の運動をミニチュアのように再現するのだ。それをいかにして読者に感じさせるのだろうか。ここで重要なのは情報の問題である。話者は焦点化ゼロを用いることで、登場人物が知らないことを付随的に明らかにする。カール＝ヨーゼフの倦怠はこうである――「実際には、彼が求めていたのは意志的な贖罪であった。彼が自分でそれを表明することはできなかっただろう。しかしわれわれは彼に代わってそう述べることができる」。ロシアとオーストリアの将校たちの運命についてはこうである。誰一人知らないことであったが、「彼らが飲んでいるグラスの上で、目に見えぬ死がすでにその痩せこけた指を組んでいた」。

話者は決して小説の意味を、「トロッタ郡長は、自分の家系が帝国と同様に滅亡する運命にあるとは知らなかった」というタイプのメッセージによって与えはしない。一方で、読者を無知（登場人物の無知である、未来についての無知）のままに放っておかないために、ロートは暴露という手法を用いる。ホイニツキ伯爵とスコヴロネク医師は、帝国が滅亡に向かっていると断言し、友人のトロッタに衝撃を与える。一九一四年六月末の混乱の中で、カール＝ヨーゼフは、まるで「透明な水晶を通して」見るかのように物事を見て、皇位継承者がサライェヴォで暗殺されたと他の将校たちに断言する。最後に、トロッタ郡長は、自分の世界が崩壊したこと、「予言者ホイニツキ」が正しかったことを理解する。一九一四年六月二十八日、「超自然的な」嵐が吹き荒れ、さらにカラスの群れが侵入する。カラスたちは「空から落ちてきた黒い不吉な果実のように」じっと止まっている。これこそが〈歴史〉効果である。たとえば、ホイニツキは疑い深い郡長の前で事件の続きを述べ、カール＝ヨーゼフは酔いのおかげで真理を洞察する。

ギリシア神話やヘシオドスにおいて見出される、（カッサンドラのような）神託や（雷のような）予言は、小説のナラトロジーに関する問題の一つを解決する。それは未来に関する知識を、それを知りえない登場人物に示すという問題である。歴史は彼らの視点から、欠落のある知識や人間としての盲目性とともに語られる。彼らに対するわれわれの優越は、そしてわれわれの楽しみの源泉は、話者が彼らの頭越しにわれわれに情報をささやいてくれる点にある。ロートはそうすることで、真実らしさを大切にするとともに、読者とのあいだに事情を知る者同士の共謀関係を保つのである。これはレアリスムの歴史小説に典型的な手法であり、そこでは〈歴史〉は、名もなき個人あるいは家族の架空の運命のうちに体現される。たとえば、『神々は渇く』のエヴァリスト、『チボー家の人々』の二人の兄弟、『山猫』のドン・ファブリツィオなどである。

一方、歴史家にとって、情報の暴露はまったく問題ではない。歴史家はすべてを知り、すべてを述べる。それに対し、小説家はすべてを知るが、自分の知識を少しずつ小出しにしてほのめかす。一方は自らの距離を明示し、他方は人知れず登場人物のそばにいる。このような理由から、小説は前兆や、特別に明晰な人物を必要とするのだ。歴史家は「過去の人々」の経験を説明するとき、常に現在の灯台の強烈な光のもとで行う。一九一四年六月二十八日の皇位継承者である大公の暗殺について、歴史家は、来るべき破局を告げる超自然的な嵐を発明する必要はない。彼はただ、「ほぼ誰一人として、この嘆かわしい事故が世界的な大惨事になるとは思ってもみなかった[7]」と書くだけである。

もちろん、皇帝、ソルフェリーノの敗戦、ラデツキー行進曲、オーストリア＝ハンガリー帝国、第一次世界大戦、これらの要素はすべて現実のものであり、フィクションと〈歴史〉の交錯は何かしら魅力的なものを持っている。この魔力こそ、テクスト内に「入り込み」、われわれに「ありのまま」到達する現実の魔力であり、自然主義もまたこの魔力をわがものにしようとした。そこから、再現、暗示、報告、真実の細部といった、寄せ集め《アナレクタ》の力が生じる。

現実の出来事、たとえば犯罪から着想を得たフィクションの場合は事情が異なる。十九世紀以降使用されるようになった「実話に基づく」というレッテルは、まるで現実に起きたという事実が物語をより感動的にするかのように、今日映画でも文学でも用いられる。しかし、「実話に基づく」物語の多くがよりドラマチックに演出されているという事実はさておき、そのままの事実や「見聞したもの」の積み重ねが、フィクションよりも多くのことを理解させるわけではない。まったく興味を引かない物語や証言はいくらでもある。なぜならそれらは平板で、凡庸さに満ち、素朴あるいは退屈な、昔話の繰り返しや、家庭のありふれた出来事や、単なる思いつきにすぎないからである。ジョヴァンニ・レーヴィのミクロストリアやクリフォード・ギアツの「厚い記述」に価値があるのは、それらが「真実の」細部（ピエモンテ州の悪魔祓いの生涯、バリの闘鶏、羊の略奪）を大量に集めているからではなく、意味の構造を解明しているからである[8]。

厚さとは、ここでは理解しやすさを意味する。それは、網羅性を目指すことを方法論とするような、千ページにわたる伝記の対極に位置する。「起きたこと」を理解させようと——あるいはただ語ろうと——する場合、物語を構築し、事実を序列化し、意味のない細部を脇に除けなければならない。たとえば、司法関係の年代記作者は、事件と関係がないかぎり、法廷を横切ったハエやくしゃみをした人々には言及しない[9]。このわかりやすさと適切さという二重の基準は、歴史において真理に関する論拠だけでは十分ではないことを示している。

ありのままに示されたささやかな真実と、知識の生産とのあいだには、大きく広がった深淵がある。真実はたくさん存在する。たとえば、ド・ゴールが機甲部隊の支持者だったこと、彼が一九四三年にアルジェに赴いたこと、彼が十六歳で滑稽な寸劇を刊行したこと。あるいは、ギリシア人が哲学者であり、ローマ人が建築家であったこと。しかしこれらすべての中から、陳腐なアフォリズムと、つまらない逸話と、研究者の発言をいかにして区別するのだろうか。一九四三年に一台の無人機がクルスクの戦いを撮影したと想像しよう。あるいはルイ十四世の寝室に監視カメラを設置できたと想像しよう。これらの「現実」の、そして「歴史的」な映像は、何かを理解させるだろうか。現実とは、無意味のうちに与えられた、そのままの事物である。それに対し真実とは、知的操作の結果や知識の要因であり、理解に貢献するものである。

社会科学はしばしば、反現象学的な立場を取らざるをえない。それは経験から遠ざかり、さらに経験を放棄し、そしてより強力になってそこに戻ってくる。それは証言とその分析の違いであり、原資料とその批判の違いであり、「何かがある」と真理に関する発言の違いである。

ミメーシスからグノーシスへ

歴史はもちろん一つのテクストである。しかしそれは、テクストによる、そしてテクストにおける真理という問題に満足な回答を与えない三つの形態とは異なる。すなわち、(1)模倣、(2)記憶すべきもの、(3)素材である。つまり、ナラトロジーに関する用語を用いれば、現実効果、〈歴史〉効果、経験効果である。もちろん、歴史家がこの種の効果に訴えることはある。しかし、二次的なものと本質的なものを混同してはならない。歴史は、「現実」よりも真実に、〈歴史〉よりも人間に、「見聞」よりも証拠に関心があるのだ。この再現から知識への移行は、論理によって確実なものになる。

歴史の論理は、理解しようとすることに、したがってとりわけその手段を獲得することにある。私の祖母が五年間の懲役を宣告されたとか、合衆国が冷戦に勝利したと述べることに、いかなる利益があるというのか——もし私が、なぜそう述べるのか、どのようにして、いかなる証拠によって、いかなる文脈において、何の名においてそれを知ったのかを説明しないかぎり。論理や証明と切り離された事実は、大した価値を持たない。それらは、かろうじて現実であるにすぎない。「ヒトラーはつまらない風景画家だった」、トリュフォーの『夜霧の恋人たち』の中である人物はそう断言する。彼の言うことは正しい。そして、彼がなぜ根本的に間違っているのか、いかにしてある現実から虚偽を作り出したのかを説明するのは、かならずしも容易ではない。もちろん、彼の発言が偏っていることは感じられる。しかし、欺瞞の根本は、その発言が思考停止状態にあるということにある。というのも、ヒトラーについて何かを理解しようとするなら、彼が（挫折した）画家であっただけでなく、第一次大戦の兵士であり、ナチス党の党首であり、ドイツの首相であり、軍事戦略家であり、犯罪者であるがゆえに、芸術家という職業に戻ったり、それとかかわったりすることはありえなかったと認めざるをえないからだ。そのうえでわれわれは、彼がいかにして権力に到達したかとか、いかにしてプログラムを実行したかなどと問うことができるのである。

　われわれがナポレオンを彼の勝利と同一視したり、奴隷制をその廃止に帰したりする場合にも、このような誤謬は起こりうる。画面《タブロー》のある要素に焦点を当て、その他のすべてを犠牲にすることは、欺瞞の一形態である。切り離された現実の切れ端は、論理と無縁であるがゆえに、真実と関係を持たない。それが受け入れられるためには、検証され、立証され、理解され、説明され、関連づけられ、比較され、批判される必要がある。そうなればそれは、トゥキュディデスの言う「永遠に獲得された」知識となる。あるいは、事実が確証されたと言ってもよいだろう。

　このような理由により、歴史の論理は歴史の核心なのである。この主張は、わかりきったことのように見えるかもしれないが、かなりの重要性を持っている。それは、一方の知的活動と、他方の職業や学位や制度的なジャンルを区別することを可能にするだけではない。それはさらに、研究が選んだ対象そのものを相対化することを可能にする。歴史の価値は、ある時代とか、ある人物とか、ある現象とか、ある結果にあるのではなく、研究者が（自らに）提起する問いの質にあるのだ。歴史は論理であるかぎりにおいて、探究、理解、説明、証明といった、普遍的な操作を実行する。歴史は万人のものであり、いかなる人間もその素質がある。

　古代ギリシア人は真理を、詩人や占い師や王たちや「真理の所有者」[10]といった、ある種の人物の特権であると考えていた。十九世紀に大学は、知を独占したと主張した。このような寡頭政治的な閉鎖性は、技術が問題に優先するような歴史を生み出した。一九三一年、カール・ベッカーは反対に、あらゆる人間はおのれ自身の歴史家であるという考えを擁護した。誰もが自らの書類を調べ、何かを証明し、ある出来事を説明することで、少なくとも実践のレベルにおいて歴史を作る。(11) コリングウッドが『歴史の観念』(1)で説明するように、科学の営みは、探偵が「誰が被害者《ジョン・ドウ》を殺したか」を探すとき、整備士がなぜ車が走らないかを説明するときに始まっている。

　したがって、歴史はごく自然な論理に属している。人間はそれを自分の人生や、身近な者の人生や、死者たちの人生や、あるいは同じことであるが、知らない人たちの人生に——なぜなら、これらの人はすでに亡くなっているか、あるいはどこか離れたところで生きているから——応用することができる。作家も、ジャーナリストも、暴露ジャーナリスト《マックレイカー》も、探偵も、判事も、博物館学芸員も、展覧会委員も、ドキュメンタリー作家も、市民も、孫も、ある論理を実行することを受け入れれば、歴史の民主化に参加することになる。われわれは後で、その論理が包含する思考のモードを見ることにしよう。しかし今のところは、その論理は全面的な懐疑主義に対する解毒剤であり、それによって歴史が定義されるような活動であると指摘するにとどめよう。その論理の存在だけが、年代記や、「正確で忠実な」絵画や、証言や、さらには小説を、歴史的なものにすることができるのである。

人間が行うことを理解する

　大文字の〈歴史〉やその他の「記憶に値する」ことを別にしても、歴史はいくつかの意味を含む。それは「人間生活の鏡」（ラ・ポプリニエール）として、「真実で重大で公的な物事についての一貫した叙述」（ル・モワーヌ）として、「人間に起きたこと」（ライプニッツ）として、「真実と見なされた事実の物語」（ヴォルテール）として、「過去の現実」（ビーアド）として、「過去の人間の事実」（ヘンペル）として、「われわれが知るかぎりの過去」（ガルブレイス）として、「人間社会についての科学」（フュステル・ド・クーランジュ）として、「時間における人間についての」科学（ブロック）として、「過去についての科学、現在についての科学」（フェーヴル）として、定義することができる。反対に、われわれは歴史が何でないかを思い浮かべることもできる。たとえば、歴史は寓話や、告発や、礼賛や、苦情ではない。

私は別の定義を提案したい――社会科学として歴史を作るとは、人間が行うことを理解しようとすることである。この幅広い定義は、おのずから学際的なものであり、いくつかの意味を有する。

理解するための方法。われわれの知識は多様であり、われわれの情報源は無数であり、われわれはすべてをすぐに理解したと信じがちである。ところが実際には、「理解しようとする」ことは、論理が優位を占めるような、ある種の知的で精神的な態度に身を置くことを前提とする。その方法は、理解とは自明なことではないという考え、知は直接的で無条件で決定的な恩恵ではなく省察の成果であるという考えに基づいている。知は、われわれが適切な問いを立て、全力でそれに答えることで達成するものである。証明こそが、理解と知識とを結びつける。研究は、論拠と証拠に基づくものであり、人間が実際に行うことを全力で理解しようとすることに存する。

内容よりも手続き。歴史とは、ある主題によってではなく――ましてやある「高貴な」主題によってではなく――、ある手続きによって定義される知的活動である。ナポレオンと同様に、貧しい文盲の木靴職人も歴史に属している。「すべては歴史的である、それゆえに〈歴史〉は存在しない」[12]。歴史は何よりもまず論理であるから、あらゆる媒体を容認する。たとえば、フィルム、展示、マンガ、神話、叙事詩、小説、そして十八世紀のインドにおいては、サンスクリット語の叙事詩テクストであるカヴィア（宮廷詩）あるいはプラーナ（ヴェーダ以後のインド神話を語る「古物語」）などである。[13] それゆえに、アカデミックなジャンル――客観的モード、脚注、学術的余談――は、数ある歴史の形式の一つにすぎない。このような文献の全体は、そのすべての形式が等価なわけではないが、豊かな価値を有する。

潜在能力の倫理。歴史は、たとえ科学として定義されていても、倫理的な前提の上に立脚していることを隠してはならない。歴史家が対象とするのは、複数形の揺れ動く人類、かぎりなく多様な人間たちであり、単数形の「人間」や、〈歴史〉の法則や、神の作品ではない。人間はおのれの運命の支配者なのだ。中世においてさえ、歴史家は起きたことよりもなされたことについて、行動する人間によって実行されたことについて語った。「行為」(*actus*)、「行い」(*facta*)、「なされたこと」(*res gestae*) などの言葉がそのことを示している。「人間に起きること」よりも「人間が行うこと」を理解しようとすること、それはカール・ポパーや、アマルティア・センや、マーサ・ヌスバウムの潜在能力の原理に賛同する一つのやり方である。それは、人間は自由かつ平等に生まれ、理性を備え、何者かになり何かを行う能力を持つということだ。それはかならずしも、人間にのしかかる諸条件を否定するものではない。黒人の生来の劣等性によって奴隷制を（あるいはユダヤ人の不適応性によってショアーを）「説明」しようとすることは、歴史の役割ではなく、人種主義（あるいは反ユダヤ主義）の役割である。歴史は人間的であり、それゆえに人道的なのだ。

時間の中の人間。ポリュビオスの普遍性からラ・ポプリニエールによる「すべての再現」にいたるまで、ヴォルテールの文明のパノラマからミシュレがよみがえらせた「全体的生」にいたるまで、アラン・コルバンの新領域からサンジャイ・スブラフマニヤムの「接続された歴史」[2] にいたるまで、歴史は人類以外の境界を定めない。もちろん、歴史は物体や、動物や、樹木や、病気や、気候に関心を持つ。しかしそれは、それらが人間の生活に影響を及ぼすかぎりにおいてである。歴史家が「人間である千一の方法」[14] を理解すると公言する以上、歴史家が紀元前三千年頃の文字《エクリチュール》の発明を出発点にすることには何の根拠もない。歴史は必然的に先史時代を包含する。あとは、人間と呼ばれるものがいつ出現したかを決めなければならない。それは、二百万年以上前のホモという種族の出現か、道具の着想か、二足歩行による手の自由か、死者の埋葬か、顔料や装身具の使用による象徴的思考の発達か、最初の芸術的表現か、解剖学的に近代的な人間の出現か、新石器時代の革命か。それはまた、古生物学者と歴史家が、過去から来た痕跡という同一の基盤の上に自分たちの理論を構築しているということでもある。文字による区切りは取るに足りないものである。というのもそれは単なる技術を際立たせ、(超)長期持続をないがしろにするものだから。それは人間の歴史の九十八パーセントと、各地域における口承の伝統の百パーセントを否定するものである。[15]

今日にいたる歴史。 われわれは、歴史家は過去を研究すると言う習慣がついている。この結びつきは間違いではない。しかしそれは、過去の捕囚である「彼ら」と現在の支配者である「われわれ」現代人のあいだに障壁を作り出してしまうおそれがある。ところで——これも自明のことであるが——歴史家は、過去の残存物を通して、その場に存在する痕跡から、過去を研究する。それゆえに歴史家が提起する問いは、彼の世紀、彼の市民社会、彼の人生の問いである。「過去はまだ過ぎ去っていない」というフォークナーの格言は、発見を導くのに役立つ。歴史家たちが研究するこの過去は、彼らの現在のうち、われわれの現在のうちで、言葉や制度や作品や風景や国境や建築物や慣習というかたちで、いまなお震えているのだ。したがってわれわれの現在は、多様な凝固物が積み重なり堆積した過去のさまざまな層から構築されている。ちょうどウェストミンスター寺院に、シャトーブリアンが「諸世紀の化石からなる一枚岩の寺院」を見たように。マルク・ブロックは別の言い方をする。「過去は現在を支配する。というのも、今日のフランスの田園の特徴はほぼすべて、その根が時間の闇の中に消えるほど長い時代をさかのぼらなければ説明できないからである[16]」。

ここには現在主義はまったくない。われわれは、歴史研究の出発点であり到達点であるが、その対象でもある。われわれは時間の中の人間であり、その荒々しい流れに沿って運ばれ、まもなく死者すなわち「過去の人間」になるだろう。われわれは歴史を作りつつ、われわれ自身の歴史性について思いをめぐらす。われわれは絶えず動いている省察に身を投じる。そこでは現在は、現在を吸い込む過去につながり、他の消失点の前の段階をなす。われわれが研究する人間は、われわれと同様に「現在の人間」すなわち現代人であった。それゆえに歴史家は、人間が昔や近頃に行ったことではなく、行うことを理解しようとするのだ。

歴史は初めはアカデミックな学問分野ではなく、人間が実際に行うことを理解しようとする知的作業の総体であった。したがって、(論理としての) 歴史は、まったく「歴史的」でない活動においても存在することになる。たとえば、ルポルタージュや、ジャーナリズムや、法的調査や、旅行記や、人生譚などにおいても。歴史は〈歴史〉をはるかに凌駕する——これは素晴らしい知らせである。

原因の説明と理解

歴史が科学になるためには何が必要だろうか。プラトンからコントを経てトインビーにいたる多くの思想家が、人類の最終目的を示すことによって「〈歴史〉の法則」を明らかにしようとした。たとえば、解放、隷属、時代を通しての衰退あるいは進歩、段階、回帰などである。十九世紀に、方法的歴史家たちの科学としての歴史は、あらゆる〈歴史〉哲学に反対した。しかし幾人かの歴史家は、自然を支配する法則に似た法則を実験的に引き出せると期待した。このような厳密な意味での実証主義者たちは、法則の発見によって歴史は確固たる地位を獲得し、歴史家は「新たなダーウィン」[17]に変身するだろうと考えた。デュルケム派はこの法則学的な着想を受け入れたが、そこから歴史を除外した。ただ社会学だけが法則を（あるいは少なくとも規則性を）明らかにすることができる、つまり科学的説明を与えることができるというのだ。

ヘンペルは歴史と自然科学を同一平面上に置いた。それらはいずれもある事件を法則のもとに、つまり実験によって認証された「普遍的形式の仮説」のもとに包摂するというのだ。[18] これらの法則から事件を演繹することで、われわれは事件を説明する。ヘンペルは、自分の理論を裏づける実例として、ただ一つ、ある厳寒の夜に車のラジエーターが破裂した例を挙げた。しかし、たとえフランス革命を引き起こした要素のすべてをリストにできたとしても（啓蒙思想の普及、書物による新たな教養、公共領域の構築、脱キリスト教化、ブルジョワジーの台頭、絶対主義の行きすぎ、王政の腐敗、税の重圧、不作、食料品の高騰）、これらの「決定条件」が集まれば毎回革命が起こるということにはならないだろう。

いかなるモデルによっても、人間の多様性や複雑さや自由をとらえることはできない。あるいは、一般化の程度が高まれば、われわれは法則の代わりに一種の格言を得るだろう。その場合、トロツキーの暗殺を「説明する」ことは、「あらゆる暴君は自らの権力を脅かす者を抹殺しようとする」とか「剣によって生きた者は剣によって滅る」と述べることになるだろう。それに、たとえ〈歴史〉の法則が確立できたとしても、それだけで歴史が科学としての地位を得られるわけではない。まさに（プラトン、ヘーゲル、マルクス的な）歴史主義に反対して、ポパーは科学的発見の論理を定義したのだ。

ウィリアム・ドレイの言う「被覆法則《カバーリング・ロー》モデル」は、原因と結果の関係を明らかにするという点でより興味深い。明らかに、歴史の物語の価値はある程度その説明能力に基づく。それは、ポリュビオスがローマとカルタゴの戦争について次のように強調したことからも導かれる。「始まりと、原因ならびに示された動機は異なるものである。

原因はすべての起源であるが、始まりはその次にしか来ない」[19]。十六世紀末、宗教戦争のさなかに、ラ・ポプリニエールは、優れた歴史家は「それなしでは何も動かない」原因の探究を始めると書いた。つまり人間は、私的生活においても（野心、憎悪、友情、復讐）、市民生活においても（反乱、専制、飢饉、疫病）、そのような動機によって行動するというのだ[20]。

しかし原因の探究は、一般論を述べることよりも、事件の秘められた特異性を説明することを目的とする。たとえば、スターリンはライバルと政敵を排除しようとしたとか、スターリンは自分の威光を曇らせる革命の英雄に嫉妬したとか、ＮＫＶＤ〔内務人民委員部〕は長いこと作戦を計画していたとか、メルカデルはトロツキーの周辺に入り込むことに成功したとかである。歴史家の役割は、原因のすべてを描き出し序列化することである。それはレース編み女工の仕事に似ている。それでも、原因の説明が歴史学の営みのすべてでないことに変わりはない。それに意味があるとしても、それは一つの局面にすぎない。というのも、結局のところ、ショアーには「原因」があるだろうか。

解釈学的な伝統は、実証主義者に反対してこう断言する――歴史は科学であるが、それは他の科学とは異なる「精神についての科学」であると。「自然についての科学」は分子や銀河を説明するが、歴史は人間を理解しようとする。われわれは、ディルタイやヴェーバーやマルーにならって、歴史は法則を追究する実験科学ではなく、意味を追究する解釈科学であると言うことができる[21]。歴史は深い理解力を有し、研究者と彼が研究する人間とに共通する人間性を基盤にして、人間の志向性と人間が自らの行為に与える意味を解明しようとする。

ヘンペルは精神についての科学を前にして、理解の方法（たとえば感情移入）は説明ではなく、発見を導くための手続きであると答えた。ポパーは解釈学の分離主義を批判し、物理学者もまた、宇宙の一部である以上、宇宙を「理解」しようとしているのだと指摘した。より大まかに言って、人文学と自然についての科学は、問題を解決するという同一の認識論を共有するというのだ[22]。実際、理解がいかなる点で説明と対立するのか、われわれにはよくわからない。第一次大戦中の兵士の経験を理解するために、われわれは理解（*Verstehen*）による感情移入に訴えることができる（あれほど極限的な身体的心理的条件に身を置くことが困難であるにせよ）。われわれはまた、愛国心や、戦争文化や、名誉という規範や、服従の義務や、選択肢がないという気持ちや、軍事法廷に訴えられることの脅威といった、さまざまな束縛の網に捕らえられた人間が、このような試練をいかにして受け入れ耐え忍んだかを説明しようとすることもできる。

世界の整理

したがって、歴史はさまざまな資格において科学たりうる。たとえば、歴史は原因による説明を行い、客観的に世界を描写し、理解力を有する。しかし歴史が科学であるか否かという問いは、今日では力を失った。この議論はあまりに長いあいだ威信をめぐる考察によって汚染されてきた——科学に「格上げ」されるとか、「たかが」文学にすぎないという具合に。結局のところ、唯一重要なのは、歴史が自らの発言を明示しその有効性を認めること、つまりある方法とある論理に従って証明を行うことである。この条件において、歴史は社会科学になりうる——そしてセニョボスとシミアンを和解させることができる。

歴史家が研究するさまざまな現象は、意図、動機、原因、状況、相互作用、偶然といった、実に多様な理解のモードを含んだ、描写＝説明を通じて理解される。叙述は次に「異質なものの総合[23]」を実行する。ある事件を物語ることは、それを説明すると同時に理解することであり、それを知的に把握するための「どのように＝なぜ」という問いに答えることである。それゆえに、物語それ自体が説明なのである。反対に、頭も尾もなくあらゆる方向に向かう冗長な歴史は、物語とは言えない。したがって、叙述は歴史の束縛でも、その必要悪でもない。それどころか、叙述は歴史認識の最強の源泉の一つとなる。

人間が行うことを理解しようとすること。古代ギリシアにおいて、歴史は合理的思考と同時に誕生した。たとえば、タレスは天体の運行を観察し、アナクシマンドロスは宇宙を描写し、ヘカタイオスは大地の地図を作り、ヘロドトスは大地を歩き回り人間やその慣習や行動を知ろうとした。彼はイオニア的伝統に従い、居住地域《エクメーネ》を対称的に配置した。北部には寒冷なスキュティアを、南部には熱帯のリビアを。ドナウ川とナイル川は、東西に流れるものと想定され、地中海をはさんで平行線を形成した[24]。十六世紀半ばに、法学者のジャン・ボダンは、表面的な混沌の下にある秩序を、偶発事の背後にある普遍性を発見できるという理由で、歴史に到達した。われわれが事実を整理するさいの軸（年譜、地理、気候、数）は、現実を理解するための構造なのである[25]。

歴史とは、社会科学であり、理解＝説明のための道具であり、方法についての言説である。それは喧騒と狂乱に満ちたわれわれの生活の中で、死者たちの人生を理解可能なものにし、それによって世界をより明白に、現実をより透明にする。ロビンソン・クルーソーが彼の島で行ったように、社会科学の研究者は、自分が受け継いだ世界を調査し、命名し、分類整理し、解読することを自らの使命とする。彼はさまざまな痕跡から出発し、事実の成り立ちや、文化の一貫性や、社会の仕組みを理解しようとする。彼は現実の統語論的構造を抽出するのだ。

第6章　科学としての歴史を書く作家たち

プラトンからデカルト、シミアンを経てバルトにいたるまで、歴史と真理は伝統的に常に対立させられてきた。歴史は知識ならざるものであり、単なる経験論であり、骨董品陳列室にすぎないというのだ。歴史は方法を持たず、特殊しか目指さないがゆえに、科学ではありえない。結果として、真理は他のところ、哲学や数学や社会学や文学などの中に求めるべきとされた。

十九世紀末の方法的革命は、このような因習的な中傷と決別した。しかしそれを、科学としての歴史の出生証明書と見なしてはならない。それはむしろ、昔からの省察の到達点である。というのも、歴史は常に自らに規則を課してきたからである。ギリシア語では真理は否定的な言い方——すなわち、アレテイア（忘却の不在）あるいはアトレケイア（虚偽の不在）——で表される。真理が魔術的＝宗教的な権威によって与えられるものでなく、人間の理性によって同類の人間たちに向かって示されるものになると、真理の地位は変わる。[1] つまり真理の実証性というものがあり、それは論拠や技術や証拠の助けを借りて真理を探究することにある。それこそが歴史の論理であり、それは歴史が文学であると広く考えられていた時代に誕生した。

ヘロドトスの論理

ヘロドトスの黒い伝説は、「作り話をする者」(*homo fabulator*) の肖像をわれわれに残した。この人物は嘘つきであるか信じやすいかであり、文体を除いてはトゥキュディデスに遠く及ばない。ヘロドトスに誤謬や、素朴さや、神や運による「説明」があるのは明らかである。しかしこのような見解は、「歴史の父」の歴史記述の奥深さを正当に評価するものではない。それが信用に値することは近年の考古学的発見によって証明されており、それは今なおペルシア戦争についての主要な資料なのである。(2)『歴史』の固定観念は、ギリシア人とバルバロイのあいだの衝突である。この全体的な問題設定の内部において、ペルシアの犠牲者となった諸民族は、その伝統や習俗や神々や習慣とともに、体系的なやり方で描かれる。習慣を語る者は過去を語る。ヘロドトスはこうしてエジプト、アラビア、スキュティアの歴史家にもなった。トゥキュディデスの方は、同時代の政治史と軍事史をとりわけ重視した。

ヘロドトスの論理はとりわけ考察に値する。『歴史』は、証人としての旅行者の観察と、紀元前四四〇年代から四三〇年代にかけての小アジア、ペルシア、バビロニア、エジプト、ギリシアへの大旅行の途上で集めた情報に基づいている。ヘロドトスは自分の旅行を物語り、自分の出会いについて報告するので、自分の情報源を示さざるをえなくなる。たとえば、「私は見た」(*opsis*)、「私は聞いた」(*akoe*)、「私は知った」(*punthanomai*)、「私は調査した」(*historeo*) という具合である。ときには物語はただ「人々は私にそう言った」とだけ言って閉じられる。また、彼は自分の限界を認めている。「スキュティアの人口について、私は正確な情報を手に入れることはできなかった。私が聞いた意見はまったくばらばらであった」。(3)

ヘロドトスが心の底から断言できることもあれば、自分が聞いた意見をそのまま報告することもある。『歴史』

の冒頭で、イオの誘拐についてペルシア人の話とフェニキア人の話を並置している箇所は、そのことをよく示している。われわれはそれをアマチュアリズムのしるしとか寛大さの証拠と解釈してきたが、方法的慎重さと読み取ることもできる。疑惑の表明は、確信のなさの告白であり、一種の批判的自己点検である。ミケリヌス〔メンカウラー王〕の宮殿の裸の女たちの彫像は何を表しているのか。「それについて、私は人々が語ることを繰り返すことしかできない(4)」。

ヘロドトスが実践する歴史に、未発達な部分は少しもない。彼の問いはそのまま今日の問題として通用するだろう。たとえば、キュロス以降のペルシアの帝国主義、ギリシア人とバルバロイのあいだの「文明の戦い」、自由の専制に対する戦い、紛争におけるイオニアの諸都市の役割などである。ヘロドトスはそれに答えるために、いくつかの論理の形式を用いた(5)。第一の形式は、最も脆弱なもの、つまりアナロジーである。リビア沿岸近くのキュラウイス島のある湖では、娘たちが瀝青に浸した羽で砂金を集める。ところで、ギリシアのある島ではミルトの小枝を用いて湖から瀝青を集める。「したがって」キュラウイス島について言われていることは真実でありうる。類似がその証拠である。

第二の形式は、真実らしさによる論理である。与えられた情報を検証できないとき、ヘロドトスはそれらの真実性を評価しなければならない。つまり、それらの一貫性や論理性や蓋然性に応じて、それらを吟味しなければならない。こうして彼は、「真実らしからぬ」主張（ミツバチがイストロスの彼方の地方に侵入したらしい）や、「認めがたい」主張（数多くの傭兵を所有する専制君主がひと握りの追放者たちに敗れたらしい）や、あるいは完全に「間違った」主張（ナイル川は雪どけ水から生じるらしい）を拒絶する。解放奴隷ザルモクシスは、地下牢で三年過ごした後で、復活して再び人々の前に現れたというが、ヘロドトスは懐疑的である。彼はこの物語を「否定しようとも盲目的に認めようとも」しない(6)。複雑な事件の場合は、信憑性という基準によって、複数の説明のあいだで判別を行うことができる。
いかなる確かな証拠もない場合、歴史家はあらゆる可能性を挙げたうえで一つの仮説を立てる。これが論理の第三の形式である。テルモピュライの戦いの生き残りであるアリストデモスは、眼炎のために戦いを免除されたのか、臆病風に吹かれて後方に残ったのか、伝令を命じられて戦線を離れたのか。歴史家は、自分が耳にしたさまざまな解釈を精査したうえで、論理性や真実らしさや既知性といった要件を満たす解釈を選びとる。ペルシア軍にテルモピュライに通じる道を示したのはエピアルテスであり、それが他の者であるとする説には根拠がない。実際、エピアルテスは逃亡し、彼の首には賞金が掛けられた(7)。

最後に、ヘロドトスは、記号や指標に基づく「記号学的」論理を実践する。エピアルテスは罪ある者としてふるまう。ナイル川は沖積土を運ぶ、というのもそれが両岸に見られるから。エジプト人はポセイドンとディオスクロイを知らない、だから彼らはギリシア人から神々を借りてこなかった。このタイプの理論は、ギンズブルグの言う「徴候解読型パラダイム」を連想させる。それは、細部や、周辺的事実や、つまらない特徴や、かすかな痕跡から現実を理解するものである(8)。

これらの方法的選択はいずれも、作品の構成に影響をもたらす。ヘロドトスは自らの原資料を示し、調査の基礎――訪問、観察、対話者、印象、疑惑、驚きなど――を精査し、引用し、議論し、明らかにする。彼は、トゥキュディデスのように、おのずから語る歴史を前にして自分自身を消したりはしない。彼は自らの調査者としての立場を引き受ける。描写することで満足せず、自分が抱える困難をあらわにする。彼はたしかに間違えることもあるが、絶えず自らの原資料について、あれでなくこれだと断言する権利について省察する。彼の「私は思う」とか「私によれば」とか「私としては」という発言は、調査の前科学的なあり方を示すのではなく、研究者のためらい、要するに研究者の科学性を示している。ヘロドトスは条件つきで語っているのだ。

アリストテレスとキケロのレトリック

カルロ・ギンズブルグが示したように、アリストテレスが（われわれの理解する意味での）歴史について最も多くを語っている書物は、『詩学』ではなく『弁論術』である。[9] 前者は詩が歴史に対立するという有名な一節を含んでいるが、アリストテレスが証拠についての理論を披露しているのは後者である。彼はそこで、われわれが後でキケロによる立証（*probare*）に見出すような、闘争的なレトリックの基礎を打ち立てた。

古代の弁論家と同様に、歴史家は立証する。彼もまた、証明し、実証し、反駁するためにレトリックを利用する。彼もまた、自らの論理の枠組みの中で、物的証拠や言葉による証拠を、確かな手がかり（*tekmerion*）やしるし（*semeion*）を用いる。この点について、古代のレトリックを熟知するバルトが、歴史が現実効果に彩られた言説以外のものでありうると気づかなかったのは驚くべきことである。しかしながら、（『詩学』において批判された）物語としての歴史と（徴候や証拠に基づく）調査としての歴史を隔てる柵は、弁論術を二分する柵でもある。演示を行う詩人は示すだけであるが、弁護士は証明する。アリストテレスは調査としての歴史も同様に評価しなかった。それは結局、財政や軍事や立法に関する政治家の経験を豊かにするのに役立つだけである。それでもなお、アリストテレスの証明のためのレトリックは、近代的な意味での「美文」のレトリックとはかけ離れており、間接的に科学としての歴史の基礎となったのである。

一四四〇年に文献学者のロレンツォ・ヴァッラは、「コンスタンティヌスの寄進状」（これによって皇帝が教皇に所有地の一部を寄進したとされる）が八世紀半ばの贋作者の作品であることを証明した。この贋作者は、自らの世俗権を固めようとした教皇ステファヌス二世のために行動したのだ。「コンスタンティヌスの寄進状の誤謬と虚偽について」は、第一に寄進状が疑わしいことを、第二にテクストが言語的時代錯誤や矛盾や誤謬を含んでいることを主張している。ヴァッラはここで、彼が愛読したクインティリアヌスの『弁論家の教育』を通じて、アリストテレス的レトリックを受け継いでいる。[10]

このレトリックに照らして、キケロの歴史記述への貢献について考察しなければならない。キケロがルッケイウスに自らの執政官職を称賛するよう要求したとき、彼は歴史の諸規則を破っていることを意識していた。その諸規則とは何か。偽りを述べないこと、すべての真実を述べること、えこひいきとか憎しみという疑いを避けることである。キケロは四つ目を付け加えた――原因を示しながら事実を語ること。[11] われわれはこうして、四本の柱に支えられた歴史の定義を得た。すなわち、(1)偽りの拒絶、(2)真実を述べる勇気、(3)公平性への配慮、(4)「なぜ＝どのように」の探究である。キケロの歴史があれほど雄弁を必要とするのは、装飾するためよりも真実を述べるためである。ちなみに、モノーが一八七六年に宣言文を載せた『ルヴュ・イストリック』誌は、キケロの諸規則をモットーにしている。

もちろん、キケロは歴史家ではない。しかし彼は弁護士として、いくつかの調査を行った。紀元前七〇年、シチリアの諸都市は彼に、着服と横領の疑いのある元地方総督ウェッレスを追及せよと訴えた。キケロはローマにおいて、法的な許可を得て、ウェッレスの財政状態を調査した。シチリアから行われた輸出や、帳簿や、徴税を請け負わせる収税吏の古文書や、未払いの関税権などである。現地のシチリアで、キケロは耕作人たちと話をし、シラクサの議会で情報を収集した。元老院議員たちは秘密の帳簿を彼に提出し、そこには都市が被った盗難が記録されていた。キケロが七〇年八月に行った「ウェッレスに対する第一の弾劾演説」は、敵を粉砕するに十分であった。それでもなお、（プラエトル任期中の違法行為、芸術作品の盗難、残虐行為に関する）「第二演説」の告発は公表された。[12]

キケロの雄弁はプロパガンダ的様相をまとっているが、それでもそこには歴史の諸規則が認められる。それだけでなく、調査としての歴史に基づく彼の法律家としての実践は、歴史の論理を基礎づけるものであった。すなわち、古文書、証言、徴候、証明の枠内で用いられる証拠、事実の立証、真理の探究などである。アリストテレス、キケロ、ヴァッラ、ベール、マビヨン、モミリアーノ、ヴィダル゠ナケ、ギンズブルグ、これらの者たちを結びつける伝統は、証明的レトリックの伝統である。歴史は、立証するがゆえに、行動としての雄弁となるのだ。

十六世紀における科学としての歴史

歴史学的意識は、脱宗教化のプロセスが進むにつれて発展した。脱宗教化は、神託としての言葉に反対する弁証法が登場した紀元前六世紀に始まった。それは中世において中断した——単なる事件を並べた年代記を超えることは、神の意志を説明しようとする試みであり、傲慢なことだったからである[13]。ルネサンスにおいて、歴史は自由検討と批判的手続きに基づくようになり、それは教会からのある種の解放を意味した。ロレンツォ・ヴァッラは伝統に対抗して育てられ、アンリ・エティエンヌは『黄金伝説』が並べる奇跡を馬鹿にした。宗教戦争は、ラ・ポプリニエールとド・トゥーを不寛容に対する戦いへ押しやることになる。

歴史は人間理性の領域であり、ドグマや真理の啓示の領域ではない。歴史家は出来合いの真理を天から受け取るのではなく、ある方法を用いてそれを探究するのである。歴史家はいかなる権威からも独立しており、おのれ自身の権威を持つ（だからといって共同研究をしないわけではない）。こうした神との決別や、信仰への不信や、超自然の拒絶——すなわち人間が行うことを理解しようとする努力——が、人文学者たちの古典学（*humaniores litterae*）と、啓蒙の世紀と十九世紀の世俗的な歴史とを結びつける。奇跡を追放することは「歴史批判の原則[14]」となったのだ。

古文書や写本や古代遺物の中でないとしたら、この地上のどこに確実さがあるというのか。人文学者の言う「アド・フォンテス」（*ad fontes*）、すなわち原資料への回帰は、批判的学識を生み出した。それはヴァッラやビュデのような文献学者や、ボダンやクジャスやパキエやド・トゥー（一六〇四年における現代ヨーロッパ史の著者にして数千冊の蔵書の羨むべき所有者）のような法学者によって実践された。原典への情熱はテクストの構成にも影響を与えた。歴史家としての司法官たちのガリカニスム的人文主義に典型的な「引用のレトリック」は、彼らが法的書類や、写本の異文や、証言記録に対して抱く信頼を証明している。[15]『フランス研究』（一五六〇）の著者であるエティエンヌ・パキエが説明するように、「立証することなしに」何も述べてはならない。

十六世紀の文献学と法的思考の中心には、方法の要求があった。ボダンが『歴史を平易に理解する方法』（一五六六）で定義した方法は、数多くの歴史家にとってモデルになった。彼らはそこから、ラ・ポプリニエールのように、問題や因果系列や起点や展開に基づいた「歴史の数学」という観念を汲み取ることになる。[16]歴史は、あらゆる思弁が許される形而上学ではない。それはわざわざ材料を集めて、それによって人間の行動を研究する。この「観察」の要求は、ベーコンの『ノヴム・オルガヌム』（一六二〇）の方法を予告するものである。つまり、われわれは実験によって自然を知るように、資料によって過去を知るのだ。十六世紀の問題としての歴史には経験論のかけらもなかったが、ラ・ポプリニエールとベーコン（『ヘンリー七世の治世の歴史』の著者でもある）はいくつかの点――伝統への不信、実験への呼びかけ、自己からの離脱、客観性への配慮など――で一致する。[17]このような科学的希求は、裸の歴史の簡潔さを正当化する。ボダンやラ・ポプリニエールにとって、歴史家の著作はレトリックの装飾によってではなく、明晰な表現によって識別される。それらの価値は美しさにあるのではなく、正確さにあるのだ。

こうして十六世紀に「完璧な歴史」の理想が誕生した。それはもはや古代人が遺贈した歴史ではなく、研究の非宗教化や、原資料についての問題提起や、合理的方法や、簡潔な文体に基づいた、自立的な科学としての歴史であった。それは個々の研究領域（ビュデにとってのローマ貨幣、パキエにとってのフランスの連続性）を超えて、真理の探究を目的とした。ラ・ポプリニエールはそれを「歴史家の主要かつ最重要な才能」[18]と定義した。

十七世紀に王権に抱えられた修史官たちは、隷属や誤謬や不公平さといった、「完璧な歴史」の反対物を体現していた。「完璧な歴史」の価値観はむしろ、回想録作者たちによって擁護された。歴史と回想録のこのような収斂は、同時代の歴史が行為者としての証人によって書かれることもあったために、いっそう助長された。グイチャルディーニやド・トゥーがそうであり、それ以前にはポリュビオス、クセノポン、カエサル、コミーヌがそうであった。一五五〇年代以降、帯剣の大貴族である回想録作者は、自らの公正さと経験とを申し立てるようになった――そのおかげで彼らは、自分が報告する事件を正しく判断できるというのだ。それに対して修史官たちは、経験不足の卑屈な廷臣であり、受け売りで仕事をせざるをえない。アルノー神父は『回想録』において、一六三九年のティオンヴィルの戦いにおける潰走について、修史が隠蔽するすべての真理を復元しようとした。ビュシー＝ラビュタンは、回想録作者は「無私無欲な真理の友である」[19]と主張した。

サン＝シモンは自らの証人としての歴史家の地位を、きわめて熱心に擁護した。それは信頼に値し、汚された真理を贖うことができ、「自分が扱った物事を書く」という点で優れているというのだ。すなわち、ヴィラール元帥は兵卒たちの栄誉を簒奪したとか、マントノン夫人は後世が思いもよらないほど「巧みに」立ち回ったとか、オルレアン公は王太子とその家族を毒殺しなかったとか、太陽王は「かなり偉大な王」であった、という具合である。歴史家は、まやかしに対するこの個人的な戦いにおいて、自らの思い出や、証人たちに助けられた。たとえば、「かつてなく真実な人間」であるロルジュ元帥や、ヴィラールの戦役に参加した将校たちによって。

もちろん、サン＝シモン自身がとりわけ公平なわけではない。彼は王の庶子たちや、彼らの昔の家庭教師で庇護者であるマントノン夫人や、宮廷のすべての「怪物たち」に盲目的な憎悪を抱いている。彼は家柄や儀礼をめぐる争いにとりつかれている。彼は爪の先まで公爵であり、虚栄心が並外れて強く、しばしば表面的で、ときに誤りを犯す。しかし彼の『回想録』には、十六世紀が鍛え上げた歴史の論理が備わっている。たとえば、真正な証言を用いること、虚偽を取り除くこと、経験を語ること、「事件の原資料」を明らかにすること、「よくも悪くも裸の真理が伝える」こと以外は何も述べないこと、後世が現在の仮面に騙されないようにすることなどである。

一六九〇年の精神

教会の権威や、王の栄光や、デカルトの根本的懐疑や、ラ・モット・ル・ヴァイエのような者のピュロン主義〔懐疑主義〕は、十七世紀の歴史が直面せざるをえない主要な脅威であった。歴史が追従や、ひまつぶしや、たわごとや、噂話になったら、それはあらゆる価値を失うだろう。これらの攻撃に対して、世紀末の数十年のあいだに、防御策が立てられた。

「私は歴史という言葉で、創作され書物に収められたすべてのものを指す。しかし科学という言葉では、あらゆる困難を解決する能力を指す」。デカルトは一六四〇年にこう書いた[20]。科学は精神の活動であるが、歴史は作られた物語であり、しかも誤謬や疑惑に満ちている。真理を探究する者は、まず不確実なものを捨て去らねばならない。それゆえに哲学者は、歴史を学識者の手に委ねることになる。

ライプニッツはこのような区別を拒絶した。数学と歴史は性質が異なるが、歴史は方法を手に入れたときに確実性に到達できる。それはどのような方法か。ライプニッツは、ブルンスヴィック家の起源を探し求めるためドイツとイタリアの諸国へ大旅行を行った一六八七年以降、歴史記述に関する省察を展開した。われわれは、歴史を寓話から区別するために、資料や証言を批判することができる。過去をよみがえらせるために、現在まで残っているものを研究することができる。われわれの確実性を増すために、地質学や、考古学や、言語学や、文献学や、系譜学に立脚することができる。真実らしさを測るために、数学的確率を利用することができる。さまざまな意見を捨て去るよりも、それらを突き合わせることができる。ひとことで言うと、歴史は、仮説や論理や証明に基づくことで科学になりうる。ブルンスヴィック公のための論文（一六九二）において、ライプニッツはこう書いた。「今日、真の学者たちが要求するこの正確さは、正確さには最も向かないように見えた歴史にも広がった」。歴史はいくつかの部分を持つが、「すべての核心は真理である」。われわれは「確かな証拠[21]」のおかげでそこに到達できるのだ。

歴史をその誤謬から浄化すること、歴史を資料に基礎づけること、証拠なしに主張しないこと、すべての科学と同様に確実性を目指すこと、だいたいこれがピエール・ベールのプログラムである。この学識者はデカルト主義者で、オランダに亡命したカルヴァン派で、『文学共和国通信』（一六八四）の発行者であった。彼は、歴史の正当性を否定するためでなく、それを非の打ちどころのないものにするために懐疑に立脚した。他の著作に含まれる「誤謬集成」を作成することを考えたのち、彼は『歴史批評辞典』（一六九七）を刊行した。これは前任者のモレリの誤謬が体系的に修正された伝記的な辞典である。

『辞典』のページ構成は、原資料についての細心な研究を示している。ベールが序文で述べるように、概要は二つの部分に分かれる。一つは純粋に伝記的なもので、「事実の簡潔な叙述」である。もう一つは注に記される長いコメントで、「証拠と議論の寄せ集め」である。いずれの部分においても、注が情報の源泉と引用の出典を示している。したがって、ベールは四つのレベルのテクストを導入している。すなわち、(1)厳密な意味での伝記的物語。(2)ページ下部に小活字で置かれた、その批判的注（A、B、C……）、つまり概要の第二部を構成する長いコメント。⑶上部余白に置かれた、伝記についての学識的注（a、b、c……）。⑷下部余白に置かれた、コメントについての学識的注（1、2、3……）。要するに、伝記的物語と、注の批判的コメントと、伝記についての注と、注についての注である。このシステムのおかげで、個々の主張が立証され、参照され、一望され、批判される。

その学識の豊かさ、それが可能にする読解のレベルの高さ、その叙述の複雑さ、その迷宮的な構成――ベールの『辞典』はこれらの点で文学における傑作である。そして、まさしくこれらの文学的選択を通して歴史は科学になる。この叙述は、証明や、確認や、証拠の管理に関する要求に答えるものである。ベールは語るがゆえに立証するのであり、立証するがゆえに語るのである。彼は厳密さへの配慮によって創造する。批判的で学識的な注は、文学的革命と同時に方法の革命をかたちづくる。それゆえに『辞典』はこれほど決定的なのである。ヘロドトスやキケロやヴァッラに続いて、それはテクストにおいて認識論を具体化する。ベールの書法《エクリチュール》は装飾でもレトリックでもない。それ自体が歴史の論理なのだ。

ベールは真理陳述のための文学的技術を発明することで、回想録作者の方に傾いていたバランスを、歴史家の方に引き戻した。方法的教育を受けた学識者は、直接的情報を所有する同時代の証人よりも、資格を有するというのだ。考証資料のおかげで、歴史は科学の一つのモデルとなった。出典を明示することで、歴史は誤謬と偏見を排除することができる。

『辞典』は歴史に代わって、古代以降に生きた偉人たちの生涯をたどりなおす。その資料調査は古文書よりも書籍によるものである。ところで、人間の過去を知るためには、回想録や同時代の証言に限定するのではなく、人間が残した痕跡の総体を研究する必要がある。サン＝モールのベネディクト会の修道士であるマビヨンは、『公文書学』（一六八一）において資料批判の基礎を築いた。公文書学は資料を認証し、その時代を明らかにし、出所を特定することができる科学となった。一六六〇年代末の自らの修道会の聖人たちについての研究においても、『無名聖人崇拝についての書簡』(一六九八)においても、マビヨンは宗教史における正確さと批判的精神を推奨したが、このことは彼に対する激しい敵意を招くことになった。彼が「歴史の規則」を定義するのは、自らの研究を擁護するためである。歴史家の第一の資質は、「真理への愛情とその探究」である。それに到達するには、「古代そのものに基づくものしか」[22]主張してはならない。原典であることが唯一の有効な権威なのだ。

フュルチエールによると、古代遺物とは「古代人がわれわれに残したメダル、彫像、その他のモニュメント」の集まりである。これらの本物が実在し、方法的に検証されることで、確実性は重みを増す。ジャコブ・スポンは『ギリシア東方旅行記』(一六七八)において考古学的証言を数え上げ、シュパンハイムは一六六〇年代から七〇年代にかけて近代古銭学の基礎を築き、ル・クレールの『批判の技術』(一六九七)は資料や碑文や貨幣や彫像を研究するための方法を提案した。このような古代遺物への手がかりは、歴史家たちの研究を、特にメズレー(一六八五)とダニエル神父(一六九六)の『フランス史』を補強した。[23] 十九世紀の自由主義やロマン主義や方法主義の歴史家たちは、この進歩を忘れないだろう。

偉大なる世紀[十七世紀]において真理を愛すること、不寛容や絶対主義と戦うこと。それが回想録作者や、古代史学者や、ライプニッツや、マビヨンや、ベールの戦いになるだろう。ベールにとって、脚注は三重の避難所であった——デカルトの軽蔑と、ルイ十四世の弾圧と、カトリックの公認教義からの。[24] おのれに新たな規則を定めることで、歴史は抵抗の学校になったのである。それは知の自由と引き換えの束縛であり、万人の利益のための知的独立であった。

このような祖国も情熱も持たないストイックな歴史家の肖像は、十七世紀における真理をめぐる社会学を明らかにする。ラシーヌとボワローがブルジョワの廷臣であったのに対し、回想録作者の大貴族たちは失寵のうちに生きていた。そして学識者たちはヴェルサイユの求心力を逃れて、修道院で研究したり、文学共和国市民として図書館を探査したりした。これ以降、歴史は、誤謬を正し、伝統を純化し、欺瞞を打ち砕くために、理解するだけでなく、立証することに専念するようになる。一六九〇年代の精神に運ばれて、歴史は戦いになったのだ。

真理についての怒り

歴史の論理は過去を理解することに役立つだけではない。現在において行動することの助けにもなる。それは、〔カラス事件において〕息子殺しの冤罪をかけられたプロテスタントのカラスの名誉回復を可能にした。一七八〇年代にトマス・クラークソンは奴隷売買の残酷さを証明するために、証拠を探し求めてイギリス中を駆け回った。彼は水夫たちと対談し、船上で用いられる手錠や拷問器具を集め、奴隷だったある人物が自伝を刊行するのを援助した。

シャトーブリアンは馬鹿にされて当然である。彼は見たこともない国を描写し、自分がナポレオンと並ぶ存在であると夢想したのだから。しかし『墓の彼方からの回想』の第十六巻は、一八〇四年にヴァンセンヌ城の堀で行われたアンギャン公の処刑を理解しようとした最初の試みの一つである。シャトーブリアンは真理を明らかにするため、自分が手に入れた資料に基づいて議論を組み立てた。たとえば、特別軍事法廷における若き公の調書、関係者が刊行した回想録、掘り出された遺体の調書（犠牲者の顎は銃弾で砕かれていた）などである。シャトーブリアンはこの「殺人」の分析に続けて、自分が一八〇七年に『メルキュール・ド・フランス』誌に掲載した論説を引用する。

下劣な沈黙の中、もはや響きわたるのは奴隷の鎖の音と密告者の声だけであった。すべてが暴君の前に震え上がり、その寵愛を受けることも失寵を受けることも同じくらい危険であった。そのとき歴史家が登場し、諸国民の復讐を引き受けた。ネロが栄えても無駄である、タキトゥスがすでに帝国に生まれているのだから。彼はゲルマニクス〔古代ローマの軍人でネロ帝の母方の祖父〕の遺灰のかたわらで人知れず成長し、公明正大な神はすでに無名の子供に世界の支配者の栄光を委ねていた。

歴史家としての作家は、真理を述べるというただそれだけの理由で、反体制派となるのだ。世紀末にはシャルル・セニョボス、アンリ・オゼール、アルベール・マチエ、ジョルジュ・ルフェーヴルといった歴史家たちがドレフュス派となった。彼らは市民として、社会主義者として、共和派として、そしてさらに専門知識の所持者として論争に参加した。というのも、歴史家は証拠の専門家だからである。ガブリエル・モノーは明細書の複写を調査し、一八九九年に破毀院の刑事部において証言を行った。ゾラの裁判においては四人の古文書学校生が弁護側によって召喚された。彼らの参加は「ほとんど職業倫理的[25]」なものであった。

二十世紀後半において、歴史の論理は数多くの戦いに役立った。ショアーの孤児で、かくまわれた子供で、ソルボンヌにおけるマルーの弟子で、アルジェリアでの拷問に反対する闘士であるピエール・ヴィダル＝ナケは、歴史家は市民社会において果たすべき役割があるという考えを主張した。歴史家が「真理についての証人」であるのは、彼がある価値観を擁護するからだけではなく、彼が自分の職業の規則に従うからでもある。ヴィダル＝ナケはドレフュス事件とオダン事件〔アルジェリア独立の闘士オダンが殺害された事件〕を対比させる。一方の陣営には、誤謬や、参謀本部の共謀や、国家による虚偽がある。他方には、「真理のための『ロビー』」があり、証人探しや、証拠収集や、記事や書物の出版を行う。

もう一度、研究者と闘士が同じ一人の人物であることを強調する必要がある。したがって、われわれは歴史家としてアルジェリア戦争に反対することもできる。「事実を解明し、全体を再構成し、公的な虚偽に対して真理を復元する、あるいは復元しようと試みるために、私は職業を替える必要はなかった」[26]。そしてヴィダル＝ナケは、ナポレオンの反対者が「諸国民の復讐を引き受けた」かに見えたという箇所を引用する。ヴィダル＝ナケはシャトーブリアンの姿を借り、シャトーブリアンはタキトゥスの姿を借りる。歴史家のギンズブルグは、極左の闘士であるアドリアーノ・ソフリの無実を証明するために本〔『裁判官と歴史家』[1]〕を書いたが、彼はヴァッラの著書にも序文を書いている。

歴史家を突き動かす力とは、ヴァッラの教皇庁に対する戦いや、ラ・ポプリニエールの不寛容に対する戦いや、マビヨンの反啓蒙主義に対する戦いや、ベールの弾圧に対する戦いや、サン＝シモンの詐欺師たちに対する戦いや、シャトーブリアンの専制に対する戦いや、ティエリの修史官に対する戦いや、ヴォルテールとジョレスの司法の過ちに対する戦いや、ヴィダル＝ナケの国家機密と否認主義に対する戦いを支える力である。この真理についての怒りは、さまざまな形態を取る――不安、知りたいという気持ち、急いで言わねばという焦り、「歴史への情熱[27]」、つまりピュロンと懐疑主義者たちが探し求めた知的平静《アタラクシア》状態の反対物である。ジャーナリストのアルベール・ロンドルはこのような怒りに駆られて、徒刑場や、精神病院や、戦場や、アフリカ人の輸出や、ユダヤ人の孤立について語った。一九四五年にドイツを横断した若い被収容者をとらえたのもそのような怒りである。「われわれはまるで終盤のチェスプレーヤーのように、急いで結論を出し、質問し、説明し、解説しなければならないと感じていた。彼らはアウシュヴィッツの存在を知っているだろうか。彼らの戸口で毎日のように音もなく行われる虐殺を知っているだろうか。〔……〕もし知らないなら、われわれは、いや私は、神聖な義務として、彼らにすぐにすべての真理を教えねばならない[28]」。

歴史家は〈図書館〉に閉じ込められているのではない。彼は収容所から出てきたばかりである。彼は、過去にあったこと、起こったこと、われわれに起こったこと、人間が行うこと、われわれが行うことを、理解する必要を感じている。プリーモ・レーヴィが述べるように、それこそが彼の「神聖な義務」なのだ。歴史は真理についての戦闘的態度である。それは常に敵意の中で、誤謬、欺瞞、否認、虚偽、秘密、忘却、無関心といった敵に対して実践される。しかし真実はここでは、悲嘆や憤怒の叫びにも、太古の知恵にも、数学の方程式にも、メディアから直接受け取る情報にも属していない。真実はある論理に従属しており、その論理の発明には、歴史家たちと、旅行者や修道僧や法学者や弁護士や収集家やジャーナリストといった、歴史家ならざる人々が貢献したのである。

十九世紀に方法的歴史家たちは、この遺産から豊かな成果を上げることができたが、ただしそれをその根本から、すなわち書法と自我の社会参加《アンガジュマン》から切り離すことによってであった。ここに反文学的な科学主義の重大な限界がある。それは客観性の口実のもとに、「研究する自我(29)」の認識能力を見誤ってしまう。それは科学性の名において、旅行記、調査、弁護、叙事詩、回想録、小説といった文学の中にある、証明的かつ認知的な役割を見落としてしまう。科学としての歴史は、そこに人生を賭けた作家たちによって発明されたのだ。それは文芸の時代のことであった。

第7章　真理陳述の作業

真理を宣言する預言者とは反対に、研究者は論理を用いて真理を追究する。論理こそが理解＝説明という企ての導きの糸なのだ。この理論はすべての社会科学に共通であり、いくつかの操作を含んでいる。われわれはここでそれらを便宜的に分けることにする。すなわち、(1)距離を取ること――これによって問題提起が可能になる。(2)調査――これによって原資料を収集する。(3)比較――これによって唯一無二という幻想を追い払う。(4)仮説の作成ならびに破棄――これは証拠によって行われる。言い換えれば、社会科学としての歴史は、批判的な合理主義によって、自ら提起した問いに答えることにある。

距　離

研究者はどうやって距離を取るのだろうか。時間的距離が彼の仕事を容易にする。ダントーが述べるように、同時代人が発言することができないような文章が存在する。たとえば、「三十年戦争は一六一八年に始まった」と述べることは、その結末のみならずその重要性をも知っていることを意味する。歴史の手続きとは、結局、未来の情報に照らして何かを描くことなのだ。それでは、現在経験していることについてはどうなるのか。それは「熱いままの」歴史なのか、あるいは社会学的「現場」なのか。一つの解決は、事件から身体的に離れてみることである。サッルスティウスはローマの民衆の歴史を書こうとして、カエサルの死後に公的生活から距離を置いた。一八一五年六月十八日、ワーテルローの戦いの日に、シャトーブリアンは五〇キロ離れたヘントで独り木陰にいた。そのことがこの「新たなアザンクールの戦い」の結果に思いを巡らすことを可能にした。

しかし、時間的距離を置くことも、隠居生活の平穏も、証人の立場も、おのれ自身の立場から距離を置くことの代わりにはならない。クラカウアーが指摘するように、われわれは、プルーストが祖母を思い出すときのように、盲目な当事者と、旅行服を着た超然とした観察者を代わる代わる務めることになる。クラカウアーはここで、ランケの客観主義とディルタイの解釈学を双方とも退ける[1]。それゆえに、踏み込むことと退くことのあいだに、豊かな発見を導くような位置が存在するのだ。すなわち、常に旅をする者（たとえばヘロドトス）、追放者（たとえばトゥキュディデス、ポリュビオス、マキアヴェッリ）、自覚的な嫌われ者、無国籍者、移住者。そしてジンメルの言うところの、近くも遠くもあり、無関心でも関与的でもある部外者。パークとストーンクィストの言うところの、社会から排除されただけでなく自ら二つの世界のあいだで生きることを選んだがゆえに、境界線上にとどまるマージナルマン。

一方の足を内側に、他方を外側に置くこのずれは、ドイツ社会学やシカゴ学派の重要概念であり、デュルケム的伝統の中にその等価概念を持つ。それは「現実との断絶」であり、常識や、先取観念や、自然な理論や、日常言語や、慣れ親しんだ関係や、自明に見える事物を断ち切る必要性である[2]。偽りの自明性と当然さにからめ取られた日常生活の事物を非日常化しようと努めるかぎりにおいて、バルトの『現代社会の神話〔1〕』は社会科学に属している。

最後に、われわれは原資料に対して距離を取ることができる。悪い証人がいるように、間違った資料も存在する。マビヨンからラングロワとセニョボスにいたる、方法についての言説はすべて、このような批判的機能を身にまとう。しかし、慎重さからパラノイア的狂気へと滑り落ちることをどうすれば避けられるのだろうか。その狂気は、九月十一日の同時多発テロはアメリカの秘密諜報部の陰謀だとか、デカルトはラ・フレーシュのイエズス会がでっち上げた神話だなどと言い出すのだ。われわれは資料や証言を前にして、著者がわれわれを欺くつもりではないかと自問するのではなく、著者は自分が言うことをどれほど正確にそして明晰に理解しているのかと自問すべきである。マルーが言うように、歴史的知識は、間接的であるがゆえに信頼関係を前提とする。そしてそのことは軽信を意味しない(3)。

研究者は、素朴さからも過度の批判からも離れて、信頼しつつ警戒するという態度を取らなくてはならない。ヘロドトスはその態度を彼なりの仕方で要約する。「人々が言うことを報告する義務が私にあるとしても、私がそれを信じる必要はまったくない。この留保をこの作品の最初から最後まで心にとめていただきたい(4)」。研究者は、自分が承認したり、疑ったり、拒絶したりするその理由を明示すべきである。自分自身を扱うのと同じように、自分の人格や社会的地位やアイデンティティや動機から距離を置いて、原資料を扱うべきである。

認識上の距離を取ることとは、問題を定義する――われわれは常に問題を抱えている――ことというよりも、問題を適切に定義することを可能にする。経験主義者の主張とは反対に、学者は個別から一般へ、細部から全体へ、観察から理論へと進むのではない。問題が彼を世界の方へ押しやるのだ。コイレからポパーにいたる認識論の伝統全体が示すように、問題の作成こそが科学の根本的な行為を形成する。そして実験を通じて問題を解決するたびに、新たな問題が現れるのである。

社会科学も異なるやり方をするわけではない。ヘロドトス以来、あらゆる歴史家は、戦争、即位、征服、革命、虐殺といった、自分の人生にしばしば関連する問題を追究してきた。しかし、歴史がはっきりと問題解決行動という姿を取るのは、二十世紀を待たなくてはならない。コリングウッドがそれについて述べるだろう。『アナール』も、デュルケム派の批判によって先鋭化し、歴史家が常にまず「明確な意図、解決すべき問題、証明すべき研究仮説[5]」をもって出発すると指摘するだろう。この公準は二つの重要な帰結をもたらす。すなわち、(1)すべての科学は同一のやり方で思考する。(2)歴史は過去についての知識として定義できない。「過去」それ自体とか、発見すべき「事実」とかは存在しない。問題が、つまり残存した痕跡——事物、資料、証人——において立てられた問いがあるだけである。

　歴史の問題とは、人が自らに対して立てる問いであり、逆説的《パラドクサル》な問い、ドクサに逆らう問いであり、驚愕や抵抗や欲求や興奮をもたらすものの表現である。それは実り豊かな謎であり、直観であり、われわれが反芻する「ちょっとしたアイディア」であり、研究者のこだわりであり、不安であり、無邪気なふるまいであり、おかしな考えであり、彼が他のすべてに対して行う反対である。「聖王ルイは実在したのだろうか」——ル・ゴフは敬虔な王という神話を解体するに先立ち、意地悪そうにそう尋ねる[6]。

　問いは論理を始動させ、資料調査を命じ、研究者が作業を行う範囲を画定する。世界史の企てが引き起こす困惑の感情はそこから来る。結局のところ、社会科学の研究は二つの相補的な態度を含んでいる。すなわち、(1)一時的で社会学的な立場から観察するために（少なくとも精神的に）自己を分離しようとする、距離化の態度。(2)問いによって限定される適切な文脈に閉じこもろうとする、焦点化の態度。

調　査

研究者は、天与の知識によって「物事を知る」占い師ではない。社会科学は原資料によって行われ、とりわけ歴史は資料を必要とする。ロマン主義時代の歴史家と同様に、方法的歴史家は、歴史が間接的知識であり、痕跡を介して過去を理解しようとするものであることを知っていた。

この原資料は包括的に「アルシーヴ（アーカイヴ）」と呼ぶことができるが、さまざまな性質を持っている。考古学的アルシーヴ（骨、貨幣、宝石、遺跡、建造物、碑文）もあれば、海底のアルシーヴ（漂着物、古代の壺、石塊）もあれば、物質的アルシーヴ（街道、都市動産、家具、美術品あるいは日常品）もあれば、文書的アルシーヴ（手稿、印刷物、新聞、掲示物、横断幕）もあれば、視聴覚的アルシーヴ（画像、写真、ビデオ、映画）もあれば、デジタル化されたアルシーヴ（インターネット）もある。しかし、われわれの周りには、われわれに何も語りかけない人間や事物や風景や書物が存在する。それは、研究者が問いによってそう決めないかぎり、誰も証人ではなく、何も原資料ではないからである。問いが立てられるやいなや、すべてが言葉を手に入れる。「いかなる情報源も、歴史家の精神がそこから人間の過去の知識のために何物かを引き出しうるかぎり、資料なのである(7)」。

アルシーヴに到達するためには、技術的あるいは心理的なある種の嗅覚が必要である。しかし、だからといってアルシーヴがいたるところにあるという事実を隠してはならない。研究者は原資料を「発明する」ことができる。つまり新しい事物に対して、それらが問いかけに答えてくれるだろうと期待しつつ、問いかけることができる。たとえば、囲い地、エンジン、料理のレシピ、ソナタ、「月蝕と連畜具」「フェーヴル『歴史のための闘い』中の言葉」、私の隣人女性、あなたのフェイスブックのアカウント、そして、ナチスの独裁が意識に与えた衝撃を理解するために用いられる夢にいたるまで。[8] 原資料を収集するさいに、偏った見方をしないことが重要である。さもないと、面白くないとか、欠落があるとか、「二次的」な関与者のものであるとか思われた原資料をないがしろにすることになる。ロマン・ベルトランは『歴史の等分化』（二〇一一）において、起源がオランダであれ、ポルトガルであれ、マレーシアであれ、ジャワであれ、対峙する資料の総体に同等の尊厳を認めることで、われわれの自民族中心主義の根底にある暗黙のヒエラルキーを最初から拒絶する。十六世紀末におけるオランダ人とジャワ人の最初の相互干渉を理解するためには、「ヨーロッパのアルシーヴの紙の城壁」を倒さねばならない。

われわれはいつ資料収集にけりをつけたのだろうか。決して一度も——少なくともそう決断しないかぎり。どうやって原資料を集めるのか。調査を介してである。調査という探究のおかげで、研究者は資料を集めることができる。調査は組み合わせ可能な三つの手法に基づく。すなわち、(1)発掘、(2)面会、(3)実験である。

発掘とは、地中や、地上や、海中や、専門の保管所や、図書館において、説得的なアルシーヴ——遺骨、残存物、文書、書類など——を探し求めることである。発掘そのものが一つの論理である。というのも、考古学者であれ歴史家であれ、墓や書類箱を偶然に開けることは決してないからだ。前もって、その必要を感じたり、存在を推論したり、場所を特定するのに成功したりしているはずである。国家や、地方自治体や、企業や、家族が隠したものを発見するのは容易ではない。十八世紀の奴隷船における奴隷たちの生活状態や、十九世紀の捨て子たちの苦しみを描いた資料が見つかるかどうかは定かではない。二十世紀の少女たちが胸中を明かした私的日記が手に入るかどうかも定かではない。

古生物学においても同様である。古いヒト科を追い求めて、ミシェル・ブリュネは大地溝帯の西のチャドとリビアに出発することを選んだ。人類は東アフリカに現れたという支配的な考えに逆らってである。彼は発掘調査において、衛星画像やコアボーリングの力を借りて、少なくとも三百万年前の地質層を探し求めて、さまざまな地域で測量を行った。一九九五年に彼は重大な発見をした。それは、知られるかぎり最も古いアウストラロピテクスの下顎で、アベルと名づけられた。それは幸運の産物であろうか。「われわれの仕事に偶然はない。あるのは熟慮された合理的な歩みである。その過程で手がかりが一つ一つ集められ、それによって新たな推論を行い、新たな方向を取ることが可能になる」(9)。

面会とは、研究者が対談あるいは参与観察を用いて、生身の人間に対面しようとするものである。「実地研究」あるいは「フィールドワーク」は、シカゴの社会学者たち（彼ら自身がフレデリック・ル・プレからチャールズ・ブースにいたる十九世紀の社会調査の後継者であった）によってもてはやされたが、人々を迎えに行き、その場で彼らに話しかけ、彼らとともに生きるよううながした。一九五〇年代のメキシコにおける貧困の人類学を研究するために、オスカー・ルイスは五つの家族の中で数百時間を過ごした。彼らと同じテーブルで食べ、一人ひとりの問題に耳を傾け、彼らとともに踊った。

どのような面会も何かしら動揺を引き起こす。それは視線をずらし、視点を変えさせる。それはまた、公的もしくは私的な、筆記もしくは口述の、新たなアルシーヴを収集することを可能にする。マリノフスキが『西太平洋の遠洋航海者』（一九二二）で指摘したように、近代社会は資料を保存するための制度を持つが、原住民社会——たとえばトロブリアンド諸島の——はそれを持たない。民族学者にとっての解決は、自分自身で観察を行い、生活のあらゆる不確定要素——儀礼、交換、料理、化粧、会話、争い、冗談など——について証言を集めることにある。

実験とは、生者にせよ死者にせよ、他者が経験したことを可能なかぎり経験し直すことである。研究者は、自分の同類を研究するかぎり、いくつかの感情や情動や記憶を彼らと共有する。自分自身で経験し、欲望し、愛し、旅行し、苦しみ、学び、共有したがゆえに、研究者は「内的アルシーヴ」(10)を所有する。彼はそれを参照することで、他者の生活を直観的に理解するのだ。同様に、われわれのミラーニューロンは、他者の情動の認識と、自分自身が情動を感じるという事実とを関連づける。代理による、より知的な実験も存在する。たとえば、監禁や拷問を受けた研究者は少ないが、それが何を意味するかを大まかにでも想像できる研究者はたくさんいる。

この共感能力については、(歴史に限定しても) モノー、ディルタイ、リクール、マルー、コルバンらが研究を行ってきたが、それは同一化の素質に基づくものである。そこには、傾聴と受容の態度や、相手との対等さや、類似性の承認——たとえ相手がサイコパスでも感情移入は可能である——が含まれる。リチャード・ホルムズはフットステッピングという方法を用いてこの手法を押し進めた。この伝記作家は、対象の人生を一歩一歩たどり、十八世紀の学者のように気球で旅行をし、スティーヴンソンの足跡を追ってセヴェンヌ山脈を越え、想像の中でその主人公とともに生きた。[11] したがって実験の領域は精神状態に限られない。イアン・ホッダーやピエール・ペトルカンの民族考古学は、アフリカやニューギニアや北極圏における現代の「原始」社会を観察することで、消滅した先史時代の社会をよりよく理解しようとする。考古学者の中には、祖先の身振りを再現することで彼らに適応しようとする者もいる。たとえば、新石器時代のかまどや、合金や、武器を制作するのだ。

したがって、社会科学における調査は三つの次元を含んでおり、それぞれがあるタイプの理論を持っている。すなわち、(1)人間の痕跡を再発見すること、(2)人間と接触すること、(3)人間の場所に身を置くことである。そしていずれのケースにおいても、人間が行うことを理解しようとすることである。この三区分は、不完全なものだが、社会科学の統一性を把握することを可能にする。もちろん、古生物学と歴史はむしろ発掘を用い、社会学と民族学はむしろ面会を用いる。しかし、結局のところ、あらゆる研究はこの三つの形態を含みうる。たとえば、歴史家は口述アルシーヴを引き出すことで自らのコーパスを豊かにし、社会学者と人類学者は文書アルシーヴを精査することで時間的な奥行きを獲得する。そしてもちろん研究者は、義務や好奇心から旅行をする。いずれの場合においても、われわれは研究の説明の質を改善する。学際性と呼ばれるものにとって、これ以上の弁護があるだろうか。

調査のモデルを発明したのはヘロドトスである。この民族学者兼リポーターとしての歴史家は、二十五世紀の距離を置いて、社会科学がわれわれの全身全霊を打ち込むだけの冒険であり探究でありうることを教えてくれる。探し求め、旅行し、身体を張り、発見し、調査すること。調査する（*historei*）というその語源が示すように、歴史は、自ら見にゆき、収集し、一つ一つ組み立て、知的かつ身体的な行程を一歩一歩たどることで成立する。書物は成熟し、歴史家も成熟する。

比較

ポリュビオスはこのような要求を、彼が室内歴史家であるとして非難するティマイオスとエポロスに対する論争の中で表明した。彼にとって、歴史は三つの命令に従う。すなわち、(1)書物の中の情報を汲み取ること、(2)証人の意見を収集すること、(3)諸国家の生命のリズムを刻むような事件に立ち会うことである。十五世紀以降、多くの旅行者としての研究者がヘロドトスを再発見した。たとえば、ロレンツォ・ヴァッラはその作品をラテン語に翻訳し、アンリ・エティエンヌは、世界がとてつもなく拡大した後に『ヘロドトスのための弁明』（一五六六）を著した。ヴォルネーは、『ヘロドトスの年代学』によって一七八〇年代のエジプトとシリアへの旅行を公表し、カプシチンスキは、自らのルポルタージュのために数多くの『ヘロドトスとの旅』（二〇〇三）を行った。他の者もひそかにこの伝統を継承し、読書や、証言や、旅行や、見たままの観察を混ぜ合わせた。十九世紀半ば、ルナンはイエスの足跡を追いかけて、「彼が子供のころ遊んだ通り」を歩き回り、彼が見た地平線や、カルメル山や、タボル山や、ヨルダン川流域や、ハイファ湾といった、「第五福音書」〔ルナン『イエスの生涯』のこと〕のさまざまな要素を眺めた。

しかし、調査が真に完全になるためには、定められた主題を乗り越えなければならない。それが比較研究、つまり対照する能力である。比較することで、固有性の外に出て、唯一性への崇拝を放棄することが可能になる。科学は一般的なものについてしか存在しないというのが真実なら（それがアリストテレスの歴史に対する批判である）、そして歴史家は個人を崇拝する傾向があるというのが真実なら（それがシミアンの批判である）、個別研究は好奇心の欠如よりずっと悪いものである。それは社会科学そのものの否定である。社会科学は反対に、個人をその時代の構造の中に、彼が帰属し通過する環境の中に、彼が縛りつけられ、そしてときにそこから逃れるにいたる諸条件の総体の中に、彼の可能性の領域の中に、組み入れようとする。ある事実が存在し、ある人生が理解可能であるのは、それが他の事実や人生と結びつけられ、時代の流れの中に置かれるかぎりにおいてである。さもなくば、それらは孤立してあらゆる意味を失い、逸話として干からび、真でも偽でもない唯一無二の化石として死んでしまう。クリストフ・シャルルは『帝国社会の危機』（二〇〇一）において、二十世紀初頭のドイツ、フランス、イギリスを比較した。ジャック・グッディは『ルネサンス　一か多か』（二〇一〇）において、ヨーロッパ、イスラーム世界、インド、中国に現れたさまざまなルネサンスを対比させた。

比較研究に対するこうした欲求は――いわば歴史の良心であるが――、すでに調査の段階から明らかになる。資料調査は対象とする主題よりも広範囲でなくてはならない。あるいはむしろ、真の主題とはいくつかの二次的主題が結びついた集合体である。それゆえに、他の時代にも関心を持ち、過去と現在を行き来し、世界中を歩き回ることで、歴史全体を物語れるようにしておく必要がある。選ばれた者を黄金の檻に閉じ込める、原子論的な伝記に優れたものなど存在しない。時間や空間のある一点に固定された社会科学など存在しない。存在するのはただ、互いにはまり込んだ時期や経験と、互いに入り混じった文脈と、作成中のカテゴリーと、競争関係にある諸制度と、集団によって作られた個人だけである。〈唯一無二〉の代わりに、データ系列や、世代や、運動や、相互作用や、ある種の代表性や、規範や、人物像や、例外があるのだ。

こうしてわれわれは、ギヨーム・ル・マレシャルから十二世紀と十三世紀の騎士道へと移行する。あるいは、フリウーリの粉屋の気まぐれからいわゆる民衆文化の力学へと、サン＝シモンの「公の奇癖」からヴェルサイユの宮廷における身分とヒエラルキーの問題へと、ケルシーの小村から一九四五年以後のフランス経済の現代化へと、レユニオン島の子供たちの移送から二十世紀のヨーロッパ列強が実践した社会工学へと、今は亡き私の祖母からスターリニズムやナチズムと戦うユダヤ人共産主義者の軌跡へと移行する。伝記から問題としての歴史へと、モナドから構造へと、独我論から社会科学へと移行する。[12]

一般化としての比較は、いかなる主題に対しても興味を付与する。私が閨房の秘密や、重大犯罪や、鉄仮面の男や、戦車の性能表に対して冷淡なのは、それらが根本的につまらないものだからではない。それらが珍品陳列室の化石のように、理論のかけらもなしに扱われるからである。歴史は対象である以上に方法なのだ。

証拠

われわれは歴史の論理の根幹に到達した。すなわち、立証することである。古代の雄弁においては、いくつかのタイプの証拠が存在した。アリストテレスは『修辞学』において、クインティリアヌスは『弁論家の教育』において、弁論家が発明した論証的な「技術的」証拠と、証言や告白や資料というかたちでそのまま集められた、制度化された非論証的な「技術外」の証拠とを区別した。

前者の中には、必然的で反駁の余地のない手がかり（*tekmerion*）が存在する。「この女が乳を出すのは、子供を産んだからである」。それに対して、逃亡者のシャツに血の跡があることは、彼の有罪を推測させるだけである。省略三段論法《エンテュメーマ》とは、仮定が明らかなゆえに前提の一つが暗黙のうちに認められた三段論法である。ヘンデルが一七四三年のデッティンゲンの戦いの勝利を記念して「テ・デウム」を作曲したと言うとき、われわれは「テ・デウム」の意味を特定することを忘れている。

デッティンゲンの戦いは勝利に終わった。
[ところで「テ・デウム」は吉事を祝うものである。]
したがってヘンデルは「テ・デウム」を作曲した。

したがって、ある種の理論の連鎖は、明らか（むろんこの「明らか」は検討に値する）だと判断されるため、暗黙のうちに認められる。社会科学は、いかに厳密なものであろうと、たいてい省略三段論法を用いるものである。帯証式三段論法《エピケイレーマ》（すべての前提に証明がともなう三段論法）を一貫して用いることは、あまりに面倒である。

身体的、物質的、資料的な「技術外」の証拠とは、何かしら直接的なものである。それは自然でほとんど直感的な論理の一部である――つまり、現実を支えに何かを主張することである。領地の権利証や、爵位や、身分証明書や、免状は、何物か――所有物、身分、高位、身元、資格など――を立証する。ポリュビオスは、彼以前のヘロドトスやトゥキュディデスと同様に、原資料の権威をよりどころにした。たとえば、ハンニバル兄弟は一万一八五〇人のアフリカ人と二一頭の象を受け取ったが、そのことは「ハンニバルがイタリアにいたときに命じて青銅に刻ませたテクスト」(13)に示されている。ヴォルテールにとって、歴史家は、「議論の余地のない記念物」――バビロニアでなされた天体観測記録の集積や、アランデルの大理石群に刻まれたアテナイの年代記や、中世の証書や免状など――のおかげで真理に到達できる(14)。

証拠は、歴史とフィクションの違いのみならず、科学的テクストと他の何らかのテクストとの違いをも際立たせる。それは「証拠なしには何も主張しない」[15]というベールの実践の核心にある。このような反応こそ歴史を基礎づけるものであり、一九八〇年代に言語論的転回の猛攻を退けることを可能にしたものである。物質的事物や、引用された資料や、検証可能な参照物は、テクスト外のものやテクストの彼方のものに通じることで、テクストの保証そのものとして機能する。実証できるということは、反証できるということでもある。したがって、証拠の実在こそが、テクストにおける「真理と活字の次元と」[16]の混同を防ぐのである。

アリストテレスは技術的証拠と技術外の証拠とを区別した。しかし、ある事物が原資料になるのはただ論理の内部で、論理を介してであるということを忘れると、この区別は不自然なものになるおそれがある。つまり、レトリックこそが資料を真理陳述の高みにまで高めるのだ。論証が、調査において収集されたアルシーヴを、証拠（リクールの言う「資料的証拠」）に変化させる。実際、原資料はそれ自体では存在しない。われわれはただの事物を引き出し、その上に視線を注ぐことによって、それを証拠に変化させるのだ。逆に言うと、どのような事物も、われわれがそれによって何かを証明しようと思いさえすれば、証拠になりうる。したがってすべては選択の問題である。廃墟は考古学者や歴史家の言葉を証明することもあれば、詩人を魅惑したり、芸術家に霊感を与えたり、学者に人生の短さや文明のはかなさを教えたりすることもある。好奇心の対象としての廃墟、装飾としての古代遺物、箴言としての引用、監視カメラのビデオ――これらはそれ自体では何も立証しない。調査する者の問いこそが、事物を真理陳述の道具に変えるのだ。結局のところ、人間の行動を理解しようとすることは、証拠を動員して自分自身が立てた問いに答えることにある。

技術的証拠と技術外の証拠という二分法を超える最良の方法は、事実は複数の原資料によって証明されることでよりよく立証されると指摘することである。証拠がたくさんあるほど、証明はより完璧で、より論証された、より確実なものになる。二つのアルシーヴ資料、ある文書とある証言、複数の証言、同時代の文書と考古学的遺跡――こうした突き合わせによるクロスチェックによって確実性をより高めることができる。たとえばヘロドトスのいくつかの記述は、考古学的発見――バビロンの城壁の建築技術、スキュタイの葬儀、四七九年にポティダイアを襲った津波など――によって裏づけられた。コミーヌは、原資料を裏づけるためにヴィエンヌ大司教に問い合わせた。大司教は、ブルゴーニュ公が一四七六年にグランソンの戦いで敗れた後に憂鬱症に陥ったときの医師だったからである。「大司教猊下はこの件については私よりよくご存知かと思います。陛下がご病気のさいにご相談役となり、陛下の伸びていたおひげを整えられたのですから[17]」。

数量的方法は、別のタイプの証拠を提供する。統計はアルシーヴ資料や理論的論証よりも「科学的」であると考えられる傾向がある。セニョボスはこう書いている。

数字が生み出す特別な印象は、社会科学においてとりわけ重要である。数字は数学的な外観を持つので、科学的事実という錯覚を与える。［……］俗に「数字のように冷厳」と言われるが、これは「冷厳な真理」とほぼ同様の意味である。このことは、数字こそが真理の完璧な形態であるということを暗に意味している[18]。

この錯覚に対抗する最も健全な態度は、数字はいくつもある証拠の一つであり、論理の一形態であり、証明のためのデータの関係づけであると考えることである。さらに、それらのデータは正しいものでなくてはならない。ラブルースは、まさに十八世紀のフランスにおける物価と所得の変化を測ろうとするがゆえに、「おそらく一部は不正確な[19]」一連のデータ系列から構成された指標について疑念を公言した。

美文と安っぽい数字との争いから逃れるために、数量の叙述的性格なるものが存在すると認めることにしよう。そこには、表象の仕方や、理解のための効果や、格子状の図や、問題の組み立てや、計算の洗練と結果の瞬間性

(たとえばパーセンテージというかたちで示される) のあいだの弁証法などが含まれる。数字の表が物語るのと同じように、グラフは表現し、説明し、地図を描く。数字による証拠もまた言葉による証拠である。それゆえに、たとえばニコラ・マリオとクレール・ザルクの『迫害に直面して』(二〇一〇) において、「量」と「質」が調和的に結びつくのである。そこでは、数字の表と、証言と、ミクロヒストリー的な分析が代わる代わる登場し、そのすべてが占領下のランス〔パ＝ド＝カレー県〕における九九一人のユダヤ人の態度を理解することを可能にする。それに、言うまでもなく、データベースはたいてい不均質な素材 (古文書、対談、その場の所見) から引き出される。数字は「数ある痕跡の一部」にすぎないのだ。(20)

反駁

研究者は、自分で原資料を収集し、まとめ、組み合わせることで立証を行う。われわれは、このような理論に対して、大量のアルシーヴを精査したところで事実を確証することにはならないと反論することもできるだろう。ポパーによれば、科学は証拠の積み重ねという実証的なやり方によって機能するのではなく、推測と反駁という否定的な手続きによって機能する。われわれは、ベーコンに始まる経験主義によって前進するよりも、むしろ「検証という演繹的方法(21)」を採用することができる。そこでは、ある仮説はいくつかの帰結をもたらし、それらは証明されるか、あるいは無効とされる。もしその仮説が、資料や古文書学や考古学や証言による「テスト」に耐えるならば、それはかろうじて受け入れられる——つまり「持ちこたえた」ことになる。反対に、ある仮説がわれわれが他に知ることと矛盾すれば、それは排除される。

われわれは、公的扶助を受ける子供たちが「家族なし」であることを帰納的に立証するような、古文書や規則や証言をいくらでも集めることができる。たとえば、彼らは孤児や、捨て子や、両親から保護された子供であり、遠くの秘密の場所に移送され、監督官以外の何者も彼らを訪問する権利を持たない。しかし、作業仮説のかたちでこのような表面的な結論を表明したところで、それは苦もなく反駁される。たとえば、兄弟姉妹はばらばらにされないだけでなく、国が後見人である子供も含めて、一定数の子供たちは両親に手紙を書いたり、失踪して両親に会ったりすることに成功する。その他に、合法的に家族に返される子供もいる。こうして、また新たに答えるべき問題が立ちあがる——それでは、どうしてこのような関係が続いているのか[22]。

一九四三年に私の祖父母が逮捕された状況を私が確かめようとしたとき、私は三つの仮説を立て、それらを一つ一つ批判しなければならなかった。

(1)彼らが数日前に起こった襲撃事件への報復として、彼らの区の市警察によって逮捕されたのなら、建物のユダヤ人住民が全員逮捕されたわけではないことをどのように説明するのか。

(2)彼らがレジスタンス活動家あるいは共産主義者として逮捕されたのなら、特別班〔総合情報局の下で反体制派の取り締まりに当たった〕が動員されなかったことをどのように説明するのか。

(3)彼らが総合情報局の第三部門による隣人の逮捕に引き続いて逮捕されたのなら、その日に市警察がいたことをどのように説明するのか。

他にも手がかりが存在する。一九四二年以降、総合情報局が逮捕したユダヤ人は地方の警察署に連行された。総合情報局が実行した作戦は、私の祖父の「反逆」という理由により警察官の介入を必要としたと推測することもできる。私はこの仮説を受け入れることにした——未公表の証言か新たな古文書が現れてそれが無効とされるまでは。

古生物学において、否定的方法は決定的な役割を果たす。この匿名の歴史において、資料調査は極度に貧弱であり遺漏だらけである。したがって仮説を立て「古生物的シナリオ」を描くことは、基礎的であると同時に、（書誌や、発掘や、他の科学——年輪年代学、古植物学、石炭学、花粉学——によって）しっかりと周りを固められた作業でもある。南アフリカのブロンボス洞窟の約七万五千年前の地層の中に穿孔された貝殻があることを説明するために、研究者たちは消去法を用いた。貝殻がそこに到達したのは自然でもなければ偶然でもなく、また食料として持ち込まれたのでもない。この種の穿孔は現在の種には見られない。一方で、これらの穴は貝殻を骨の先で突いてできる穴と類似している。結論はこうだ——それらは真珠のように用いられた、それもヨーロッパで装身具が登場するずっと以前に[23]。

歴史家は、与えられた問題や文脈の枠組みの中で仮説を立てる。次に、「事実による審判[24]」を可能にする残存物や事物や文書や証言によって、それらを無効にしようとする。彼は自分で反駁できなかった仮説、可能なかぎりの資料調査に持ちこたえた仮説のみを保持する。そのとき、推測によるモデルが、合理的なシナリオが、原資料に支えられた首尾一貫した主張が、つまり立てられた問いに対する回答の試みが、姿を現す。

反駁は、考古学的パラダイムと「検証の演繹的方法」の基礎の一つになる前には、闘争的なレトリックに属していた。クインティリアヌスは『弁論家の教育』第五巻において、文書あるいは伝聞による証言を批判し、論敵の議論に反駁し、ある特定の点を攻撃し、矛盾や不条理や信じがたいことを拒絶するための、さまざまな忠告を与えている。社会科学の分野でも自然科学の分野でも、検証し、議論し、反論するのは共同体の役目である。しかし、このプロセスがより早い段階において、研究自体の途中で始まることが重要である。歴史家は自分自身による反駁を組み立て、読者に委ねる結果を問題にすることができる。彼は同じ一つの理論の中で、歴史と反＝歴史を提案することができる。ベールが言うように、公平性は自分を二つにすることを要求する。それは、「自分自身に対する厳格さ」を用いて、自ら「尋ねたいことを何でも容赦なく説明させる厳格な審査官の前に出頭する」[25]ことである。

こうしてある反＝認識論が浮かび上がる。そこでは研究者は自分自身と戦い、歴史を物語ると同時に批判し、難題を吹きかけ、自分自身に異議を唱え、自分自身の立場を揺さぶる。歴史家自身が、自らの議論を覆すようなテストを組み立てるのだ。彼は仮説を大量に立て、その後で資料の助けを借りてできるかぎり多くを排除する。ポパーが書くように、「ある理論を確認する例を発見しても、われわれが反証を見つけようとして挫折したのでないかぎり、ほとんど意味はない。というのも、われわれが批判的態度を取らなければ、欲しいものはいつでも見つかるからである」[26]。結局のところ、資料は実証的な情報源であると同時に、扉を閉ざす手段でもある。われわれは手がかりを集めたり原資料を裏づけたりして立証を行うが、仮説を排除することによっても立証を行うのだ。

社会科学は帰納と実例に慣れ親しんでいるが、いくぶんかポパー的空間も有している。それはもちろん、社会科学が普遍的法則を解明しようとするからではない。その記述内容はごく限られた効力しか持たず、普遍的性格も予言的能力もない。その「テスト」は特異なもので再現不可能であり、実験室で行われる反復可能な実験とはまったく異なる。それでも歴史家は、問題を提起してはいくつかの仮説を立て、それらを誤謬の排除という手続きに委ねる。反駁されざるものという基準は、物理学にも社会科学にも適用できる。つまり、あるシナリオは反証が現れるまで有効なのである。このことが歴史の開かれた、そして暫定的な性格を確定する。それは試論という資格の知識であり、われわれがしばしば歴史だと思い込む権威的な言葉の反対物である。歴史家は自らの方法と直感に導かれ、手探りし、ためらい、疑い、そして自らの疑念を表明する。「科学者の条件とは、知識や反駁の余地のない真理を所有することではなく、大胆な批判をもって執拗に真理を追究することである」[27]。

真理についての記述

われわれはパラドクスに到達した。あらゆる記述が持つ暫定的で不完全な性格と、歴史が与える確実性の感覚を、どのように両立させればよいのか。一方には、専門用語の欠如、資料の遺漏、実証することの困難、神のみが世界史を知ると考えるランケの無能感の告白がある。他方には、「永遠の知識」、歴史を単なる蓋然論と見なすことへの拒絶、同じランケの心穏やかな信頼がある。ベールが書くように、歴史は数学「以上に疑いえない確実性」に到達した。というのも、数学の対象はわれわれの精神の外部には実在しないが、カエサルとポンペイウスはわれわれの人格や現在と未来のあらゆる人間から独立して存在したからである。カエサルはポンペイウスを倒した――この「事実についての真理」においては何一つ反論することはできない(28)。

カエサルはポンペイウスを倒したのか。イエスとその母はユダヤ人に生まれたのか。ペストの流行は十四世紀半ばにヨーロッパを襲ったのか。リンカーンは合衆国において奴隷制を廃止したのか。ガス室は実在したのか。定期便航空機は二〇〇一年九月十一日の朝にワールドトレードセンターに激突したのか。われわれはこうした問いを立てることについて限りなく議論を続けることもできるだろう。しかし、それぞれの問いに「はい」と答えられないような世界は、「言論の自由」に開かれた革新的な世界ではないだろう。それは全体主義的な世界、あるいはすでに意味を失い崩壊しつつある世界だろう。われわれが決定的かつ無条件に知っている事柄が存在する。ベールが言うように、反駁不能な事実、鈍重な現実、事件の結末は、われわれの外部に実在するのだ。

しかしそれは歴史の対象だろうか。シャルルマーニュが八〇〇年に皇帝に即位したこと、ルソーがジャン＝ジャックという名前であることを、われわれは永遠に知っている。そうしたことの何物も研究プログラムを構成しない。実際、いかなる歴史家もそれについて「研究」していない。したがって、事実（それはかならずしも理解を意味しない）と研究を区別することは重要である。

この区別は見えざる境界線を浮かび上がらせる。それは、何を立証する必要があるのかということである。歴史の本において、ある種の言明――全体的文脈、重要な日付、著名な人物など――は証明されることなく、既定のものと見なされる。さらに、共通の文化的資源を仮定することができる。二十一世紀初頭にフランスで刊行される本において、多くの概念――［フランス］大革命、先の戦争［第二次世界大戦］、［共和国］大統領、旧大陸［ヨーロッパ］など――は説明される必要がない。それでは、歴史が当然のように確実性を想起させるのはどうしてだろうか。それは歴史が絶対的な知識を生み出すからではない。反対に、歴史が自分が立てた問いに論証的なやり方で答えようとするからである。十九世紀末にクセノポルが述べたように、歴史は個別的性格を持つ真理から構成されるが、それでも科学であることに変わりはない。というのも、科学とは立証された（個別的あるいは一般的な）真理の体系だからである。(29)

問いならざるもの（「シャルルマーニュは実在したのか」）と興味なき問い（「アウステルリッツの戦いの最初の負傷者の名は何か」）のあいだに、歴史が展開されうる妥当性の領域がある。社会科学の実践は、証拠を集めることや法則を引き出すことにあるのではなく、厳格に検証された、つまり反駁されざる推測のかたちで真理についての記述を生産することにある。擬似的な問い（「ガス室は実在したのか」）と研究プログラム（「ベウジェツ強制収容所における処刑施設のサイズと配置はどのようなものであったか」）の違いはそこにある。

社会科学の実践は、真理を見つけることにあるのではなく、論理を組み立て、証拠を管理し、できるかぎり堅固で妥当な説明を備えた記述を作成することで、真実を述べることにある。有名な一連の写真について、「一九四五年二月、ヤルタ会談においてカメラマンを前にポーズを取るチャーチル、ルーズベルト、スターリン」と述べるほうが、「椅子に座る三人の老人」と述べるよりも正当なのだ。より考え抜かれた説明を付けることもできる。「ソヴィエト軍が各地で勝利を収めるあいだに、三巨頭は『ドイツの軍国主義とナチズムの解体』を完遂し、ドイツ占領を準備し、新しい世界の基礎を据えるために会談を行った。それは冷戦開始以前の連合国による最後の会談の一つであった」。人間が行うことを理解しようとすることは、真理についての記述を拡大することであり、それゆえに証明の複雑さと物語の質を、つまりわれわれが冒す認識上のリスクを、拡大することである。

「永遠の知識」である事実と、われわれが見つけようとするものとのあいだに横たわる前線、それこそが研究の場である。われわれはその空間で自問し、前進し、仮説をテストする。川の底に眠る金塊のような事実を発見することを期待してではなく、理解しようという冷徹な意志をもって。われわれは決して目標に到達しないと知っているからこそ、いっそうの熱意をもって研究する。地平線が絶えず後退するからといって何だというのか。重要なのは、研究の前線を前に進めることだ。

人間が実際に行うことを理解すること、本当に起きたことを理解すること。われわれが歴史を作るのは、人生の重大事件に応えるためである。それは、ヘロドトスとトゥキュディデスにとっては紀元前五世紀の「世界大戦」であり、ポリュビオスにとってはローマの成立であり、シャトーブリアンにとってはアンシャン・レジームの崩壊であり、ギゾーとミシュレにとっては大革命であり、フュレにとっては共産主義の成功であり、フリートレンダーにとってはヨーロッパのユダヤ人社会の崩壊であった。塹壕における父親の死や第二次世界大戦における両親の殺害が、ショーニュやヴィダル＝ナケやモミリアーノやクラースフェルトの根本的なトラウマを、全世界を揺るがした事件を形成した。ナチスの監獄で死んだ反ファシズム闘士の息子であるギンズブルグは、「われわれの歴史の着想は血塗られた起源を持つ」と述べた[30]。われわれが自らに立て、立てずにはいられない命がけの問い、本能的な問いこそが、正確さへの執念や研究における一徹さを説明してくれる。それがロレンツォ・ヴァッラの怒りや、オーギュスタン・ティエリの「歴史への情熱」や、他のすべての者たちの聖なる火の糧となったのだ。

ここで重要なのは、ロマン主義的全能における自我ではなく、それを統率し、選別し、静めようとする努力である。それは束縛と自由からなる空間であり、自我はそこを通って前進する。われわれは自分のうちで、自分とともに、あらゆる方向に探究を行い、それから自分を厳しく制限する。調査、すなわちわれわれが発掘や面会や実験や読書や古文書や証言のおかげで学んだすべてのことは、われわれの身を守る防護柵である。それは虚栄や、教条主義や、たわごとや、妄想や、あらゆるものに対する解毒剤なのだ。われわれの考えでは、資料調査がわれわれを導き、「何が起きたか」を解き明かすことでわれわれに真実を指し示す。しかしわれわれはこの帰納的推論を、仮定的＝演繹的モデル（あるいはむしろ仮定的＝破棄的モデル）によって補完することができる。そのモデルにおいては、先史学者のジャン・ギレーヌが言うように、発掘はあらゆる思弁に対する「真理の試練」となる。[31] 研究者の情動を飼い慣らし、仮説の増殖を抑えるのは、原資料である。歴史とは情熱をある方向に導くことなのだ。

これ以降、歴史は、原資料が定める絶対的限界の中における自我の絶対的自由となる。われわれは、調査や手に入れたすべての知識と矛盾しないかぎり、何でも言い、想像し、信じることができる。歴史とは、誤謬や虚偽や忘却や沈黙との戦いであるが、それはまた自分自身との戦いでもあるのだ。

第8章　方法としてのフィクション

フィクションの対象はとてつもなく多様である。そこには、伝説、おとぎ話、小説、映画、ゲームなどが含まれる。プラトンにとっても十七世紀の理論家にとっても、フィクションという語は、虚偽や欺瞞や真理の偽装を意味した。今日ではこの語はむしろ、想像力やゲームの楽しみに結びつけられる。すなわち、実在しない人間や場所に満ちた「異世界」に身を投じる楽しみである。小人のオベロンや、エルネスト＝ラヌッチオ四世ファルネーゼ（『赤と黒』）や、コゼット（『レ・ミゼラブル』）や、シャーロック・ホームズは決して実在しなかった。一八四〇年九月十五日の朝六時ごろ、いかなるヴィル＝ド＝モントロー号もサン＝ベルナール河岸でもくもくと煙を上げてはいなかった（『感情教育』）。フィクションは真実ではない、というのも実在しないから。しかしそれは虚偽でもない、というのも騙す意図をまったく持たないから。

フィクションの地位

フィクションの「対象」を考えるには少なくとも二つのやり方がある。第一は、自動詞的とでも言うべきやり方で、フィクションは現実と無関係だと仮定するものである。この非参照性は、テクストがそれ自体閉じており、自己目的的で、自らの意味を生産するという事実に由来する。フィクションは自己自身しか指向しないというだけでなく、小説家はミダス王のように「すべてをフィクションに、つまりフィクションの真理に変える」[1]。これがフィクションにおける消化吸収のプロセスであり、それはあらゆる指向性を無効にする。フィクションにおいて唯一現実的なものは、フィクションそれ自体である。それはあらゆる種類の変形＝操作を利用して自らの世界を創造するのだ。したがってフィクションは真実でも虚偽でもなく、別のものなのだ。フィクションにはいかなる解明も、いかなる観点も期待できない。バルトが書くように、テクストにおいては「すべてを識別すべきであるが、何も解読すべきではない」[2]。自動詞的な読解は二世紀にわたって、イエナのロマン主義者や、高踏派や、バルトからミカエル・リファテールにいたるポスト＝ソシュール的批評家や、ヌーヴォー・ロマンの一部の作家を連帯させてきた。

このような考えにはいくつかの反論が寄せられうるだろう。今日においても過去においても、さまざまな世代の読者が、ラファイエット夫人や、ディケンズや、バルザックや、ウジェーヌ・シューや、ハリエット・ビーチャー・ストウや、ウエルベックや、フランゼンを通して世界（あるいは社会を含めて）を見てきた。同時代において、『タルチュフ』や『ジャングル』や『ロリータ』はスキャンダルを引き起こした。これらのフィクションは、信心家の偽善や、食肉工場の惨状や、小児性愛といった、同時代人にとって耐えがたいものを見せたからである。クンデラが語るように、共産政権下のチェコスロヴァキアの人々は、自分の人生がカフカの小説に似ていると思っていた。それは集団的幻覚、何百万人もの真に「一流」の読者のあいだに広がった一種の「ヴェルテル効果」だったのだろうか。

一万年後に人類が別の惑星で暮らすために出発し、たった数冊の小説を持っていったと仮定しよう。地球時代を研究する歴史家がやむをえずそれらを参照するのは、正しいことだろうか。たとえば、『マノン・レスコー』を通して十八世紀の社会を知り、フィリップ・ロスを通して産業時代のアメリカを知ることができるだろうか。まるで冗談のようだが、今日の歴史家たちがホメロスを読んで紀元前十世紀から九世紀のギリシアの貴族社会の構造を研究するとき、彼らはこれと同じことをしているのだ。反対に、バルトはミシュレやフーリエを、まるで彼らの作品が過去の理解や現実の変革を目指すのではなく、単に「書くこと《エクリチュール》の幸福」(3)を目指しているかのように、読むことを選んだ。残念なことに、「メッセージでなくメッセージの熱狂に」耳を傾けるとき、われわれはテクストに暴力を振るうことになる。

第二の、他動詞的な着想に移ろう。それによればフィクションは、どのようなやり方であれ、世界を参照する。テクストは現実を反映し、描き出し、移し替え、説明し、変形する。つまり、「写生」するのだ。この反射鏡の理論は、アリストテレスからマルクス主義批評にいたる古典的な着想であり、フィクションを表象——鏡、絵画、写真あるいは「半導体」(4)素材——と見なすものである。フィクションは現実のミメーシスであり、ある特定の時代の社会、社会集団、社会構造、階級や生産や両性の関係、状況、変動、心性、時代精神について何かを述べる。ほとんど象徴としての地位を獲得した人物も存在する。たとえば、〔『人間喜劇』の〕ラスティニャックは十九世紀における出世主義を、〔『闇の奥』の〕クルツは植民地主義の派生物を体現する。『人間喜劇』や『ルーゴン＝マッカール叢書』や『失われた時を求めて』においては、多くのものが現実である。これこれの場所や、これこれの事件や、そしてさらに、年金生活者や、オスマンによる都市改造や、鉄道や、フォブール・サンジェルマンの社交生活などである。そこから、原資料と影響関係の問題が出てくる。たとえば、フールやロートシルトは、彼らと同じく銀行家で大富豪でユダヤ人であるニュシンゲンという人物のモデルになったのだろうか。トルストイの周辺では、どの女性が列車に身を投げたのだろうか。

フィクションは世界と同時に、作家の心理や、教養や、信条や、闘争や、強迫観念や、社会や文学界における地位を反映する。『ジェルミニー・ラセルトゥー』の冒頭の混血女性や『神秘の島』の黒人ナブは、十九世紀のありふれた召使いの姿を示しているが、ゴンクール兄弟やヴェルヌの人種的偏見をも示している。すでに指摘したことだが、バルザックの小説はパリの民衆よりもむしろバルザック自身の経験を描いている。たとえば、『人間喜劇』のパリ住人の中に多くのトゥール人がいるのは、パリにトゥール出身者が多かったからだが、それはまたとりわけ、バルザックがヴァル・ド・ロワールをよく知っていたからである[5]。したがって小説家は、素材（同時代の社会や自分自身の経験）を変化させる錬金術師であり、フィクションの実在の「特派員」なのだ。

しかし、他動詞的な読解はある難問を引き起こす。フィクションはわれわれに世界について何を教えるのだろうか。われわれは、フィクションが現実に対して取る関係によって、三種類のフィクションを区別することができる。すなわち、(1)信じがたいもの、(2)真実らしいもの、(3)「上級の真理」である。

信じがたいものは、神話や、寓話や、驚異や、空想の領域へわれわれを誘う。サモサタのルキアノスは、ありえない話の最古の語り手の一人であるが、ブドウ女に出会ったとか、乳の海を航行したとか、森や村があるクジラの腹の中で暮らしたと述べる。「だから私は、見たことのないものについて、自分がしたのでも誰かが話してくれたのでもない冒険について、まったく実在せず、実在するはずもない物事について書くのだ[6]」。十八世紀半ば、マルモンテルは『百科全書』の「フィクション」の項目において、完璧な表象の他に、誇張されたフィクション（巨人）と、怪物的なフィクション（ケンタウロス）と、空想的なフィクション（花の中央にある人間の頭部）を区別した。

真実らしいものとは、われわれが信じうるものである。紀元前二世紀のミルレのアスクレピアデスの指摘する「ほぼ真実なるもの」や、古典的レトリックにおける「論証」(*argumentum*)や、ニコラ・ブリケールの言う「ロマン」や、クララ・リーヴの言う「ノベル」や、十九世紀におけるレアリスムは、可能なものの境界線を浮かび上がらせる。信じられるものと信じがたいものの二分法は、SFにおいても認められる。たとえば、ジュール・ヴェルヌの小説は「ありうべき未来」を当て込んだものであり(潜水艦、音声付映画)、H・G・ウェルズの小説はありえないものを舞台に載せるものである(透明人間、未来から戻ってきた旅行者)[7]。

真実らしいものは、読者の基準に基づくがゆえに、絶えず変動する。それは十七世紀においては順応と礼節を重んじた。そしてそれゆえに『ル・シッド』や『クレーヴの奥方』は真実らしくないという非難を浴びた。そこから、過去を修正したい、規範的モデルとなるように物語を磨き上げたいという絶え間ない誘惑が生じる。筋書きは「改善」され、物事は観客の期待に沿うようにしかるべきかたちで示されることになる[8]。モーパッサンはこの技術を採用し、『ピエールとジャン』(一八八八)の序文において、「真実らしさのために真理を犠牲にして事件を修正する」ことを推奨した。そうすれば「現実そのものよりも説得的」なビジョンが手に入るというのだ。

「上級の真理」は、真実を超えるフィクションによって伝えられる。そのフィクションは自然よりも真実で現実よりも現実的であるので、読者は衝撃を受けて思わずこう叫ぶ——「そう、まさにそのとおりだ!」ある種の小説はあまりに強烈で、並外れた現実効果を与える。それらは桁外れの(*larger than life*)人物を誕生させ、彼らは、まるでわれわれが実際に出会った人物のように、われわれの人生に住みつく。指向対象とフィクションの関係は逆転し、フィクションはついに「世界になる」。こうして、われわれは長崎で蝶々夫人の屋敷を訪問し、ヴェローナでロミオとジュリエットの墓を訪ね、スペインでドン・キホーテの道を訪れる[9]。

文学はそのとき、われわれが知らなかったものを暴き出す——未知の運命や、知られざる苦悩や、毎日のささやかな屈辱や、そしてさらに亀裂や矛盾を。バロウズ、ラッセル・バンクス、エルロイといった作家たちが炸裂させる暴力は、アメリカン・ドリームの裏側を指し示す。それに対して、十九世紀の歴史記述とある種の小説家（たとえばホレイショ・アルジャー）は、経済的成功や民主主義や進歩といった、合衆国の「明白なる運命《マニフェスト・デスティニー》」を強調した。

啓示としてのフィクション

この三区分は、少なくとも一つの点において不十分である。すなわち、それは反射鏡の理論に依拠するため、フィクションを、データと見なされた現実に対する鏡像的で臍帯的な関係の中に位置づける。小説家は、あらかじめ存在する指向対象の在庫を取りに来て、次にその「原材料」を加工するというのだ。その意味で、どのような小説も、何物か――人間の条件、愛情、楽しみ、幸福、狂気、歴史性、倦怠、死、虚無など――についてわれわれに何かを教えることになる。鏡としての文学の安易さは、自動詞的文学の閉鎖性と対をなしている。模倣としての芸術と、記号学的冒険――この二つの袋小路からどのように抜け出せばよいのだろうか。

現実とフィクションのあいだには、ミメーシスに属さないもう一つの関係が存在する。フィクションは、現実を読み解くために必要な鍵を読者に与えることで、一種の瞬間的理解を引き起こすことができる。この啓示としてのフィクションは、いくつかの形態を取る。すなわち、叙事詩、神話、詩、アレゴリー、シンボルである。

十八世紀半ば、バトゥー神父は歴史（ありのままの行為の忠実な物語）と叙事詩（驚くべき行為の詩的な物語）を対立させた。一世紀もたたないうちに、叙事詩はロマン主義の詩人たちによって、『殉教者』や『オード集』や『諸世紀の伝説』において、名誉を回復した。作家は恍惚の陶酔を通して人類の歴史を「見る」がゆえに、その詩は

「凝縮された歴史的現実、あるいは解き明かされた歴史的現実の一部[10]」となる。同様に、神話は、太古の伝説や、創造神話や、（シュレーゲルとバルベー・ドールヴィイに共通の表現を借りれば）「過去の預言者」が伝える夢において真理をまき散らす。ミシュレは「七月の閃光」に撃たれる以前に、ヴィーコから「詩的真実」という着想を汲み取っていた。ホメロスとラテン人は、「現実と奇妙なほど調和したフィクション[11]」を与えることで、諸国民の最初の歴史家となったというのだ。『イエスの生涯』においては、あの合理主義者のルナンが、福音書の素朴で伝説的で表情豊かな物語を退けなかった。その大まかさこそが「上級の真理において真実」だというのだ。神話は歴史の魂を、そこに蓄積した生命エネルギーを解放する。

（詩的ジャンルとして叙事詩を超える）詩はこれに近い。ときには詩だけが、苦痛、残酷さ、残忍さ、喪の悲哀といった、言葉にならない経験を伝えることができる。われわれは、多くの犠牲者や多くの証人が大量殺戮を表現するために、なぜ詩を選んだかを理解できる。たとえば、一九四一年九月にユダヤ人の隣人女性を谷底まで送っていった、キエフの音楽家のリュドミラ・ティトワのように。「ほら、ほら、血の雪が降る／雪が降り、すべては緋色になる[12]」。われわれはバビ・ヤールとトレブリンカを詩で語ることができる。

アレゴリーは、フィクションの外観の下に真理を変装させる。寓話は見かけほど子供じみたものではない。それゆえに、プラトンはアイソーポスを理想国家から追放しなかったし、ラブレーは『ガルガンチュア』の有名な序文で、犬が「糧となる精髄」を吸うために骨を砕くように、文字通りの意味を超えなければならないと読者に忠告した。十七世紀になるとフィクションは、哲学的、科学的、天文学的省察としての性格を十分に持つようになった。ケプラーの『夢』（一六〇九）は、月世界旅行を用いてコペルニクスの理論を擁護した[13]。ラ・フォンテーヌは王太子への献辞において、寓話は歴史より教育的であると断言した。たとえば、パルティア人のもとでのクラッススの死よりも、（井戸の底に降りた）キツネとヤギの寓話の方が、「何においても結末を考えるべきである」ことをうまく示している。

　多くの小説が、フィクションやSFやアレゴリーやたとえ話を用いて、歴史的省察を行った。デフォーからマンゾーニ、アルベール・カミュからフィリップ・ロスにいたる「ペストの物語」の場合がそうである。〔デフォーの〕『ペスト』（一七二二）はフィクションである。しかしそれは、同時代人の物語に着想を得ているため、一六六〇年から一七二〇年にかけてのロンドンからマルセイユにいたる流行についての最上の証言の一つとなっている。マンゾーニは『いいなづけ』（一八四〇）において、一六三〇年のミラノのペストを原資料に基づいて描いた。彼は並行して、『忌まわしき円柱の歴史』において歴史家としての仕事を続けた。そこでは、疫病を広めて人々を四散させ盗みをはたらいたとして告発された「ウントリ」が取り上げられた。[14]〔カミュの〕『ペスト』は「一九四×年に起こった」事件の年代記であり、〔ロスの〕『ネメシス』は一九四四年にウィーカイックのユダヤ人居住区で起きたポリオの流行を描いているが、これらはナチスの災禍に対する抵抗についての省察として読むことができる。このように、アレゴリーは真理を移し替えて表現することができる。一九六〇年頃に刊行された一連の「ショアー小説」についても同様のことが言える。それらは個人的経験や歴史的資料に着想を得たフィクションであり、エドゥアール・アクセルラッドの『埋もれた聖櫃』、アンドレ・シュヴァルツ＝バルトの『最後の正しき人』、ピョートル・ラヴィッチの『天の血』、アンナ・ランフュスの『砂の荷物』[1]などが挙げられる。

　最後に、シンボル化は、ある性格や行動や状況を抽出し、それをモデルとなる個人に付与することにある。われわれはこの帰納的な手法を、十七世紀のモリエールやモラリストに見出すことができる。アルパゴンあるいは守銭奴、ジョルジュ・ダンダンあるいは成り上がり者、ルネあるいは世紀病、（ハンス・ファラダの『ピネベルク、明日はどうする!?』[2]における）ピネベルクあるいはプロレタリア化したサラリーマン。こうして、実在しないものの、完全に実証されたある社会的事実を体現する類型的人物の長いリストができあがる。

このような例示の手法は、歴史家によっても用いられる。ヘロドトスにおけるアルタバノスやトゥキュディデスにおけるペリクレスは、ラスティニャックと同様に、創作された言葉によって真正の政治的・軍事的・社会的立場を表現する、概念としての人物なのだろうか。われわれは、これらの人物を論理の中に置き直してみないかぎり、そう断言することはできない。バルザックにおいて、フィクションは単なる模倣や、描写や、人生の断片や、世界への展望台ではない。それはさらに、時代や、家族形態や、社会の機能を理解するための道具を与えてくれる。フィクションは、神話であれシンボルであれ、現実の現象を理解することに貢献する。しかし最終的にそれを操るのは、歴史の論理なのだ。

いかにしてフィクションをミメーシスから引き離し、知識のプロセスに組み込むのか。ここでオーギュスタン・ティエリの偉大な発見を思い起こそう。すなわち、優れた小説は悪い歴史書よりも多くの真理を含むというのだ。この奇妙な力をどのように説明すればよいのか。それは、行為の再現よりも論理の方が重要だということである。問題は物語に優先する。『ゴリオ爺さん』が十九世紀の社会を理解させるのは、それがレアリスムや真実らしさをもって社会を再現するからではない。自らの主題に対して問いを立てることで、財産によるヒエラルキーや、年金の論理や、社会関係の暴力性のただなかに読者を投げ込むからである。スターリンの全体主義の機能は、〔アーサー・ケストラーの〕『真昼の暗黒』[3]のようなフィクション作品によって（そしてクンデラを信じるならカフカによって）、そして『一九八四年』[4]のようなＳＦ作品によって、内部から説明される。

このことを確認した以上、フィクションを別のやり方で考えることにしよう。（たとえ驚くべきレアリスムであったにせよ）再現としてではなく、認知的な作業として。フィクションはもはやコピーでも、現実とか大文字の〈歴史〉と呼ばれる「所与」の分身でもない。それは世界についての知を組み立てるための道具である。われわれは、反射理論におけるように、既存の事実を小説が取り上げると考えるのではなく、ある種のフィクションは事実を解明するための論理になると想定することができる。

離反

ある種のフィクションは歴史の論理に属していると断言したからといって、言語論的転回の信奉者やポストモダニストのように、フィクション遍在論に陥ることにはならない。それはまた、ヴォルフガング・ヒルデスハイマーがサー・マルボーなる架空の人物について学術的伝記のパロディー（『マルボー　ある伝記』[5]）を書いたように、歴史を転覆することにもならない。ある種の小説の使命は、真理の可能性そのものを侵食することである。つまり、もし事実が実在せず、解釈しか存在せず、歴史が勝者のプロパガンダにすぎないなら、そのときはフィクションが唯一の真理となるだろう。それは「歴史に抵抗する」[15]こと、つまり西洋の優位とか、強者の法とか、進歩への歩みといったメタ物語のおめでたい傲慢を告発することを可能にする。

現実とフィクションの境界、真理と作り話の境界を廃する者は、社会科学を破壊する。とはいえ、歴史家はある種のフィクションを必要とする。私はこれらのフィクション（十七世紀の慣例に従って複数形にする）を、方法としてのフィクションと名づけよう。それは想像力に還元されるものではない。セニョボスからカール・ベッカー、コリングウッドを経てポミアンにいたるあらゆる歴史家が、想像力が研究者にどれほど必要であるかを指摘してきた。想像力は、原資料を発見したり、理論を構築したり、他人の立場に立って感情移入したりするのに役立つというのだ。ピーター・ブラウンが書くように、「科学と想像力のあいだの絶えざる緊張は、歴史家の仕事の主要な原動力である[16]」。

方法としてのフィクションは、論理を構成するものであり、想像力に比べてより虚構的で、より概念的で、より必要不可欠なものである。それは小説におけるフィクションとは三つの点で異なる。(1)それはフィクションとして示されている、つまり自分自身を告発している。(2)それが現実から遠ざかるのは、より強力になってそこに戻るためである。(3)それは遊戯的でも恣意的でもなく、論理によって操作される。[17] そして、方法としてのフィクションは四つの機能的グループにまとめられる。すなわち、(1)離反（*estrangement*）、(2)信憑性、(3)概念化、(4)叙述の手法である。

すでに述べたように、問題を定義するには現実に対して距離を取る必要がある。しかしそのことは少しも自明ではない。よく知っていることに対して、いかにして批判的視線をもって取り組むのか。われわれは自らの習慣と戦うために、異化のプロセスをほどこすことができる。それは意志的に異なる環境に身を置き、世界の奇妙さや過去の異様さを整理することである。一九二〇年代にロシア・フォルマリストたちが評価する以前に、離反はヴォルテールのような風刺作家によって（ユロンやカンディードの無邪気な視線を通じて）、そしてワーズワースのような詩人によって（「毎日の物事に新奇さの魅力を与え、恩寵に似た感覚を刺激し」[18] ようと努力して）実践されていた。

歴史において、離反は拒絶と驚嘆によって作られる態度である。拒絶とは、同意しないため、そして明らかなものが少しも明らかでないと考えるために、もはや理解していないと理解すること、ときには自らの理解を壊すことである。驚嘆とは、世界を再び魅力的にし、われわれが子供だった頃に世界が持っていた奇妙さを回復させるものである。感嘆のこもった驚きは、ヘロドトスの長所の一つである。彼はエジプトの迷宮や、アラビアで収穫された香料や、バビロンの豊饒な大地や、スキュタイの寒さに強い馬を発見しては熱狂する。平凡なものが、驚嘆すべきもの（*thômasta*）、すなわちきわめて興味深いものへと変身する。[19] このような驚嘆の能力のせいで、この旅行者としての歴史家は素朴な者と見なされてきたが、十六世紀半ばにエティエンヌは『ヘロドトスのための弁明』において、反対にそれを褒め称えた。「古代の驚異」は習俗の多様性を示すのと同時に、われわれが習慣を逃れることの難しさを示している。

刷新としての歴史は、方法としてのフィクションと、万人と異なる見方をすることから来る認識上の驚きに立脚する。オーギュスタン・ティエリは、フランク人の名にチュートン語の綴りを用いる（メロヴェをメロヴィク、キルペリクをヒルペリク、クローヴィスをクロドヴィクとする）ことで、読者に「奇妙さの印象」を引き起こし、これらの王がフランス語を話していなかったことを読者に思い起こさせた。ルロワ＝グーランは『先史時代の宗教と芸術』（一九六四）[6]の冒頭において、宇宙人がある教会に入ったと想像する。彼はそこでロバと、牛と、羊たちと、板に釘付けにされた人間を、これらの概念の深遠な神秘性を知覚することなしに見るだろう。ラスコー洞窟はわれわれにとって、まさにこのようなものなのだ。

これらの手法は、論理の性質を決定づけるものであり、アカデミックな学問分野としての歴史に固有のものではない。一九六一年にダニエル・スペーリは（彼の父親はナチスに銃殺された）、最大の細心さをもって、パン切れ、パンくず、エッグカップ、ワインボトル、ネスカフェの箱、ガラスびん、マッチ箱、ねじ、輪ゴムが散らかった自らの事務机を描写した。これらの日常的な混乱と偶然が、ここでは測量の対象を完全にずらすことになるのだ[20]。ペレックは、非常に効果的な異化の道具を用いて、「世界はありのままではない」と主張した。われわれを驚かせるのをやめてしまったものに再び価値を与えるために、彼は一九七三年五月十五日の十七時にバック通りとサン＝ジェルマン大通りの交差点にあるカフェのテラスに陣取り、「その場所が不確かなものになり、ほんの一瞬のあいだ、外国の都市にいるような印象を感じるまで」そこにいた。通りはその自明性を剝奪され、上をバスが、下を下水道が走り回る「一種の空間」として把握されることで、それ自体一つの実験となる[21]。これらの実験が、ミシェル・ド・セルトー、アルフ・リュトケ、フィリップ・アルティエールといった歴史家たちが追究する「日常下」の人類学を基礎づけている。

信憑性

『詩学』において、詩と歴史の対立は、真実らしいものと実際的なものの対立に一致する。アリストテレスは可能性の概念を導入することで、真／偽という対立に立脚したプラトン的二元論を豊かなものにした。しかしこの第三の要素は詩の役にしか立たない。それに対して歴史家は、ヘロドトスもトゥキュディデスも、信じうるもの（*pithanos*）あるいは真実らしいもの（*eikos*）というかたちでそれを利用した。歴史は条件法で完璧に活用されうるのだ。

しかしながら、詩や悲劇や小説における真実らしさと歴史における真実らしさとのあいだには違いがある。前者は、遊戯的＝美学的な同意に当たるもので、コールリッジはそれを「不信の意図的な一時停止」と名づけた（それはワーズワースの言う離反と対称をなす）[22]。つまりわれわれが信じうるものである。後者は、単に可能であるというだけでなく、許容でき満足できるもので、われわれのあらゆる知識を考慮に入れるものである。歴史においては真実らしさのいくつかのレベルがある。信憑性とは、可能性のうちでとりわけ堅固なものである（つまり検証に最もよく耐えた仮説である）。

キケロは「ミロのための口頭弁論」（前五二年）において、この種の論理を展開した。彼は、ライバルのクロディウスを殺害したとして告発されたミロを弁護した。キケロは正当防衛を主張した。クロディウスはアッピア街道において、習慣に反して、妻をともなわず、馬に乗り、武装した奴隷を供にしていた。したがって「すべて」が、彼がミロを待ち伏せていたことを示している。クインティリアヌスがこの一節にコメントした後で指摘するように、弁護士の論拠は既知の事実から引くこともできるが、仮定や架空の事実（*kath'hypothesin*）から引くこともできる。(23) ヴァッラは「コンスタンティヌスの寄進状」の虚偽を立証するために、それが言語的時代錯誤を含むことを明らかにした。しかし彼はまた、それが真実らしくないことも指摘した。皇帝の息子なら、みすみす無一物にされたりしなかったであろうというのだ。また、四世紀から八世紀にかけて、教皇への西ローマ帝国の寄進という重要な事件に誰も言及していないことも信じがたい。

ヘンペル自身も、一九四二年の歴史の「普遍的法則」に関する論文の中で、蓋然性仮説（*probability hypotheses*）の存在を認めている。たとえば、ある少年がはしかにかかった兄のそばに二週間いた後ではしかにかかったとすれば、われわれは兄が弟にそれを移したという考えを受け入れることができる。歴史の論理は絶えず、信憑性というこの方法としてのフィクションを用いる——とりわけ、状況を解明するための資料が欠けていたり、それについて沈黙している場合には。暗殺はその古典的な例である。エッツィと呼ばれる、アルプス山脈の氷の中で発見された金石併用時代の男はどのように死んだのだろうか（X線検査によって彼の背中に矢尻があることが明らかになった）。アウシュヴィッツの特殊部隊《ゾンダーコマンド》の一員の最後の数か月はどのようなものであったのだろうか。シャラーモフは「チェリーブランデー」の中で、ソ連の強制収容所で餓死に瀕している詩人のマンデリシュタームの最後の思考を想像した。アリストテレス哲学の用語を借りれば、歴史家は起こったことだけでなく、起こりえたことやおそらく起こったことを言明するのだ。

したがって、信憑性（plausibilité）はある評価の空間を構成する。そこでは段階的に、蓋然的なものが可能なものより優位に立ち、可能なものは疑わしいものより許容され、疑わしいものは（英語で言う）信じがたい（*implausible*）ものより上位に来る。信憑性は、証拠をそろえることよりも対立し合う仮説を破棄することを旨とする、反論の理論の中にすっかり収まる。しかし真実らしいものは、最も普遍的な良識に支えられたとしても、証拠を構成することはできない。それはせいぜい、ありうべきシナリオであり、現実の中で形成されただけでなく、現実に従属し、手持ちの原資料によって制御された仮説にすぎない。言葉を変えれば、強固で明白で謙虚なフィクションにすぎない。

概念と理論

方法としてのフィクションは、現実を把握し、現象学的データを超えて現実を概念化することを目指すがゆえに、現実のフィクションである。それは社会科学の領域をはるかに超越する。たとえば、ローマ法は多くのフィクションを含んでいる。それらのフィクションは、ある事実の存在を誤って主張したり（養父が養子は実子であると嘘をつく）、あるいは実在するものを否定したりする（捕囚として死んだある市民の遺言が有効とされたが、彼は捕囚であるため遺言資格を剥奪されていた）[24]。アンシャン・レジームのフランス法において、民事死亡は「死んだ場合と同様に」個人からその権利を剥奪するものであった。この手続きは聖職者には一七九〇年まで、死刑囚には一八五四年まで適用された。

社会科学の論理におけるいくつかの要素（公準、概念、因果説明）は、方法としてのフィクションである。それは認識をめぐって「まるで」を用いる場合であり、ホッブズが自然状態を再構成したり、ルソーが所有なき人類の情景を素描したり、カントが道徳的存在を普遍的立法者になぞらえたり、経済学者が純粋で完璧な競争状態を仮定したり、デュルケムが社会的事実を「まるで物のように」扱ったり、ヴェーバーが「目的において完璧に合理的な場合に」各自がどのようにふるまうかを研究したりする場合である。理念型とは、抽象的性格ゆえに非現実的で現実と無関係な構成物であり、まさに現実に対するずれを測るための存在である。[25] コゼレックが提案するメタヒストリー的な二つのカテゴリー、「経験の空間」と「期待の地平」は、歴史家が同時代人の名において行う過去と未来の現実化である。[26]

メタファーは、互いに関係を持たない諸要素をアナロジーによって関係づける。プルーストのように「精神の土壌」の鉱脈や「ラシーヌの悲劇のただなかをさまよう」幸福について語ることは、こちらでは心理と地質、あちらでは散策と読書という、二つの異なる対象を「美文による必然の円環の中に」閉じ込めることを可能にする。[27] メタファーはこれらの現実を時間の偶然性から保護することを可能にするが、それはまた、パラダイムとしての認知的な次元も有している。（ヒューズのように）「労働の社会的ドラマ」について語ることや（ブルデューのように）「ゲームの規則」について語ること、（シュンペーターのように）社会階級を個人が乗り降りするバスと比較することや（マンドラのように）社会を星座によって構成される天空と比較することは、要するに、理論を伝える概念としてのイメージを用いることである。優れたメタファーは、翻訳のように一瞬にして理解させる。

シミアンは一九〇三年の論文において、政府や教会や家族や繊維産業が「抽象概念」であるという注意書きを、「唯名論的冗談」であるとして一掃した。社会学者は物理学者とまったく同様に、抽象概念を動員する権利と義務を有するというのだ。とはいえ、これらの見えざる実体が方法としてのフィクションであることに変わりはない。たとえば、「ホワイトカラー」について語ることは、発見を導くための二重のフィクションである。というのも、それは抽象的な社会学的概念（事務職員）をシネクドキの中に移し替えるからである。同様に、ティモシー・スナイダーが作り上げた「ブラッドランド」というメタファーは、一九三〇年代初頭から第二次世界大戦終了までのあいだにスターリンとナチスによる恐怖政治の下で虐待されたという点においてのみ結びつく諸地域を指し示す。

社会科学は似たようなやり方で、反＝真理を用いて真理をより明確にする。虚偽であるとか起きていないとわれわれが確実に知っている事実を、考慮に入れるような場合である。マックス・ヴェーバーが「文化科学の論理学の領域における批判的研究[7]」で示したように、非現実の因果関係は現実を明らかにするのに役立つ。「もし……なら、どうなっていたのだろうか」。想像上の代替物を実際の展開と突き合わせることで、その原因を指し示すのである。この論理は古代のレトリックとも大いに関係がある。キケロは、ミロがクロディウスを殺したのは過ちでないと陪審員を説得するために、死者を一時的によみがえらせた。もしクロディウスが生きていれば、彼はプラエトル職を奪い取り、執政官と元老院議員を黙らせ、すべてを簒奪し、公衆の自由は押しつぶされ、共和国は消滅していただろう。非現実は過去の現実に遡及する。すなわち、クロディウスは公衆の敵として殺されて当然だった。

こうした論理は（たとえ意識されなくても）よくあるものであり、専門的な訓練を生み出しうる。すなわち、ユークロニー〔歴史改変フィクション〕である。事実に基づかない歴史は、真面目な娯楽であり、論理としての不条理であり、検証される必要のない仮説である。というのもそれは初めからフィクションとして示されているからである。連合国がナチスの暗号を解読することができず、ピウス十二世が進行中のジェノサイドを非難し、リンカーンが奴隷制を廃止せず、中国人が新世界を発見したと仮定しよう。ポンティウス・ピラトゥスはイエスを赦免した。イエスはあと何年も生きて、何千人もの弟子を魅了し、百歳近くになって死に、慎ましく葬られ、彼の説教は無数の解釈を生み、キリスト教はシナゴーグの中でユダヤ教の変種として開花した。ここには、ユーモアを超えた、キリスト教におけるキリスト磔刑の役割についての洞察力に富む省察がある。[28] ここでもまた、このような考え方は職業的歴史家に固有のものではない。フィリップ・K・ディックの『高い城の男』（一九六二[8]）は、一九四七年に枢軸国が第二次世界大戦に勝利した後に「ありえたであろう」世界を描いた。そこではある本が密かに流通し、その中では大胆にも連合国が戦争に勝利した世界が想像されている……。

時代錯誤を制御することによって、今日の読者にとっての現実を示すことができる。われわれは紀元前一世紀のグラックス兄弟の反乱について、たとえマルクスが生まれていなかったとしても、「古代ローマのプロレタリア」について語る権利がある。スペインのユダヤ人とイスラーム教徒は、十五世紀から十七世紀にかけての「民族粛清」の犠牲者である。一九三〇年代のフランスにはユダヤ人の「不法滞在者《サン・パピエ》」が存在する。これらの意図的な錯誤は、歴史家が「偽りの言葉で正しいことを言おう[29]」とするさいの説明の努力を示している。これらの道具はすべて、フィクチオ（*fictio*）という言葉の元来の意味における、方法としてのフィクションである。すなわちそれは、事実から離れることでまさに事実を考えるような、知的制作を意味している。

叙述の手法

コンスタンツ大学の文学教授であるハンス・ロベルト・ヤウスは、「受容理論」の創始者である。彼は、歴史の叙述を構成する三つのフィクションを列挙する。すなわち、(1)起点から終点にいたるベクトル的な展開。(2)雑多な諸要素を統一し、欠落や余計な細部を消去するような、物語の均質化。(3)過去がひとりでに自らを語るような、過去の客観化[30]。客観的モードとは、「私」の排除や、概観的視点や、透明さの夢に基づくものであり、方法としてのフィクションである。実際のところは、誰もが知っているように、語り、描写し、表明するのは歴史家である。その存在があまりに圧倒的なので、彼は不可視であることを望むのだ。活写法は、「あたかもそこにいるかのように見せるものであり、言葉による活性化の優れた成功例である。現在形の使用（あるいは現在化）は、過去をその場で再現させるものであり、これもまた方法としてのフィクションである。

最も有効な手法の一つは、シンボルによる叙述であり、それはある現象や時代や事件を、代表的と思われる人物や事物の中に閉じ込めることである。このようや論理の集中は、読者に自己同一化の反応を起こさせることで、物語を活気づける効果を持つ。認識論的観点から言うと、それは抽象化が持つ鎮静作用——奴隷制や世界大戦やショアーを扱うさいには恐るべきものとなる——を払いのけることを可能にする。それは『奴隷船の歴史』（二〇〇七）[9]におけるマーカス・レディカーの出発点である。三世紀のあいだに一四〇〇万人のアフリカ人を奴隷化した世界的犯罪を物語りかつ説明するために、彼は、事物（奴隷船）についてと人間——奴隷貿易の当事者および犠牲者（奴隷、水夫、船長、商人、大農園主、政治家）——についての二重の焦点化を用いた。この決断は、歴史を個人化し叙述に活力を与えるという効果を持つ。関連領域では、ティモシー・ブルックの『フェルメールの帽子』（二〇〇八）[10]が、フェルト帽、果物の椀、タバコといったフェルメールの絵画に見られる事物の流通を通して、十七世紀のグローバル化を物語った。奴隷制を一隻の船に還元すること、あるいはグローバリゼーションを一つの帽子に還元することは、方法としてのフィクションを用いることである。

あらゆる論理は一つの、あるいはいくつかの叙述の図式に従う。ヘイドン・ホワイトは、十九世紀に重視された叙述の図式——ロマンス、悲劇、喜劇、風刺——を明らかにした。歴史の筋立ては一つの物語を想定し、そしてその物語は読者の想像力と著者の想像力をかきたてる。ベルリンのペルガモン博物館にあるイシュタル門やライオンの行進は、それらが実際にバビロンにあった時よりずっと小さくなっている。したがって、それらを本当の規模で再建するには、再創造の作業が必要である。「ヒトラーがポーランドに侵攻した」というような一節は、メタファーや省略法を形成するだけでなく、歴史記述における選択を形成する。それは将軍たちや兵士たちやドイツ国民の役割について沈黙することで、総統（別の状況であれば「偉人」と言うところだ）の決断を前面に出し、残虐行為と名声の両方を彼の上に集中させるのである。ラングレはすでに十八世紀に、スカンデルベグやカール五世や大コンデ［ルイ二世］といった「英雄と呼ばれる者たち」は「うまく配置された五、六基の大砲」[31]による殺戮を自分の手柄にしただけだと指摘していた。

論理が「実在しない」叙述の道筋を借りることがある。サモサタのルキアノスが死者たちに語らせて以来（十七世紀末にフォントネルがこのアイディアを再び用いた）、歴史家たちはためらうことなく架空のあるいは死後の対話を用いた。シャトーブリアンは『墓の彼方からの回想』において、皇帝を判事たちの前に出頭させた。姓名は？「ナポレオン・ボナパルト」。住所は？「ピラミッド、マドリード、ベルリン、モスクワ、セント＝ヘレナ」。ニコル・ラピエールは『他所で考えよう』において、一九一一年の世界人種会議におけるジンメルとＷ・Ｅ・Ｂ・デュボイスとガンジーのあいだに、あるいは一九三八年のロンドンにおけるカール・マンハイムとノルベルト・エリアスのあいだに、起きたかもしれない出会いを創作した。『がんこなハマーシュタイン』[11]の最も複雑な点は、ハンス・マグヌス・エンツェンスベルガーが主人公（ヒトラーに反対するドイツの将軍）やその側近たちと行ったと想像する「死後の対話」において討議される。

歴史や社会学の叙述におけるフィクションの使用は、劇的な誇張の効果をもたらす。たとえば、ミシュレの『魔女』は「同じ一人の女性の三百年にわたる生涯」をたどり直し、マイケル・ヤングの『メリトクラシー』（一九五八）[12]はＳＦエッセーのかたちを取る。そこでは二〇三四年に生きる話者が、一八七〇年から二〇三三年までのイギリスで行われた教育について懐古的な視線を投げかける。考古学は痕跡不足に直面し、教育的目的を持つ小説を利用した。バルテルミー神父の『若きアナカルシスのギリシア旅行』（一七八八）、アドリアン・アルスランの『ソリュトレのトナカイ猟師』（一八七二）、ジャン・ギレーヌの『なぜ私は四角い家を建てたか』（二〇〇六）において、登場人物は創作であるが、歴史的状況（それぞれ古代ギリシア、ソリュトレ期、新石器時代）は創作ではないし、それが提起する議論も同様である。二十世紀末以降、先史時代を扱う小説は次第にバンドデシネとドキュフィクションに取って代わられた。

歴史はまた、思いがけないやり方で喜びをもたらすこともできる。アラン・コルバンは『知識欲の誕生』[13]において、十九世紀の田舎教師の中に入り込み、ヴァルミーの勝利や、マダガスカルの征服や、霜の影響や、労働の恩恵について農民たちに語った。フィリップ・アルティエールは写真小説『再現』において、一九二五年に暗殺されたイエズス会士の大叔父と同じように、聖職衣でローマの通りを歩いたのち、舗道の上に崩れ落ちる。歴史は真面目さを失うことなく、一つの遊戯となる。というのも、アルティエールが投げかける問いは根本的なものだからだ。（歴史体験《リヴィング・ヒストリー》と疑似ドキュメンタリーの中間にある）この端役つきの歴史の再現は、過去に起きたこととの隔たりを物質化し、われわれとわれわれが承認した事件との親密な関係を明らかにする。われわれは歴史を演じ、歴史を遊ぶことで、歴史にもてあそばれることを避けるのだ。

フィクションを活性化する

以上の概括的な検討によって明らかになったように、ある種のフィクションは、単なる模倣的機能、すなわち現実の多少なりとも自由な「再構成」ではなく、認知的な能力を有する。それは知識の生産に不可欠なものであり、問いを投げかけたり、仮説を立てたり、概念を動員したり、知を伝達したりすることで、人間が実際に行うことを理解するのに役立つのだ。これらの方法としてのフィクションは、文学理論によっても、科学主義的歴史によっても理解することはできない。前者にとってはフィクションしか存在せず、それは現実と無関係な魅惑的な世界にすぎない——つまり、真理は言葉にすぎない。後者にとっては事実しか存在しない——つまり、真理は石ころのように拾い集められる。こうして世界の分割がもたらされる——一方には「フィクション」の支配する文学があり、他方には「事実に基づくもの」の領域である歴史がある。
歴史からフィクションを排除する者の誤謬は、フィクションがメタ現実であり、歴史が内容、すなわち「事実」の入った袋であると考える点にある。ところが、歴史は何よりもまず一つの考え方であり、古文書学的な想像力や、独創的な着想や、大胆な説明や、叙述における発明を必要とする知的冒険なのである。人間の行動を理解しようと思うなら、論理を実行する必要、つまり方法としてのフィクションを用いる必要がある。それは管理され明示されたフィクションであり、それに対してわざわざ不信の念を抑え込む必要はない。これらのフィクションは、歴史の論理によって活性化されると同時に中性化されており、証明の一環として知識の生産に貢献する。歴史は寓話とは何の関係もない。それどころか、歴史はある種のフィクションを必要とし、まさにそのおかげで科学的と称することができるのである。

フィクションは、小説でも社会科学でも用いられるので、文学と歴史を区別する最終的な基準にはならない。フィクションはいかなる文学性のしるしでもないし、歴史は本来フィクションと敵対するわけではない。それでは、どうやって小説のフィクションと方法としてのフィクションを区別すればよいのだろうか。違いは、われわれがそれを用いるやり方にある。「文学用」のフィクションとか「社会科学用」のフィクションがあるわけではない。一部のフィクションが大なり小なり歴史の論理によって把握され、大なり小なり真実の探究のために用いられるというだけである。

テーヌは「ジャコバン派の心理」についての論文(一八八一)において、この集団に固有の特徴を凝縮したある人物を創作した。この「ジャコバン派」は内的独白にふけるが、それはテーヌが当時のテクストから引いてきた言い回しと引用のコラージュである。この創作による言説は、読者が「直接」ジャコバン派の思考を読むことを可能にする。[32] 小説世界の創造物であるラスティニャックやニュシンゲンは、マックス・ヴェーバー的な意味での理念型である。彼らは明らかにフィクション的存在であるが、われわれは彼らを抽象概念と見なすこともできる。それは極限状態に置かれた純粋概念、つまり十九世紀の社会や、ブルジョワジーや、資本主義や、野心や、金銭欲などを考えるための方法としてのフィクションである。『人間喜劇』にいくらかの真理が含まれるのは、それがリアリストだからでも、それが精神的あるいは心理的な「真理」を与えてくれるからでもない。それが問いを投げかけ、論理武装の道具を鍛え上げるからである。そのとき初めてわれわれは、バルザックは人間が行うことを理解する助けになると言うことができる。

したがって、フィクションはそれ自体では虚偽でも真実でもない。フィクションは、自分が自足していると考えるかぎり、真実と関係を持たない。フィクションは、現実を再現することで満足するかぎり、あるいは、たとえばゾラやヴェルヌがしたように、辞書の説明や医学理論や分類学を書き写してテクストに「知識」の断片を挿入するかぎり、真実と不完全な関係しか結ぶことはできない。人間の魂についての洞察や、社会についての言説や、多少なりとも独創的な〈歴史〉哲学（ワーテルローにおけるファブリスのような証人の部分的視点、グラックにおける〈歴史〉の途上における期待と再開）を提供しても、やはり十分ではない。反対に、フィクションは、知識の操作者として知の生産のプロセスに加われば、真実と関係を結ぶことができる――たとえば、問題（スコット、バルザック）、異化（スターン、ボルヘス）、仮説（ドストエフスキー、ウェルズ）、理念型（ボヴァリー夫人のような女性、カフカ的世界）、叙述の構成（ウルフ、ドス・パソス、フォークナー）といったかたちにおいて。

最終的にシニフィエは存在しないとか、あらゆるテクストは記述されうるとか、文学とは多義性や両義性や意味論的散乱にすぎないとか、フィクションはいたるところに存在するといった発言が、あまりに繰り返されすぎた。そのせいでわれわれは、多くの小説が方法としてのフィクションであること、つまり、歴史の問題視や、社会的問いかけや、政治的不安であることを忘れがちである。たとえば、『ロビンソン・クルーソー』は世界の西洋化について、『ウーリカ　ある黒人娘の恋』[14]はジェンダーと人種の関係について、ディケンズは産業革命について、バルザックとゾラは民主主義社会について、フォークナーは社会的人種的支配について、アーサー・ケストラーとワシーリー・グロスマンは全体主義について。

こうしたすべてのことは、「文学的」フィクションの価値や力や深さを少しも奪うものではないし、それがわれわれの生活に占める場所を少しも奪うものではない。しかし、それが何らかの真実を持ちたいと望むなら、それは、われわれが快適に閉じこもるミニチュア世界の中で自給自足体制で生きることはできない。鏡としてのフィクションが映し出すのは外見だけである。現実について何かを学ぶためには、反対に、方法としてのフィクションという回り道によって遠ざかり距離を取らねばならない。世界のフィクション化は、歴史の論理のただなかに置かれ、問題に接して豊かになり、調査によって周りを固められることで、生産的な隔たりになる。それは、理解するために距離を置くことである。方法としてのフィクションが真理についての記述を拡張するのに役立つなら、われわれは反対にこう言うことができる——歴史は文学の一形態であり、それは方法の助けを借りてフィクションを活性化させ知識を生産すると。

したがって、調停の次元があり、フィクションの政治が存在する。フィクションの活性化とは、証明の諸要素をもたらす一種の核分裂によって、フィクションを方法としてのフィクションに分解することにある。活性化されていないフィクションは、ミメーシスや、レアリスムや、真実らしさに関する問いを提起するが、決して真理に関する問いを提起しない。真理に関する問いは、歴史の論理の特権（そして弱点）なのだ。したがってわれわれは、フィクション／現実という対立を別の対立に置き換えることができる。すなわち、一方には、断定的で、遊戯的で、惰性において面白いフィクションがある。他方には、仮説や、概念や、問題の表明や、論理の連鎖や、叙述の形式といった、方法としてのフィクションがある。レアリスムのフィクションは、証拠のない仮説の連続と考えることができる。それに対して、論理によって活性化されたフィクションとは、証拠による試練にかけられた一連の仮説である。

社会科学において、フィクションは決して女王ではない。それは自分以外の目的に従属する臣下である。十七世紀にベールが書いたように、学者にとって唯一の女王は真理である。今日のわれわれなら、フィクションは真実を探究し組み立てるのに役立つ道具の一つだと言うところだ。

しばしば言われることだが、ペレックの『Wあるいは子供の頃の思い出』[15]は二つの物語を交互に物語る。すなわち、「フィクション」(謎のオットー・アプフェルシュタールとの出会い、シルヴァンドル号の難破、W島の規則)と、〈歴史〉のリズムが刻まれた子供時代の思い出(両親の死去、ヴィラール゠ド゠ランへの避難)である。しかし、ペレックがタイトルにおいて、さらにこの本の中において明らかにするように、Wのディストピア(グロテスクなほどスポーツに凝り固まった社会)は彼が十三歳のときに書いた「私の子供時代の物語」なのである。彼は大人になってそれを再発見し、『ラ・カンゼーヌ・リテレール』誌に発表したのだ。この情報によって、Wの想像上の長い規則の地位は変化を被る。それはもはやフィクションではなく、自分自身に関するアルシーヴであり、他の資料、とりわけ両親の生と死に関する若き日のテクスト(そのまま再現され、修正のための注が付されている)の助けによってある問いを解明するための資料となる。反対に、この本の「現実」の部分はフィクションに満ちている。子供時代のペレックは、スケートの事故を創作し、帆がマストに付いていない船の絵を描き、自分が母のそばにいて「青い小さなチェック模様の防水布が載っている」テーブルを片づけていると想像する。

この本の全体が子供時代の思い出に基づいている以上、もはや「フィクション」と〈歴史〉を対立させることはできない。どれほど些細なフィクションも、それを活性化する論理の中に組み込まれている。それゆえに『W』は、問題や資料や仮説に基づいた、アルシーヴ(自分自身に関するアルシーヴ)についての調査として読むことができる。その意味で『W』は歴史書である。冒険の物語は、ティエラ・デル・フエゴのある小島への旅に関するものではなく、死者たちとその子供の足跡の探索に関するものである。それこそがまさしく、遭難者（プリーモ・レーヴィの言う「溺れるもの」）を担当する「船級協会《ビューロー・ヴェリタス》」の機能なのだ。自分の道筋を説明しようとか、自分をある家系に書き込もうとか、自伝的アルシーヴのコーパスを集めようとする者は、歴史を夢見る。彼の「夢の行動」は、収穫と編み物であり、宝探しゲームとメロディーであり、「情動の根幹で把握された時間性」(33)なのである。

われわれは、反ユダヤ主義や、「生活空間」の必要や、全面戦争や、ソ連の侵入や、ユダヤ人の財産への羨望や、不要な食い扶持を減らす必要によって、ショアーを説明しようとすることができる。また、別の態度を取り、この犯罪の衝撃的で理解不可能な性格を認め、自分自身に徹底的に異化を行うこともできる。ランズマンが示したように、事件についての理解と、創造したいという欲望は、同じ起源を持つ。それは再現することの拒否であり、頑なに理解しまいとする姿勢であり、「明察そのもの」としての盲目である。『ショアー』には、アルシーヴの映像はただの一つも登場しない。この映画は、川や街道や駅や農場を今日現存する姿で示し、証言の声を聞かせ、人工的な再現――理髪師の身振りや機関車運転士の操作――を行う。人々は自分自身の歴史を演じるのだ。フィクションはいかにして知識を生産できるのだろうか。実際にはこの演出は、過去についての月並みな物語に反対し、テレビシリーズの猥褻なフィクションに反対するための、方法としてのフィクション以外の何物でもない。「『ショアー』は現実についてのフィクションなのだ」(34)。

やがて理解していただけるだろうが、これらのフィクションの目的は、世界の外への逃避でも、テクストの楽しみでも、「現実感覚」でもなく、真理である。それでは歴史を、現実を明るみに出すことを目的とする、ノンフィクションであるフィクションの配置と定義すべきだろうか。もしそのとおりなら、歴史がそれでも「事実に基づく」物語の中にとどまるかどうかは定かではない。

第III部

文学と社会科学

第9章　ノンフィクションから真理としての文学へ

あらゆる歴史は叙述《ナラシオン》であると断言するのと、テクストにおいて論理を活動させるのとは別のことである。歴史を書く《エクリール》——この企ては新しいものではない。われわれは古代の闘争的なレトリックにさかのぼることで、（論理としての）歴史と（テクストとしての）文学が同じ起源を持つことを示すことができた。文芸の観点からは、悲劇としての歴史、雄弁としての歴史、賛辞としての歴史という形態のもとで、あらゆる歴史が文学であることを発見した。十九世紀末に歴史がこのシステムから身を引き離すと、アカデミックな人々は文学を作り話や、不公平さや、ディレッタンティズムや、さらには病気になぞらえた。

歴史は、ひとたび方法として基礎づけられ、学問分野として制度化されると、専門的なテクストならざるものを実践することを自らに許した。幸いなことに、研究者の目を書法《エクリチュール》からそらしただけでは十分ではなかった。私には、二十世紀のある種の歴史書は、純粋にそして単純に、文学に属しているように思われる。しかし、一九七〇年代にポストモダニズムが歴史の文学性を理論化しようとしたとき、その試みは歴史の認知能力を犠牲にするようなかたちでなされた。それは嘆かわしい強権発動であった。それ以来、われわれは気詰まりのようなものを感じている。

十九世紀の最後の三分の一以前には、歴史家は文学に対してそれほどためらいの気持ちを持っていなかった。ヘロドトスやギボンやミシュレは明らかに作家であった。彼らをモデルとして立てるべきだろうか。問題は、たとえ彼らが歴史の論理を基礎づけるのに貢献したとしても、彼らの方法はかならずしも信頼できるものでも、確実なものでも、明晰なものでもなかったということ、また彼らの結論はかならずしも正確でなかったということである。それに対して、モノーやセニョボスのような者たちは、人々が非難したような老いぼれではなかった。彼らは厳密さと独立心を持ち、真の知的好奇心を持っていた。彼らは自分が祖先の痕跡の受託者であると知っており、制度や社会的グループに興味を持っていた[1]。「われわれは証明されたものだけを信じるべきだ」と、フュステル・ド・クーランジュは書いていた。誰がそうでないと言うだろうか。われわれは彼らの相続者なのだから、あまり恩知らずになるのはやめよう。

要するに、方法的革命が起きたのである。学問分野が確立され、歴史は今日、ありがたいことに社会科学となった。したがって、歴史の書法についての省察が過去に結びつき、「ウォルター・スコット風の」歴史をよみがえらせたり、バルザック的「社会学」を当てにしたり、「物語への回帰」とか「事件の回帰」とか「伝記の回帰」といった永劫回帰を望んだりすることはありえない。

すべては、文芸の方へ後退することなく、そして言語論的転回の酸性タンクで溶解されることなく、社会科学のために、そして社会科学を用いて、新しい文学的形式を発明できるかどうかにかかっている。歴史が学問分野でなかった時代に戻ろうとするよりも、そしてあらゆる規則を断念するよりも、私は今日存在する諸規則の方向性を変えようと試みたい。何世紀かかっても離婚しきれない歴史／文学というカップルを和解させようとするよりも、方法／テクストというカップルを出会わせたいと思うのだ。とりわけ、私は次の問いを投げかけたい。いかなる知識にいかなる書法がふさわしいのか。知についてのテクストとはいかなるものか。

管轄外地域

歴史はフィクションではないし、社会学は小説ではないし、あらゆる言説が同じ価値を持つわけではない。その代わり、文学と社会科学のあいだには一つの接点がある。それは一つの相互浸透地帯であり、そこでは所属は決定不能で、それがよしとされる。それは、どの本も特定の棚の上に決まった場所を持たない図書館のようなものである。これらの書物の祖国は、フェニモア・クーパーの言う「中立の土地」である。すなわち、画定しがたい領土であり、交戦国の手を逃れる不安定なノーマンズランドであり、いかなる権威も行使されない空間である。

作家はかならずしも、詩人で民族学者であったミシェル・レリスや演劇人で社会学者であったジャン・デュヴィニョーのように、いくつもの人生を持つわけではない[2]。アイデンティティが曖昧なのは書物自体の方である。たとえばゼーバルトは『アウステルリッツ』[1]を小説と呼ぶことを拒絶し、それを「不確定な性質の散文による書物[3]」と定義した。これらの作品は、歴史を文学化したり、「資料」と「フィクション」を混ぜ合わせたりすることよりも、しかるべき認知的作業によって現実を書くことを目指している。それらは自らの雑種性の他にアイデンティティを持たず、文学はその雑種性によって世界を説明しかつ理解するための道具に、論理を備えたテクストになる。以下において、これらの分類不能な作品のいくつかを分類してみたい。

自己点検調査は、証言あるいは自伝という形式をとった反省的テクストである。それは路程を明らかにし、経験を報告し、私生活を解明し、自己の外部に出ることを目的とする。適当に列挙すると、ミシェル・レリスの『成熟の年齢』、ロマン・ガリの『夜明けの約束』、アーサー・ケストラーの『地上の屑』、リチャード・ライトの『ブラック・ボーイ』、『グルナドゥー』、アニー・エルノーの全作品、ジョルジュ・ペレックの『エリス島物語』と

『ぼくは思い出す』（ジョー・ブレイナードの『ぼくは覚えている』に触発された）、リディア・フレムの家族三部作、クロード・ランズマンの『パタゴニアの野兎』、ギュンター・グラスの『玉ねぎの皮をむきながら』などである。[2] 多くの研究者が自らの経歴について語った。たとえば、ネルス・アンダーソンは『ホーボー　ホームレスの人たちの社会学』[3]で、リチャード・ホガートは『ニューポート・ストリート三三番地』で、モナ・オズーフは『フランスの構成』で、ディディエ・エリボンは『ランスへの帰還』で、アントワーヌ・コンパニョンは『レトリックの教室』で。これらのテクストは、社会学と自己分析のあいだを動き回り、われわれが自分を紹介したり、自分を探し求めたり、自分を生み出したりする空間を準備する。

社会の透視図は、一つのアプローチの試みであり、たいてい非常に不安定な環境における現地調査の報告である。それは誰も見ないものを見せ、誰も聞かないものを聞かせることで、貧しい者やつましい者、社会のしがない者たちに尊厳を付与する。この使命を次のような人々が引き受けた。一八九〇年代にすでに、ジェイコブ・リースがニューヨークのロウアー・イースト・サイドで（『向こう半分の人々の暮らし』[4]）、イツハク・レーブ・ペレツが東ヨーロッパのユダヤ人村で（『地方旅行情景』）。続いて二十世紀に、ジャック・ロンドンがロンドンのイースト・エンドで（『どん底の人々』[5]）、ジョージ・オーウェルが同じ場所でイギリス人炭鉱夫のもとで（『パリ、ロンドン放浪記』、『ウィガン波止場への道』[6]）、ジェームズ・エイジーがアラバマの分益小作人のもとで（『誉れ高き人々をたたえよう』）、ジョゼフ・ケッセルがバワリーのアルコール中毒患者の「人間のごみ箱」で、フローランス・オブナがカーン地方の清掃会社の従業員とともに（『ウィストレアム河岸』）。

このような文学に、日常生活についての人類学を付け加えることができる。ジークフリート・クラカウアーからノーマン・メイラー、ロラン・バルトからマルク・オジェ、フランソワ・マスペロからジャン・ロランにいたるまで、それはわれわれの身近な事物や場所をとらえてきた。たとえば、雨傘、タイプライター、ベルリンの通り、ボクシングやプロレスの試合、ステーキのフライドポテト添え、首都圏高速鉄道網のB線、パリ周辺の大通りなどである。言葉が、写真の寡黙な客観性や事物の純粋な物質性に場所を譲ろうとする瞬間が訪れる。「もしできることなら、私はまったく何も書かないだろう。写真というものがある。その他に、布の切れ端や、綿くずや、土の塊や、伝えられた言葉や、木の切れ端や、金属の部品がある[4]」。

世界についての書物は、出発や、放浪生活や、環境の変化や、発見に対する賛歌である。それはあるときは戦争通信、あるときは旅行記といった、ジャーナリズムのあらゆる傑作を結びつける。たとえば、ジョゼフ・ケッセル、アルベール・ロンドル、リシャルト・カプシチンスキによるルポルタージュ、さらに、ボルシェヴィキの政権奪取についてのジョン・リードの『世界を揺るがした十日間』、スペイン内戦におけるジョージ・オーウェルの『カタロニア賛歌』、一九三〇年代のユーゴスラヴィアにおけるレベッカ・ウェストの『黒い仔羊と灰色の鷹』、ナポリのマフィアの土地についてのロベルト・サヴィアーノの『死都ゴモラ[7]』。そしてさらに、地球を駆けめぐる人類学、たとえばニコラ・ブーヴィエの『世界の使い方[8]』におけるベルグラードとカイバル峠を結ぶシルクロード、アルベール・ロンドルの『さまよえるユダヤ人は到着した』におけるユダヤ主義の世界一周、ウィリアム・ヴォルマンの『プア・ピープル』におけるケニヤから中国、ロシアからタイにいたる貧困の世界一周。この旅行日誌による文学は、われわれを他者との出会いへと、他者の文化や生き方や美や苦悩との接触へと導く。それはわれわれの目印を消すことで、われわれに自分自身を忘れさせる。それは遠くにある。

人間の深淵の探索は、われわれの目の前に衝撃的なものを突きつける、ダイビングとしての書物、電気ショックとしての書物によって行われる。作家は司法古文書や調書や新聞記事に基づいて、悪の臨床医に、残虐さの年代記作者になる。アンドレ・ジッドは『ポワチエの幽閉者』において、母親によって幽閉され、汚物や腐った食物に覆われたベッドで生きる五十二歳の令嬢の受難をわれわれに共有させた。クロード・ランズマンとマルセル・ジュアンドーは、妊娠した若い愛人の腹を切り裂いて胎児に洗礼を施し刺殺した、ユリュフの司祭の肖像を描いた。あらゆる大事件は裁判所書記官としての作家を持っている。たとえば『冷血』におけるトルーマン・カポーティ、『死刑執行人の歌』におけるノーマン・メイラー、『嘘をついた男』におけるエマニュエル・カレール。[9] そしてミシェル・フーコーは十九世紀のどん底に、ピエール・リヴィエールという「自分の母、妹、弟を絞め殺した」農民の犯罪を探しに赴いた。[10]

ここでは、三面記事とジェノサイドはひとつながりの鎖の両端である。ギッタ・セレニーは、十一歳の殺人者の少女の行動を調査し、その後でトレブリンカ収容所の司令官に監獄で面会した。ジャン・ハッツフェルドはルワンダの虐殺者たちの大鉈を、割れた鏡のようにわれわれに差し伸べる。犯罪が魅力的なのは、それがわれわれの社会の隠れた顔を見せてくれるからである。狂気や混沌や蛮行は、われわれの田舎やサロンに身を潜め、好機をうかがっている。それらは人生の平穏な流れのさなかに爆発し、確信を踏みにじり、すべてを破壊する。この恐怖の文学は、人間の魂の暗闇に沈み込み、ついには社会秩序を攪乱する。ジュネなら犯罪の聖性と言うところだ。

過去の補償は、正義に支えられた記憶の作業である。この文学は人間による人間の破壊を物語るものであるが、十九世紀末に、ロシアの徒刑場を主題にしたドストエフスキーの『死の家の記憶』とチェーホフの『サハリン島』とともに誕生した。しかし、それが悲劇的な飛躍を遂げたのは、第二次世界大戦以降である。戦争の犠牲者としての年代記作者、ゲットーの古文書学者としての日記作家、そして『アウシュヴィッツについてのレポート』と『アウシュヴィッツは終わらない』におけるプリーモ・レーヴィ、『われわれの死の日々』におけるダヴィッド・ルッセ、『人類』[11]におけるロベール・アンテルム、『アウシュヴィッツとその後』三部作におけるシャルロット・デルボ、『コルィマ物語』におけるシャラーモフ、『収容所群島』[12]におけるソルジェニーツィン。彼らは証言する意志を持ち、物語るために生き延びた。彼らのドキュメンタリー的散文は、正確さと簡潔さの文学を、過去のあるがままの事物を何とかして伝えようとする証拠としてのテクストを誕生させた。それは全体主義に翻弄される裸形の人間による、裸形の書法である。彼らの証言は「文学的創作のかけら」[5]もない物語なのだ。ペレックやジャン゠クロード・グランベールのような孤児たち、パトリック・モディアノやダニエル・メンデルゾーンやエドマンド・ドゥ・ヴァールのような戦後の子供たち、彼らは痕跡も残さずに消え去った者たちを探しに出発した。

われわれは、憎しみの充満した場所で誕生したこれらの書物に、真理を照らし出すことを目的とする調査（ドレフュス事件のさいのジョレスの『証拠』、サッコとヴァンゼッティを擁護したさいのドス・パソスの『電気椅子に向き合って』）を、そして、家族の愛情から引き離された存在を記憶するための証言としての物語（エマニュエル・カレールの『私以外の人生』）を、結びつけることができる。

ポスト゠レアリスム

「現実についての文学」という仮の旗印のもとにこのようなコーパスを集めることにしよう。それは二十世紀と切り離すことはできない（たとえ大航海時代の旅行記や宗教戦争時代の回想録が見られるにせよ）。それは二十世紀が文学に残した刻印である。それが成立する条件は、産業社会や、都市化や、貧窮や、追放や、戦争や、全体主義や、大量殺戮であり、さらには、世界を学ぶ新しいやり方や、精神分析や、マスコミや、写真や、映画や、自動車や、飛行機である。もし社会的排除と犯罪が民主主義と何らかの関係があるならば、それは文学の民主化を反映していると言えるだろう。それは、大衆の時代において、他者や自己自身を召喚し、隷属させ、抹殺するものに対して異議を唱えようとする個人の言語活動なのである。

この文学はまた、明らかにレアリスム小説の後継者である。それはゾラやドライザーやシンクレアのように、世界を、世界のすべてを、つまり何一つ隠さずに、語ろうとする。しかし——これが重要な点である——それはフィクションの助けも、心理学の処方も拒絶する。したがって、われわれはこれらのテクストをポスト＝レアリスムの角度から取り扱うことができる。われわれはその現実に対する態度を、二十世紀の三つの文学的形式のうちに区別することができる。すなわち、(1)客観主義、(2)証言、(3)ノンフィクション小説である。

一九二〇年代初頭にワイマール共和国で誕生した新即物主義《ノイエ・ザッハリヒカイト》の芸術家は、客観性を、現実——近代都市の楽しみ、労働者の日常生活、身体の奇形、戦争の恐怖など——の譲歩なき描写と定義した。われわれは、この時代にヨーロッパやソ連やアメリカに現れた事実記述的な文学を、広い意味で客観主義と呼ぶことができる。ルポルタージュであれ、インタビューであれ、伝記であれ、資料であれ、詩であれ、それは、シクロフスキーが言うように「素材、現実の事実、情報」に注意を集中することで、現実との直接的で操作的な関係を維持しようとする。一九二三年に創刊されたソヴィエトの前衛雑誌『レフ』において、マヤコフスキーと友人のブリーク、トレチャコフ、シクロフスキーは、ブルジョワ的で人工的で時代遅れの形式と見なされた小説の対極にある、「事実の文学」を理論化した。ブリークはこのプログラムを三点に要約した。すなわち、(1)すたれた叙述の図式を排除すること、(2)現実の事実をできるかぎり多く集めること、(3)筋の助けを借りずに事実と細部を結びつけるような方法を調整することである。「事実主義者」(*faktoviki*)たちは、フィクションを創作するよりもむしろ、フライパン、衣服、広告ポスターといった、生産過程に由来し物質的属性を備えた事物の重要性を主張した。[6]

数年後、アメリカにおいて、「客観主義」の潮流がレズニコフ、オッペン、ラコシ、ズコフスキーといった若い詩人たちを結びつけた。ズコフスキーは詩人のエズラ・パウンドと歴史家のヘンリー・アダムズの影響を受け、一九三一年に『ポエトリー』誌に「誠実さと客観化」と題された宣言を発表した。彼はそこで、詩は「あるがままの事物」のメロディーを聞かせるのだと書いた。詩人が物質の条件や言葉の活力を逃れないとき、(レズニコフのように)ミシンの前に座った靴屋や、焼けた魚や、みすぼらしい衣服や、通りの通行人について語るとき、「工場の煙突」とか「煉瓦と漆喰の山」とか「ごみの中の[……]梁」と述べるとき、詩人は誠実である。翌年、ズコフスキーは客観主義のアンソロジーを編集した。ニューディール政策のあいだ、彼は「アメリカンデザイン総目録」計画のただなかで、装飾芸術と物質文化に熱中した。

客観主義文学はなんとかして、近代的な産業化と都市化、大衆の出現、不平等、社会主義の成立といった、若き二十世紀の挑戦を受け止めようとした。第二次世界大戦後に執筆した生存者としての証人たちは、このような教育的性格や詩的=革命的な熱狂をまったく共有しなかった。しかしその「事実記述的」な倫理の起源には、強制収容所の体験が存在する。その原則とは、真理の要求、ためらい、簡潔さ、フィクションに対する不信である。

シャラーモフがその代表的な例である。彼は労働者からジャーナリストになり、一時はトロツキストのグループの一員であった。彼はトレチャコフのような「事実に基づく文学」に接近し、強制収容所で「心理的文芸」を愚弄するマンデリシュタームと付き合った。シャラーモフが一九六〇年代に創造した「新しい散文」は、その文体的特性(簡潔さ、単純さ、抑制)によって特徴づけられるだけではない。それはまた、地獄から上ってくるプルートーのような、死を支配する者の行為でもある。「現実についての真理」を保証するのは、トルストイにおけるような、フィクションや描写や人物や心理ではなく、純粋な現存や、真正さや、「生きられた散文」といった記憶としての資料である。シャラーモフは、物語と自伝と調書と資料の境界を廃することで、ロシアのレアリスムの党派を糾弾し、自分こそが「レアリスムの最後の牙城」(7)であると宣言することができたのである。

シャラーモフの信仰告白は、事実の文学から(証言を目的とする、あるいは証言から作られた)証言としての文学への移行を示している。後者の目的は、対象を称えることよりも現実を理解することにある。彼の専門家(「自分が知ることと見たことのみを」語る者）に対する称賛は、十七世紀の回想録作者としての歴史家に奇妙なほど似通っている。

同じ頃、フランスにおいて、共産主義に魅了されたある若い作家が「レアリスム文学」の唱道者になろうとした。彼が友人たちと企てた雑誌は『全線』と題され（『レフ』と近しかった映画作家のエイゼンシュテインに対するオマージュ）、世界の複雑さを探究することを目指した。彼にとってレアリスムとは、事物を開示し、社会を解読し、現代を把握することにあった。これ以降、文学と文化は社会参加《アンガジェ》させられる、つまり「世界に組み込まれ、現実に巻き込まれる」[8]ほかはなくなった。このことは、それらをサルトル的な戦闘的態度からも、「ささやかな真実」を軽視するヌーヴォー・ロマンからも遠ざけることになった。一九六〇年代初頭に、ペレックはまだ両親の死について書いていなかったが、すでにロベール・アンテルムの真理としての文学に影響されていた。「この男は物語り、問い尋ね［……］、事件から秘密を一掃し、それらの沈黙を拒絶する」[9]。歴史の論理の見事な定義である。ペレックのポスト＝レアリスムは、文学を世界を整理する作業に、徹底的に明白な消尽にすることで、十九世紀のレアリスムを凌駕する。彼の最初の著書は『物の時代』[13]となり、多くの批評家がそれを小説の外観を取った社会学的エッセーとして読んだ。

ズコフスキーとともに「客観主義」の潮流の創始者であるレズニコフは、ショアーから、自らの最も重要な著書の一つの着想を受け取った。『ホロコースト』（一九七五）はすべて、ニュルンベルク裁判とアイヒマン裁判から言葉どおりに取られた証言で構成されている。詩人は引用を選別し、それらを章ごとに分類し（「収容」、「ゲットー」、「虐殺」、「子供たち」）、そして体系的に改行して並べるので、それはまるで詩のように見える。感動は証言についての裸の恐怖からやってくるが、客観主義的な美学に従って、語そのものから、それらの原初的な純粋さからもやってくる。リズムが生じて悲劇の合唱が湧き起こるために、「名づけ、名づけ、ただ名づけ」なければならない[10]。レズニコフはその十年前に、十九世紀末のアメリカの裁判所の古文書の巨大なモンタージュである『証言』を刊行していた。その荒々しい単純さは、まるで自分がきわめて野蛮で乱暴な現実と直結し、人々が苦悩しついには殺されるのを目撃するかのような印象を与える。

プリーモ・レーヴィやシャラーモフの物語と同様に、そしてペレックの記憶と同様に、レズニコフの詩は歴史と関係がないわけではない。それはいくつかの点において、昔ながらの王室の編年史の伝統に組み込まれている。それらの編年史もまた、実際に一連の詩節というかたちを取るからである。それは生存者の証言と同じように、死者たちの前、帰ってこなかった者たちの前で自らを消し去る謙遜の姿勢を取る。しかし、生存者たちが前面に出るのを拒絶しながらも「私」と言うのに対し、レズニコフは不在である。なぜなら彼はドラマと無関係だからである。レズニコフは、判事の前で発せられた言葉をそのまま伝え、それらにコメントを加えたりそれらを一望の下に置いたりするのを拒絶することで、根本的な実験を行う――自足するアルシーヴという実験を。文学的観点から言うと、それは成功している。しかし認識的観点から言うと、それはまやかしである。興味深いのは、この客観主義が十九世紀の科学主義者たちの叙述における禁欲的姿勢に回帰している点だ。姿の見えない詩人は、客観的モードにおけるのと同様に、事物が「ひとりでに」語るに任せる。彼は他者の生と死の幕を開ける。しかし彼は、現実に直接接触していると思い込みながら、現実効果を実行している。つまり、「ありのままの」人生に眩惑されることは、原資料の生産と知の構築についてのあらゆる省察から目をそらすことになるのだ。それゆえに、レズニコフの作品はありのままで読まれなくてはならない。それは詩であり、過去に向けて開かれた窓ではない。

この種の文学がフィクション（しばしば十九世紀の小説と同一視される）を拒絶するやり方は、曖昧である。一方で、作家は証人席に普遍的法廷の普遍的証人を置くことになる。彼が自分自身の経験を語るのでない場合、ただ単に他人の言葉を運んでいるにすぎない。この証言モデルは、創作を拒絶しあらゆるナルシシズムを逃れるものであるが、何かしら反＝文学的なものを含んでいる。しかし他方で、作家は、フィクションによって現実に奉仕しようとした大家たちの野心を継承する。シャラーモフが引き立て役として引用するトルストイは、『セヴァストポリ物語』（一八五五）に自身の兵士としての経験を盛り込んだ。ゾラはただ、自らのルポルタージュを小説化しただけだった。

実際のところ、客観主義と資料としての文学は、「小説の死」ではなく、レアリスムの輪廻転生を宣言している。そしてペレックは、ヌーヴォー・ロマンに対して手厳しいが、二十世紀後半における最も革新的な小説家の一人となるだろう。このような両義性は、ポスト＝レアリスムの第三の形態である、ノンフィクション小説にも見出すことができる。

ノンフィクション文学

最初の「ノンフィクション」作品は、アルゼンチンのジャーナリストであるロドルフォ・ウォルシュの『虐殺作戦』（一九五七）である。彼は、クーデターの弾圧のさなかに数名の市民が密かに処刑された事件を調査した。一九六〇年代に、アメリカの作家たちがこのジャンルの確固たる地位を確立した。ノンフィクション・ノベルとは、実話を小説のノウハウ（筋、描写、人物、対話、視点、サスペンス）を用いて堂々と物語るものである。その発明者は『冷血』（一九六五）のトルーマン・カポーティであり、彼はカンザス州における四名の殺人事件を物語った。基本的な筋は現実のものであるが、いくつかの対話は創作である。メイラーは『死刑執行人の歌』（一九七九）において、ゲイリー・ギルモアの犯罪の路程をユタ州における処刑にいたるまでたどった。彼があとがきで説明するように、この本は対談、資料、審問の報告、「ならびに独自の材料」に基づいている。物語が「できるかぎり正確」であるために、メイラーは歴史の論理を借用した。すなわち、原資料を突き合わせて事実を裏づけ、矛盾する証言の中から選択し、事件を正確な年譜に書き入れた。しかし彼は、新聞や証言を多少自由なかたちで引用したと認めている。一般的に、ノンフィクション・ノベルは「全体的」にしか真実でない。

この形式は、ポール・ヴェーヌが一九七〇年代初頭に「真実の小説」と定義した、歴史に匹敵する存在なのだろうか。イギリスの作家のB・S・ジョンソンは、（プラトンやピューリタンのように）フィクションを虚偽と結びつけるが、小説形式を一種の容器と見なすことでそれを許容する。「この形式の内部においては、真実もフィクションも書くことができる。私は小説の形式で真理を書くことを選ぶ[12]」。

ニュー・ジャーナリズムの企てはかなりそれに近い。それは〈ルポルタージュ〉としての〈調査〉において、六〇年代の偉大な神話を把握しようとした。たとえば、ハンター・トンプソンの『ヘルズ・エンジェルズ[14]』におけるバイカー集団、トム・ウルフの『クール・クール　LSD交感テスト[15]』におけるドラッグ、『ラディカル・シック』におけるブラック・パンサー党とその裕福な支持者たちである。ノーマン・メイラーの『夜の軍隊[16]』は、「小説としての歴史、歴史としての小説」という副題を掲げているが、ヴェトナム戦争中のペンタゴン大行進の展開と裏話を描いている。ときに潤色され、ときに事件や著者の記憶に忠実な、この三人称による「自己《オート》ルポルタージュ」は、新聞記事や目撃証言の力によって「歴史」に変身しようとする。実際には、それは一つの反＝歴史であり、メディアがデモの周辺に打ち立てた「不正確さの森」を切り倒す力を持つ。さらに、それは一つの超＝歴史であり、事件があまりに暴力的なときや、精神的世界に閉ざされるときは、小説家の本能が情報の不在を補う。

トム・ウルフは『ニュー・ジャーナリズム』（一九七三）の序論で、自分が小説から借りたテクニックを数え上げた。すなわち、場面を通して物語を語ること、間接文体による引用よりも対話を用いること、ある特定の視点から事件を描くこと、人物やその生活様式やその社会的地位を特徴づける細部を書きとめること。その作業方法は、自然主義とルポルタージュの両方から受け継がれたものである。すなわち、膨大な資料を集めること、関連領域と接触を保つこと、雰囲気を把握すること、社会を組織する構造を明らかにすること。ゾラに魅惑され、ゾラを崇拝していると語るトム・ウルフは、自らを書記としての観察者と見なした。「私は確信する、もしあなたがアメリカのどこかの片隅に一か月いれば、素晴らしい歴史を持って戻ってこられるだろう」[13]。ニュー・ジャーナリズムは、最終的に小説に改宗したがゆえに、いっそうポスト＝ゾラ的と形容することができる。『虚栄の篝火』[17]は、一九八〇年代のニューヨークにおける浪費の幸福を描いている。それはサッカレーの『虚栄の市』とゾラの『金』を模倣するものである。『ブラッディ・マイアミ』は、次第に犯罪の増加する大都市における移民について語る。

　ノンフィクション小説とニュー・ジャーナリズムは、アメリカで地位を築いたあるジャンルにおいて統一された。それは、（伝統的ジャーナリズムあるいは人文学における単なる「ノンフィクション」と対立する）クリエイティヴ・ノンフィクションである。それは大学で教えられ、いくつかの雑誌に引き継がれ、一九九〇年代以降に一定の成功を収めた。その理論家の一人はそれを、四つの異なった特徴を備えた「事実についての芸術」と定義した。すなわち、(1)作家の精神からではなく、現実の世界から引き出された主題。(2)印象の連続ではなく、検証可能な参照物に基づいた網羅的な研究。(3)単なるルポルタージュではなく、豊かな細部を持つ物語。(4)どこにでもあるノンフィクションの平凡な言語活動ではなく、芸術的に彫琢された叙述と散文（ファイン・ライティング[14]）。別の理論家は、クリエイティヴ・ノンフィクションが存命の人物も対象にすることを考慮して、職業倫理的「チェックリスト」を整備した。すなわち、自らの記憶に忠実であること、虚偽を述べないこと、他人の考えを推察しないこと、他人を傷つけないこと、出版前にテクストを関係者に読ませること[15]。

「現実についての文学」、「真実の小説」、「ノンフィクション小説」、「ニュー・ジャーナリズム」、「クリエイティヴ・ノンフィクション」。これらのラベルを前にして、どこが異なるのかを説明することは難しい。すべてをごちゃまぜにするのを避けるために、われわれはゼロから再出発し、三つの単純な問いを立てる必要がある。(1)フィクションに固有の性質はあるのか。(2)ノンフィクションとは何か。(3)あるテクストはなぜ文学的なのか。

フィクション

研究者の中には、フィクションの物語に固有の特性はあるのかと自問した者もいる。言い換えれば、フィクション性の指標は存在するのだろうか。明らかに、フィクションはテクスト外的な要素によって示される。たとえば、副題や、カバーや、出版社や、コレクションや、裏表紙や、そしてパラテクストと呼ばれるすべてのものである。テクストそれ自体については、四つの論拠が、フィクションが「内部から」[16]識別可能であると示唆している。

(1)フィクションは対話や、情景や、描写や、さらに過去につながる空間的＝時間的指示詞を大量に用いる。

(2)フィクションは検証可能な資料や指向対象のデータを示さない。それに対して、歴史家は脚注を大量に用いる。

(3)自由間接話法によって生み出される「発言しえない」文章は、それが間違いなくフィクションの物語であることを示している。「ああ、そうとも！　彼は忘れないだろう」。「ああ、彼女はどうなるのだろうか」。世界中の誰も他人が考えていることを知ることはできないのだから、他人の内心への干渉はフィクションの特徴なのだ。

(4)小説は、起源である著者から独立した話者の声を内部に住まわせる。著者と話者の分離は、解釈の大幅な自由をもたらす。たとえば、フローベールが「ボヴァリー夫人は私だ」と述べたとしても、ボヴァリー夫人がフローベールの「考え」を「述べる」わけではない。

これらのフィクション性の指標を順番に検討しよう。最初の二つは一番脆弱なものである。ノンフィクション・ノベルが示すように、リポーターや伝記作者は容易に小説から手法を借りることができる。たとえば、対話や、描写や、時間的＝空間的要素や、汎過去である。歴史家はフラッシュバックや予期的叙述を用いたり、時間的順序を崩したり、物語に緩急をつけたりすることができる。反対に、多くの小説家は検証可能な資料に基づいている。たとえば、ウォルター・スコット、エミール・ゾラ、ロベール・メルル、さらに、『ナット・ターナーの告白』[18]におけるウィリアム・スタイロン、『ハドリアヌス帝の回想』[19]におけるユルスナール。ジョナサン・リテルは『慈しみの女神たち』のポケット版で、指摘された誤謬を修正した。

自由間接話法に関する第三の論拠は、歴史家は躊躇もなく中心人物の精神に入り込むという事実を忘れている。テーヌは、明らかにフローベールの技術を参照しながら、「ジャコバン派」の内的独白を展開した。ブローデルはフェリペ二世についてこう書いた。「それは偉大な思想を持った人物ではない。［……］私の考えでは、地中海と言う語がわれわれが与えたような内容とともに彼の精神をよぎったことは一度もない[17]」。デュビーはこう述べた。「マレシャル伯はもう駄目であった。いまや重荷が彼を押しつぶした。［……］彼はそれがやって来るのを感じ、しばらく前から何も言わずに最後の冒険に備えた[18]」。「真実として提示された」小説家の自由間接話法と、「推測に基づいた」歴史家の自由間接話法を、区別すべきだとでも言うのだろうか。実際のところ、後者の形式は一つの方法としてのフィクションである。

最後の指標は、テクスト内に現れる声に関するもので、最も興味深い。もしフィクションが「選言的モデル」に従うなら、ノンフィクションの物語（伝記、歴史）は「著者＝話者」という等式を、すなわちカバーに記された名前を想定する。とはいえ、歴史においても、複数の話者の声が存在すると考えることができる。たとえば、物語と注における学術的コメントの交替や、証拠と反証の駆け引きや、（ベールの言う）「厳格な審査官」の前への歴史家の出頭や、歴史記述論争におけるさまざまな解釈などである。したがって、歴史家は自分と異なる複数の話者に声を与えることができる。

したがって、統語論的、意味論的、あるいは叙述的な観点から見て、「フィクションに固有の性質」が存在するかどうかは定かではない。これらの重大な留保があるだけに、われわれはとにかく慎重に、そしてプラグマティックにならざるをえない。フィクション性について、証拠ではなくただ「しるし」についてのみ語る者もいる。

事実に基づくもの

もちろん、対称的な問いを発しなければならない。すなわち、ノンフィクションに固有の性質はあるのだろうか。誰もが、ノンフィクションを事実や現実や指向対象と混同し、「ある」と答える傾向がある。たとえばジェラール・ジュネットは、漸進主義的な態度を取りつつ、フィクションとノンフィクションのさまざまな形式を結びつけ、「フィクションの物語」と「事実に基づく物語」を対立させた（後者には歴史や、伝記や、私的日記や、新聞記事や、警察の報告書が含まれる）。言語哲学者のジョン・サールの省察は、同様の対立によって組み立てられている。普通の会話においては、話し手は自分の発言の真理に責任を持つが、フィクションにおいては、言説は明らかに見せかけであり、相手を騙す意図は存在しないというのだ。フィクションは真面目な断言のシミュレーションである。それゆえにその地位は、ノンフィクションに対して「寄生的な」ものとなる。[19]

クリエイティヴ・ノンフィクションと文学理論と言語哲学に共通するのは、指向的な意味を持つ「事実に基づく物語」のカテゴリーを認め、それを指向的な意味を持たないフィクションと対立させるという点である。汎フィクション論に陥ることなく、この枠組みから出ることは不可能だ。しかしこの構造化は、フィクションと対立するあらゆる「事実に基づく」言説を混同するという、とんでもない欠点を有している。ところで、現実を「真面目に」指向するテクストのうち、新聞記事と歴史書のあいだ、モロッコの『歩き方ガイド』とブローデルの『地中海』のあいだに、いかなる違いも存在しないのだろうか。われわれがそれらを区別するのは、事実に基づいてではない。それらはいずれも事実を含んでいるのだから。

このように、「事実に基づく物語」という概念のせいで、われわれはテクストの認識論的地位に関する――とはいえ基本的な――問いと、テクストがまさに事実を確立するにいたるやり方を、看過してしまいがちである。社会科学は、本当のことを述べるかぎりで、事実に基づいている。しかし社会科学は、われわれが雨や晴れについて語るように「事実」について語るわけではない。「つまらない風景画家」というヒトラーについての擬似的な定義を思い出そう。それは現実の事実であり、「事実に基づく」ミクロな物語である。それでも、それは偽りなのだ。

驚くべきことに、文学の理論家たちは、さまざまな「事実に基づく」物語をほとんど区別しようとしなかった。彼らの考えでは、それらはフィクションのネガを形成するものであった。ジュネットは、膨大な散文によるノンフィクションの中で、形式的性格によってきわだつ「朗読法の文学」（歴史、雄弁、エッセー、自伝）を特に強調した。[20] しかしその省察は、テクストが読まれ評価されるやり方、つまり「文学化される」やり方に向けられていた。まるでミシュレと『リーダーズ・ダイジェスト』誌〔アメリカの総合月刊誌〕の違いは、知を生産する能力にではなく、何よりも美学的次元にあるかのように。

そこから、科学主義の片隅に位置する、あの事実主義的な着想が導かれる。本当のことを述べるためには、通りに降りてゆき事実を集めるだけで（あるいはトム・ウルフが言うように「アメリカのどこかの片隅に」一か月いるだけで）十分だというのだ。それはまた、ある種の自然主義、ゾラというよりはゴンクールの幻想でもある。小説は、悲惨や極貧やアルコールや性の匂いがするほど、いっそう現実に触れるというのだ。それは結局、文学が「大道に沿って持ち歩かれる鏡」だと自称するさいの、反射鏡の理論なのである。

ノンフィクションを事実の巨大ながらくたの山にしないためには、歴史の論理を構成する、問題や調査や証明や証拠や知についての指標を導入する必要がある。多くの「事実に基づく」物語（たとえばノンフィクション・ノベルや自伝）は、読書上の契約、作家の約束に基づいている。たとえば『冷血』は、資料と対談に基づく「真実の物語」と自称している。しかし、カポーティが多くの会話を創作したという事実は別にして、バルザックもまた『ゴリオ爺さん』において「すべては真実である」と誓ったのである。社会科学の書物は、真理を、すべての真理を、真理のみを述べるなどと決して予告したりしない。それがこうした約束を免れるのは、直接的正当化の義務——原資料を引用し、説明を探し、仮説を批判し、証拠を生産し、論証すること——に従っているからだ。研究者は読者に向かい、不信を意図的に止めるよう頼むのではなく、盲信を体系的に拒否するよう頼むのである。それこそが、十八世紀末にヴォルネーが若き高等師範学校生の前で語った「たやすく信じないこと」なのだ。

ここでは指向対象の概念は重要ではない。ノンフィクションとまったく同様に、小説は指向する対応物を持っている。たとえば、『さかしま』におけるギュスターヴ・モローの絵画、『戦争と平和』におけるクトゥーゾフ、「フランゼンの」『フリーダム』[20]におけるミネソタ州セントポールなどである。したがって、フィクションと事実に基づくものは、「分析の指向的レベル」[21]によって区別されるのではない。反対に、証拠の概念は区別するはたらきを持つ。一つの古文書、一つの証言は、マーク・トウェインのペンによる「ミシシッピ」という語と同じ機能を持つわけではない——たとえそれらがすべて現実に存在しているとしても。論理こそが、ノンフィクションの内部において、純粋に情報的な事実に基づく物語と、認知的目的を持ったテクストとを区別することを可能にするのだ。

社会科学は、問いや原資料や証拠の助けによって、現実についての知識を再現するだけでなく、それを生産する。それは読者に、テクスト内で言われたことをその外に確認しにゆくという、知的なだけでなく身体的な可能性を与える。それは自らの対象を、比較とか一般化と呼ばれる、より広大な総体の中にはめ込むことを受け入れる。唯一無二の事実という信仰に同意するのではなく、連続や系列や同族やグループを決定するような類似を、別の時代や別の立場の中に探し求める。私の祖母の生涯は、より大きな歴史の中に書き入れられなければ、誰の興味も引かないだろう。フィクションと事実に基づくものは、いくら現実を(あるいは現実の欠片を)参照していようと、比較もせず、立証もせず、何一つ証明しようとしない。真理はそれらの問題ではないのだ。

したがってわれわれは、フィクション/事実に基づくものという対立項の代わりに、フィクション/事実に基づくもの/調査という三つのタイプの物語を含む三区分を用いることができる。

(1)フィクションとは、想像上の物語であり、その中の人物や場所や行動は実在しない。それが寓話的であろうと、レアリストであろうと、超真実的であろうと、フィクションは暗黙のうちに、「あたかも真実であるかのように」演じられる。読者は引き換えに、一時的にそこに参加することを受け入れる。フィクションの楽しみ――そこに沈潜することの幸福――は、現実との他動詞的な関係においてさえ、フィクションが閉ざされ自足していることを前提とする。

(2)事実に基づくものとは、情報を与える物語である。編年史、年代記、系譜、伝記的報告、死亡記事、報告書、マニュアル、電報、天気予報、ブログ、航海日誌、旅行ガイド、辞典の項目、博物館の解説、そしてクリエイティヴ・ノンフィクションにいたるまで、その最も共通の方程式は「現実の事実+ストーリーテリング」である。そのアプローチは現象学的である。つまり、事実は手から手へ移りゆく貨幣のように、所有され伝達される。もちろん、いかなる物語も純粋に描写的なわけではない。どれほど中性的な事実記述も、たとえ鉄道の標識でさえも、常に最低限に説明的である。しかし事実に基づく物語は、いかなる問いも立てないがゆえに、真実を追究するものではない。

(3)調査とは、物語を論理によって推進することであり、認知的な活動である。「事実」とは、提示するものではなく、問題を立て、原資料を突き合わせ、仮説を検証し、証拠を管理し、方法としてのフィクションを発明し、理解しようと意図することによって、探究するものである。この種のテクストは、社会科学とその管轄外地域の全体を包含する。たとえば、自己点検調査、社会の透視図、世界についての書物、人間の深淵の探索、過去の補償などである。

したがって、いくつかのタイプの描写が存在する。すなわち、(1)ミメーシスの領域にある、フィクションのレアリスム。(2)表面的なレポートである、事実に基づく報告。(3)ギアツの言う意味での「厚い」説明的調査。この三区分の意味をよく理解しておくことにしよう。それが意味するのは、社会科学が小説やジャーナリズムより上等であるということではまったくない。それどころか、(現在であれ過去であれ、個人であれ集団であれ)現実を理解することに関して、最も解明的なテクストとは最も多くの論理を含んだテクストであるという事実を強調しているのである。それゆえに、悪い歴史書よりも良い小説を読んだ方がよいし、退屈な社会学よりも面白い旅行記を読んだ方がよい。ジャック・ロンドンの自伝である『ジャック・ロンドン放浪記』[21]は、どれほど「文学的」であろうと、放浪《ホーボー》者の世界についての人類学なのだ。

社会科学は、その論理のうちに方法としてのフィクションを含むだけに、なおさら「事実に基づく」物語の中に並べられることはない。この点において、社会科学はノンフィクションに属さないのである。サールの語彙を再び借りれば、われわれは方法としてのフィクションを、話し手を真理に参加させるための、真面目で明確であからさまな見せかけと定義することができる。方法としてのフィクションは、一旦事実を遠ざけるが、それは再びそこへ戻ってくるためである。反対に、「事実に基づく」物語は、現実に張りつくことが忠実さの証拠であると思い込んでいる。クリエイティヴ・ノンフィクションが事実を重んじると主張するのに対し、方法としてのフィクションは研究者の認知的な想像力を刺激する。調査のパラダイムは、ポストモダンの虚無的ダンディズムや、ミメーシスの幻影や、情報源と呼ばれる仮象のフィルムへの崇拝から、遠ざかることを可能にする。

調査は、フィクションとも事実に基づくものとも対立するが、それは後の二つが充溢を提供するからである。歴史の方は、空虚を差し出す。それは沈黙に耳を傾け、消滅を反芻し、欠けているものを探し求め、「コロラドならざる峡谷[22]」のようにわれわれの人生を切り取るあの空白を追跡する。研究者が周囲を回るその穴は、フィクションによっていくら大量の土を投げ込んでも、埋めることはできない。われわれは反対に、それに花を挿すことができる――つまり、不在に気を配るのだ。顔料が洞窟の壁に永遠に消滅した手のシルエットを浮かび上がらせるように、廃墟が今日ではやぶに呑み込まれた屋内空間を示すように、原資料は空虚の周囲に確実性の縁石を積み上げるのだ。

歴史とは、呑み込まれたもの、忘れ去られたものの痕跡についての調査である。たとえば、私の祖父母、アラン・コルバンの『記録を残さなかった男の歴史[22]』における十九世紀の文盲の木靴職人、ミシェル・ペローの『工員の憂鬱』におけるベル・エポックのストライキの指導者であるドーフィネ地方の女工。この「憂鬱」は、シルエットと出会うことしか、影をつかまえることしかできない研究者の憂鬱でもある。「女性の歴史は可能だろうか」――一九八四年のある学会で、この女性歴史家はまさにこう尋ねた。パトリック・ブシュロンは『レオナルドとマキアヴェッリ』において、レオナルド・ダ・ヴィンチとニッコロ・マキアヴェッリの不思議な同時代性について自問した。二人とも一五〇二年六月にウルビーノにおり、二人ともチェーザレ・ボルジアの宮廷と関係があり、二人とも一五〇三年七月にアルノ川の迂回に関心を持ち、そしてマキアヴェッリは一五〇四年から〇六年にレオナルド・ダ・ヴィンチによって描かれた《アンギアーリの戦い》のフレスコ画の契約書に証人として姿を見せる。二人の人物は出会った、しかしどこで、どのように？　二人は互いに何を言ったのか。「われわれには何もわからないだろう」。原資料は何も言わない。しかし、ブシュロンは「フィクションの爽快な水浴」に身を委ねることを自分に禁じる。彼は創作しない。ただ、近づき、細心に点検し、周囲を回り、敬意を払う。

調査は、われわれの欠落を堅固な仮説で取り囲むことを可能にする。それは謎を明確にする。それは自分の欠陥や、不確かさや、疑念や、われわれの無知や、客観的モードに満ちた物語が否定するすべてのものについて率直であるがゆえに、いっそう科学的である。厳粛さをもってこそ、歴史家は何らかの事実を明らかにすることができる。彼はフィクションの安心も、事実に基づくものの楽観も知らない。空虚についての歴史記述において、書く《エクリチュール》ことは空隙を取り囲むことなのだ。

文学的なもの

「事実に基づく物語」には、エッセーや日記、人生譚や問題としての歴史、旅行ガイドや民族学が、雑然と放り込まれる。文学理論が「事実に基づく物語」について持ち続けている困惑は、美的理由によって説明される。つまり、フィクションと事実に基づくものの二分法は、文学と文学ならざるものの境界線に対応しているのだ。最善の場合、散文による「朗読法の文学」は、形式的特質や読者の評判によってきわだつ、いくつかの偉大な作品を含んでいる。最悪の場合、事実に基づくものは、マラルメの言う「汎用ルポルタージュ」に属する。それは、文学ならざるノンフィクションが捨てられるごみ捨て場である。

われわれが対象不在のまま「現実についての文学」と呼ぶものは、たいていは軽視されたジャンルである。それはあまりに日常性を含んでいるので、おしゃべりや実用書や無駄話に属するように見える。ジェラール・ジュネットが言うように、フィクションが「基本的に文学的」であるのに対して、事実に基づくものは条件つきでしか文学的でない。なにしろ、それが美的意図を持つことを保証するものは何もないからだ。そこから批評における新アリストテレス主義が導かれる。すなわち、文学とは、創造や、創作力や、果てしない想像力である。それに対して「事実に基づく」歴史は、報告や、地上の経験や、起きたことの証明書にすぎない。

とはいえ、ノンフィクション文学についてはいくつかの説得的な定義がある。ロシア語の「オーチェルク」というジャンルは、エッセー、証言、私的日記、回想録、旅行日誌、社会の描写、ルポルタージュ、その他の「筋立てのない」散文による著作を含むものである。日本語の「日記」(文字通り「毎日書き記すもの」)は、公的な日誌、議事録、自伝、私的日記——十世紀から使用が確認されている——を指し示す。われわれはこのような文学を理論化できるだろうか。「ドキュメンタリー的叙述」や「文学的記録」[23]について語るべきだろうか。一般に、フィクションの側では、「実用的ジャンルの詩学」を見出すことができる。その特性は、言語活動の日常的な体制に属することである。回想録、エッセー、自伝、解説、日記、演説、これらは制度的かつ社会的な枠の内部で明確な機能を有し、世界に対して「指示や記録や直接的説明といった関係」を持ち続けている[24]。

現実についての文学がたしかに存在するという考えは、文学の本質的指標はフィクション性さらには小説性にあり、その他の作品はかろうじて認められるにすぎないという、公式聖典《ウルガタ》に真っ向から反対することを可能にする。だからといって、その対極に陥り、サールのように、フィクションは付帯現象で、真面目な言説の「寄生虫」であるなどと信じてはならない。反対に、絶対に忘れてならないのは、フィクション/事実に基づくものという二分法は、文学/文学ならざるものというヒエラルキーの方へそっとそれてゆき、文学の大部分の価値を下げ、多くの実験に水を差すということである。それに、フィクションとノンフィクションについて語る代わりに、たわむれに欠性辞を入れ替えて、「非指向的」（あるいは「非現実的」）文学と「指向的」文学を対立させることもできるだろう。

現実についての著作は、いかなる資格で文学的と呼ばれうるのだろうか。われわれはついに、「文学」の概念について自問するにいたった。あらゆる栄光の後光をまとう、この語の近代的な意味は十八世紀末に固まった。文学を定義するという、この考えには何かしらわずらわしい、そして滑稽なものがある。とはいえ、いくつかの作品（その中には社会科学も含まれる）が文学から排除されている以上、それに取り組まねばならない。受け入れられる唯一の定義は、それがいくつも存在するということだ。

文学とは形式である。自らを単なるコミュニケーションに限定せず、美的な特質や美的な意図を明示するテクストは、文学である。フュルチエールの時代から、作家《エクリヴァン》とは「書く《エクリール》」者のことであるが、しかしこの語はとりわけ「書く技術の大家」を意味する。叙述の構成、語彙の創作、言語のはたらきは、感動を生み出し、バルトが言うように「テクストの楽しみ」を与える。ジュネットはこの分析を続行し、文学は「言語活動による芸術」であり、「美的満足」[25]を引き起こすと書いた。

文学とは想像力である。アリストテレス以来、詩学と物語（*muthoi*）のあいだ、文学創造と物語を創作する能力のあいだには、有機的な関係がある。詩人とは韻文で書く者ではなく、フィクションを創作する者である（フュルチエールはこの考えを「詩人」の項目で再び取り上げることになる）。あらゆる作家は吟唱詩人であり、シェヘラザードや、トリストラム・シャンディや、運命論者ジャックや、牛乳屋テヴィエのような者である。つまり物語を長々とまくしたてる者であり、おしゃべりであり、道化者であり、物語製造機であり、『人生使用法』[23]におけるチェスの騎士《ナイト》のようにアパルトマンからアパルトマンへと飛び移るあの語り手である。

文学とは多義性である。社会科学が一つの「結果」に還元されないのと同様に、作品は一つの「メッセージ」を配信するわけではない。それは複数の解釈を許し、無数の読者を養う。その特性は、決してつかまらないことである。ジュネの作品は、捨て子の苦悩とか、小さな田舎者の動植物界における充足とか、同性愛の非行者の反抗精神とか、浮浪者の彷徨とか、落伍者に対する犯罪とナチズムの眩惑といった、一義的な性格づけを認めない。それは同時にそれらすべてであり、さらに別の多くのものである。

文学とは特異性である。文学テクストとはある自我の闖入であり、その自我は固有のビジョンによって物事の秩序を攪乱する。それは他の何者にも似ていない声を、世界とは異質で斬新で途方もない口調を聞かせる。われわれは、プルーストの一ページを、カフカの雰囲気を、ボードレールの一編の詩を、二度目に見分けることができる。このような着想は、ロシア・フォルマリストから借りたものであるが、作品の活力、つまりその衝撃力を考慮するものである。しかしそれはまた、言葉をめぐる事件を、ランシエールが言うように、「文学的動物」であるかぎり誰もが持っているあの普遍的に特異な声を、取り入れるものである。

文学とは文学である。このトートロジーはとても深遠な定義となっている。それは、大作家や傑作に満ちた大文字の〈文学〉が、記憶に値する英雄や事件を持つ大文字の〈歴史〉と同様に、実在しないと指摘する。文学とは、反対に、伝統によって集められ、文化によって認められ、教育によって親しまれた、聖別された規範的なテクストの総体である。文学とは、ある著者や、ある出版社や、ある国民や、ある時代や、ある読者がそうだと考えるものである。したがって文学を定義することよりも、制度化や聖別の現象を見きわめることの方が重要である。その現象のおかげで、テクストは次第にその時代や、その生産の場や、その著者からさえ引き離され、古典に、シェイクスピアがユゴーとおしゃべりするあのオリュンポスのサロンの常連になる。文学化なしに、判断と正当化の審級なしに、権威なしに、つまり、その結果としてあるテクストが文学的であるか否か判断されるような争いなしに、文学は存在しない。(26)

文学と真実の探究

これらの手がかりは、分岐点というよりもむしろ観点であり、われわれはそれらをすべて採用することができる。文学とは、文学であると見なされ、ある形式によって感動を生み出すテクストである。この定義は、いかに批判の余地のあるものであろうと、二つの長所がある。それは、簡単に適用できるその単純さと、社会科学に適合しうるその柔軟さである。

文学と社会科学は互いに無関係なものであるという信仰は、いくつかの誤解に基づく。言語活動は実用的機能と美的機能という二つの機能を有するという考えを受け入れたとして、なぜ社会科学がかならず前者に属することになるのだろうか。それでは、歴史や社会学の代わりに、テクストならざるものにおいて書法ならざるものを実践する、アカデミックな著作しか考慮に入れないことになる。文学において「形式」が「内容」より重要であるという決まり文句は、歴史にも完璧に合致する。歴史も、一つの方法に従うかぎり、何について語ってもよいのである。歴史の論理は、書いたり、叙述を構成したり、言語にはたらきかけたり、さらに美的意図を持ったりするのを決して妨げたことはなかった。

図式的なアリストテレス主義に従うならば、作家は創作や創造を行うが、歴史家は反対に「起きたことを述べる」にとどまるという考えを、くどくどと繰り返すことになる。しかしアリストテレス自身はポイエーシスを、個人的な構成作業、すなわち創造者が「模範的行動の収集」を実践するための努力と定義している。当然、リクールはこの一節に注目した。筋立てをすることは小説にも歴史にも共通する。歴史家、社会学者、人類学者は物語を構築する。たいていの場合、彼らは、古文書や対談や神話を通して誰かが自分に語った物語を組み立てる。そこには小説家が感じる喜びに対応するものが存在する。それが「アルシーヴへの嗜好」であり、歴史家が感じ、伝えようとする、感動としての眩惑である。[27]

しかしそれ以上のものがある。歴史家は、事実を探究し、解明し、選択し、整理し、秩序立て、説明の連鎖で関連づけるかぎりにおいて、事実を「創作」することになる。歴史家やジャーナリストや回想録作者にとって、素材はあらかじめ与えられており、現実の中にそれを集めに行くだけで十分だと考えるとしたら、それはあまりに素朴な科学主義というものだ。すでに述べたように、事実に基づくものから知識への移行を可能にするのは、方法としてのフィクションである。反対に、フィクションはいかなる文学性の保証にもならない（そのことは「ハーレクイン」シリーズを見ればよくわかる）。したがって、文学とフィクション性の根本的な分離を宣言しなければならない。今日、小説が支配的なジャンルであるという状況は事実であるが、そのことは理論的にも規範的にもいかなる帰結ももたらさない。

要するに、歴史は、二重の理由で言葉に関する事件を炸裂させる。なぜなら、歴史は声なき者の声を聞かせるからであり、そしてさらに、その原動力となる真理についての怒りは、内的な強迫観念を社会的に有益な問いに変化させるからである。歴史の文学性はまた、歴史家の特異体質や、世界についての彼の見解や、彼の世界の一貫性にも由来する。それゆえに、文芸のシステムの方やポストモダンの懐疑主義の方へ後退することなしに、社会科学と文学のあいだに橋を架けることが可能なのである。

歴史は、文学的実験の一つの可能性である。それは、ホワイトにおける「筋立て」とか、セルトーにおける「書法《エクリチュール》」とか、リクールにおける「物語」といった、最終的に歴史のあらゆる形式を、最も平板なものにいたるまで包含するような言い回しではない。それはとりわけ、物語において、そして物語によって証拠をもたらすようなテクスト、完全に文学であり完全に社会科学であるようなテクストを生産することである。このような歴史が文学であるのは、「肉体」を与えたり、「生命」を吹き込んだり、「雰囲気」を創ったりするからではなく、証明するからである。それは、まるで売物台の上の魚のように、結果を書法ならざるものの中に放り出すことではなく、研究において問題を深く掘り下げることである。ひとことで言うと、文学を方法上の諸規則に従わせることである。それは、テクストにおけるフィクションでも、テクストならざるものにおける事実でもなく、あるテクストが具体化し展開する論理のただなかでフィクションを活性化することである。

したがって、社会科学を書くということは、歴史を文学化することではない。歴史はエレガントな文体を採用することで「文学の方へ」向かったりはしない。歴史は、それが研究や、行程や、調査や、開示であるとき、ただちに文学となる。歴史は、おのれ以外の何物でもないとき、文学となる。歴史は、大道芸の効果や、現実効果や、現存効果や、〈歴史〉効果や、経験効果を導入するとき、文学であることをやめる。

社会科学が自らを否定することなく文学になりうるという事実は、われわれが「現実についての」文学と呼ぶものに新たな注意を向けるよううながす。われわれはそれを、事実に基づく物語とか、事実記述とか、指向的ミメーシスといった形態で考えるのではなく、われわれがそのテクストにおいて、そのテクストによって真実を述べようとするようなテクストと定義することができる。それは歴史の論理が具体化したものであり、まさしく、自伝から証言としての資料を経てルポルタージュにいたる、多くの「実用的ジャンル」を結びつけるものである。この文学は一つのヒストリア（*historia*）、すなわち人間について、つまり自己と他者、生者と死者についての調査であり、それは人間が行うことを理解することを目的とする。それは言うなれば、真理としての文学、あるいはクリエイティヴ・ヒストリーであり、そこでは研究は生存するために自由や創作力や独創性を必要とする。したがって、現実についての著作は、論理——私がこの語に与えた意味における——に貫かれた文学と定義することができる。

社会科学のプレグナンツ、その視線、その柔軟性は、単なる文学の上にも反響を及ぼしている。歴史の論理が無数の「文学」テクストにおいて生きて震えている以上、われわれは、形式、想像力、多義性、特異性、制度化といった指標に加えて、手続きという指標を加えるべきだろう。文学とはさらに、ある探究の物語や、ある問題についての不安や、ある苦悩の形容や、人間が実際に行うことを理解しようとする意志でもありうるのだ。文学テクストは不在の中心への旅である。そのエネルギーのおかげで、何者かが自らの問いに対する答えを探し求め、世界について真実を述べるために奮闘し、無関心や忘却、信仰や虚偽に対する戦い、そしてさらに、自分自身や、曖昧なものや、無頓着や、「当たり前」に対する戦いを繰り広げる。このような怒りこそが、作家、ジャーナリスト、探検家、詩人、歴史家、人類学者、生存者、放浪者、社会学者、調査員からなる大家族のDNAなのである。

詩が「汎用ルポルタージュ」よりも上等なものであるという思い込みが、どれほど見せかけのものかがよくわかる。言語活動は研究を担うときに贖われる。調査それ自体が書くこと——つまり言語にはたらきかけ、叙述を練り上げ、テクストを構築し、習慣を撹乱すること——を強制する。社会科学の書法は、テクストが歴史の論理に委ねられるとき、テクストにおいてきらめく。それが照らし出すのは、レアリスムの野心によってではなく、真理への欲求によって定義される文学である。これが二十世紀における、現代小説の革命に続く二度目の文学革命である。

以上が、この世紀の巨大犯罪が文学に——そして社会科学に——もたらしたものである。だからわれわれは、これまでの定義にこう付け加えよう——文学とは研究であると。

第10章　歴史は拘束された文学なのか

私は規則が好きだ。
それは感情を抑制してくれる。──ブラック

よく言われるように、小説家が自らの創造について全権を持つのに対し、歴史家は現実のみならず規則にも服従する。この現状から二つの問いが生じる。(1)拘束の存在は、歴史家が書くことの妨げになるのだろうか。(2)歴史家は自らの研究や、問いや、原資料や、語彙や、調子や、叙述に、どの程度の独創性を与えることができるのだろうか。それは結局のところ、認識論と美学を両立させるような歴史の技法（*ars historica*）について自問することである。

規則は解放する

十九世紀以降、絶対的な自由を主張することが作家の言説を突き動かしてきた。バルザックは『人間喜劇』の前言で、自分は歴史家「より自由である」と述べた。一三〇年後、ロブ＝グリエは「小説家の力をなすもの、それはまさに彼が創作するということ、モデルなしに、完全に自由に創作するということにある」(1)と書いた。もはや何物

にも縛られないというこの幸福感は、詩人はおのれの天才以外に師を持たず、あらゆる礼儀作法や決定論から解放されているという、ロマン主義的絶対自由主義の神話と一致するものであった。そこから、文学は孤独な切望であり、枠組みや規範や慣習を吹き飛ばす爆発であるという見解が生じる。いわば無からのテクストである。

反対に、アリストテレスからボワローにいたる「詩法」の伝統は、詩人が自由に使える技術（テクネー、すなわち「技法」）を体系化しようと努力した。どの作家も、自分の創作意図より前から存在する母型に合わせて自分自身を形成するように見える。たとえば、語彙、統語論、韻律、脚韻、古典劇における三単一の法則、十七世紀の世俗肖像画における下位区分（身体、精神、魂）、レアリスム小説における真実らしさなどである。それはフランス古典主義とニーチェにはおなじみの「鎖に縛られての舞踏」というテーマである。もちろん、これらの規則は軽減され、ゆがめられ、覆されうる。

多少なりとも恣意的な拘束を自らに課すことを選ぶ作家もいる。バルザック、ゾラ、フォークナーは、登場人物をある小説から別の小説へと回帰させた。レーモン・ルーセルの幾人かの読者は、その天才的な空想力に魅了された。彼が自らに課した諸規則がフィクションと言葉に解放を引き起こしたのである（彼は『私はいかにしてある種の本を書いたか』でそれを説明している）。ミシェル・レリスにとって、「複雑で困難な規則」に意志的に服従することは、自動記述《エクリチュール・オートマティック》では達成できないような「検閲の除去」をもたらすものであった[2]。見かけよりずっと深遠なこのゲームは、ウリポのグループ全員によって実践されることになる。レーモン・クノーはインスピレーションの神話を攻撃することで、伝統的な見解を覆した。われわれがミューズや無意識や偶然から受け取ると思っている衝動は、偽りの自由だというのだ。実際、「自分が知るいくつかの規則を守って悲劇を書いた古典作家は、頭をよぎることを書く詩人より自由である。詩人は自分が知らない別の規則の奴隷なのだ[3]」。

ペレックはこの自由の恩恵を最も受けた者の一人である。彼が練り上げた手法、彼が自らに課した厳密な契約規程書、彼が身を置いた拘束のシステムは、『煙滅』におけるEのリポグラム〔特定の文字抜きの創作〕から『人生使用法』における騎士の巡歴《ナイト・ツアー》〔チェスのナイトの動きを用いた数学的パズル〕にいたるまで、「フィクションのポンプ」として叙述と言葉に関する想像力を刺激した。つまり、われわれは「完全に自由」(4)であるために自らに規則を課すのだ。拘束に対するこのような新古典主義的な称賛は、イタロ・カルヴィーノにも認められるが、自由(デミウルゴス的で反抗的)と規則(不毛でブルジョワ的)の疑似的な対立を再検討することを可能にする。真の二者択一は、自分に師はいないと思い込む孤独と自らの法則を意識した自立のあいだ、つまり無知による自由と意図による自由のあいだにある。望むと望まざるにかかわらず、あらゆる作家は自らに規則を課す。デイヴィッド・ロッジはそのことを率直に認めた。「散文のフィクションの黄金律は、規則がないということである。ただし各作家が自らに課す規則を除いて(5)」。これらの拘束を明らかにすることは、自由の技法に属する。

規則は創造を妨げるのではなく、逆にそれを研ぎすます。この事実が立証するように、歴史家の方法は歴史家が作家でもあることを決して妨げない。歴史における法則の概念は、古代にまでさかのぼる。われわれはすでにキケロの四つの規則について言及した。サモサタのルキアノスは『歴史は如何に記述すべきか』において、真理への敬意や、公平性や、各人への好意や、重要性に応じた事実の階層化を要求した。十七世紀末にマビヨンが自らに命じた「歴史の規則」は、彼自身の規則であった聖ベネディクトゥスの戒律の模倣であったが、歴史はある種の禁欲や、謙遜と服従の形式を要求すると指摘している。もちろん作家の「法則」は歴史家のそれと同等のものではない――たとえそれが、一方はフィクション性を解放しようとし、他方は常に現実に引き戻すからにすぎないとしても。一方には、想像力を刺激するための技術や、創作する喜びや、作品＝世界の生成がある。他方には、原資料や、歴史の論理の道具や、職業倫理の要求や、真理という目標がある。

それでも、われわれはこれらの異なる規則を対比することができる。すべての規則は知的活動の枠内で自由に承認され選択される。これらの拘束――それらの内部で、それらを使って創造作業が展開される――は、われわれがフィクションによって世界から逃れようとするにせよ、論理によって世界を理解しようとするにせよ、世界に対する自由の源泉となる。それらは遵守されるために存在するが、ときに違反されることもある。ルクレティウスやアルフレッド・ジャリやペレックにおけるクリナメン〔原子の偏倚〕は、システム全体を揺るがす「些細な誤謬」であり、規範を乱す逸脱である。『人生使用法』において、建物は十かける十の正方形をしているが、章は九十九しか存在せず、左下の地下室は描かれない。その「理由」は、女の子がビスケットの角をかじったというものである。このはぐらかしは、作家が決して自らの拘束のシステムの囚人ではないことを示している。

同様に、歴史が自らの規則を変えることがある――それが歴史記述の革命である。ブローデルは、フェリペ二世の地中海政策ではなく「フェリペ二世時代の地中海」を研究した。アラン・コルバンは、匂いや、音や、海岸や、下着や、オルガスムや、木陰や、天気を、歴史に値するものに持ち上げた。方法としてのフィクションは、何かクリナメンのようなもの、異様なずれや、論理を始動させる認識上の気まぐれ――離反や、無秩序や、ユークロニーや、時代錯誤など――を持っている。歴史家の一人一人がおのれの限界を選ぶべきなのだ。

文体の豊かさ

文体は、研究者の創造性を妨げる二つ目の拘束になりうるだろう。一見、公平性は、研究者に完全に中性的な調子、一種の無色透明さを課すように見える。しかしこのような命令は科学主義時代の遺物であり、そもそもその時代はこのような命令を重視していなかった（ラヴィスの賛辞としての歴史を読むだけで十分である）。

古代には非常に多様な文体があった。クインティリアヌスは、ヘロドトスの「穏やかで平明な」魅力と、トゥキュディデスの力強い厚みと、サッルスティウスのやや生硬な簡潔さ（*brevitas*）と、ティトゥス＝リウィウスの甘美さ（*suavitas*）あるいは「クリームのような豊饒さ」を区別した。キケロの時代以降、諸党派はさまざまな大論争を通して対立した。アッティカ語法は、リュシアスやクセノポンやトゥキュディデスを特徴づけるものであるが、純粋かつ明確で、簡素なまでに単純な文体から成る。小アジアから導入されたアジア語法は、華やかで輝かしい気取った言い回しを用いることで、聴衆の興奮をかきたてる。新アッティカ派はその影響をキケロに見出したと考え、その言い回しや冗長さやリズムや劇的効果を非難した。キケロは『弁論家について』において、輝かしさと豊饒さは、リュシアスからデモステネスにいたるアッティカ人の特徴でもあると返答した。ロドス学派の近くにいたキケロは、むしろアッティカ的荘重さとアジア的悲壮感の中間に位置すると言える。

歴史家、弁論家、哲学者は何世代にもわたり、歴史に最も適した文体はどのようなものか自問してきた。悲劇としての歴史、雄弁としての歴史、賛辞としての歴史は、それぞれのやり方で回答をもたらした。とはいえ、トゥキュディデス以降、理性の活動としての歴史は、アッティカ的文体の中により進んで自己自身を見出したように見える。ペロポネソス戦争の六世紀後に執筆したルキアノスにとって、歴史家は難解であっても不明瞭であってもならない。その等級は明晰さによって示される。その物語は「明快で澄み切った鏡」であり、そこではそれぞれの事件がしかるべき場所にあり、それぞれの事物が正しい名で示される。それは「イチジクをイチジクと」、「壺を壺と」呼ぶのだ。(6)

十六世紀における科学としての歴史の誕生は、「裸の文体」の再発見をともなっていた。真理は美しい言説を必要とするのではなく、簡素さと荘重さを必要とするというのだ。ラ・ポプリニエールは『完璧な歴史の概念』（一五九九）において、ボダンより三十年後に、単純な文体、明快な表現、言葉の厚みを称賛し、これらの資質をトゥキュディデス、クセノポン、カトー、サッルスティウスのうちに評価した。この純粋さと簡素さの倫理は、カルヴァン派の庇護のもとで近代化され、そこでは歴史家は最上の貨幣に例えられた。「素材が少ないほど価値は大きい」[7]。一世紀後、ベールは、科学性と文体の簡素さは一致すると主張した。彼は仰々しく比喩に富んだ文体を軽蔑し、テオポンポスに反対して「歴史の性格に合ったあの荘重な単純さ」を褒め称えた。ポパーは、一九六九年にアドルノと論争で対立したさいに、科学者は（そして知識人は）威嚇的なわけのわからない言葉ではなく、「単純で明快な」言語を話すべきだと指摘した。「輝かしい不透明さ」は陳腐さの、さもなくば誤謬の隠れ家だというのだ[8]。一九七〇年代になると、サールがデリダにそのような非難を行うことになる。

歴史家は、批判的議論に開かれた社会科学を行うかぎりにおいて、難解で冗長で曖昧で、古代ギリシアの占いのように二重の意味にとれる言語を話す権利を持たない。十九世紀の大学における歴史は、曖昧さや「輝かしさ」の方へ引きずられることを恐れるあまり、文体ならざるものの唱道者となった。この療法は無意味なだけでなく破壊的であることが判明した。というのも、客観的モードは、「あたかもそこにいるかのよう」な現実効果と現存効果によって、トゥキュディデスの叙述よりもはるかに演劇的で悲壮な叙述を推進するからである。それに、アカデミズムは、学術的出版物の外に出るやいなや、滑らかさと優美さに満ちた快適な文体と安易に妥協するからである。

しかし、単純さや正確さや透明さが文学的であるように、裸の歴史さえもが内在的に文学的なのである。「明晰で簡潔な文体や普通の句読法が文学の重要な障害であるようには見えない」。ジョゼフ・コンラッドはラ・ロシュフーコーの『箴言集』についてそう書いた[9]。明晰さと簡潔さは、書法《エクリチュール》の選択であると同時に、認識に関する決断なのだ。たとえば、厳密さや、距離を取ることや、スペクタクルの拒絶や、誇張や憐憫に対する疑念である。それはまさしく、収容所から帰還した被収容者としての作家たちが行った選択である。

プリーモ・レーヴィはおそらく彼らの中で最もアッティカ的である。彼のモデルは呪われた詩人ではなく、毎週の報告書を書く科学者である。『アウシュヴィッツは終わらない』の構成はいくつかの原理に従っている。「極度の明晰さ、そして第二の規則として、なるべく詰め込みすぎないこと。コンパクトで凝縮されていること。[……]私の書法のモデルは、工場で週末に書く『報告』である。明晰で、本質的で、誰にも理解できる」[10]。レーヴィはある星について語りながら、間接的に、描写の重要な問題に触れる。恐怖を大げさに表現することは読者の知性を傷つけるがゆえに、「驚愕を引き起こす形容詞をすべて取り除く勇気」[11]を持たねばならない。

適切な言語の創造者であるプリーモ・レーヴィは、絶えず正しい語を追い求め、手段を最大限に倹約しつつ物語る。その簡潔さの感覚、きわめて筋肉質な言い回し、本質へと向かう能力、省略とそっけない結末による技法、これらは驚くべき簡潔さの諸要素である。彼は『休戦』において、同室の仲間たち、元気がよく滑稽で狂おしい連中について語った後、「シチリアの小柄な石工」の肖像を描いた。その人物は控えめで、とても清潔で、南京虫に悩まされ、それらを殺すために自分で作った滑稽な絨毯たたきを持っている。誰もが彼を馬鹿にしたが、実際は誰もが彼を羨んでいた。「われわれ全員の中でダガタ一人だけが、具体的な敵を持っていた。目の前にいて、手で触れ、退治し、攻撃し、壁で押しつぶすことができる敵を」[12]。この分析的な文学は、事実に基づく物語も客観的モードもまったく持たないが、並ぶもののないほど的確かつ明晰な事実性（*matter-of-fact*）を帯びている。それは多くの歴史家の立場に通じるものである。彼らにとって、ショアーはできるかぎり「文字通りに」語られなければならない。それを美化したり、スペクタクルやロマンスの形式で示したりすることは、道徳的にも認識的にも受け入れがたい。

しかし、科学としての歴史は、無感動を意味するものではない。ロレンツォ・ヴァッラは「コンスタンティヌスの寄進状」の欺瞞を暴きながら、偽造者に呼びかけた。「悪人よ、犯罪者よ！［……］皇帝たちがこう語ったとでもいうのか？」十八世紀には、賢者は常に火をもって語ると考えられ、歴史においてさえも「物事を冷淡に語るべきではない」という考えが受け入れられた[13]。したがって高揚や憤慨は、研究と両立しないものではなかった。同様に、レーヴィは決して冷淡なまでに臨床的な文体を用いはしなかった。それどころか、彼は情熱や怒りや恥辱や苦痛に震え、また別の時にはアイロニーをにじませる。それは無感動ではなく自制であり、感情の不在ではなく慎みである。

歴史家にとって文体の大いなる挑戦とは、真理についての怒りを抑えることである。それを解き放てば、ロマン主義の激情の爆発になってしまう。それを押し殺せば、研究は学識や、専門的な機械装置に変わってしまう。知識欲（*libido sciendi*）の火は、燃え尽きることも焼き尽くすこともなく、灰の下に保たれる。歴史家は自分自身と戦い、自らの感情を選別し、自らのいらだちや愛情や共感を静めようとする。したがってわれわれは、歴史を喪に服した生の賛歌と、歴史の書法を音をひそめたロマン主義、飾りのない抒情詩と、定義することができるだろう。歴史が書法における認識論であるという事実は、われわれがアッティカ語法／アジア語法、無味乾燥さ／豊饒さ、知性／感性という硬直した対立から逃れることを可能にする。もし感動が社会科学に居場所を持つとすれば、それは誇張や嘆きから生まれるのではなく、研究における節制や簡潔さや頑固さから生まれるのだ。感動は、感動を抑制しようとする努力から生じる。それは前進する調査の試金石、正しく響く言語の試金石である。

結局のところ、われわれは社会科学研究と両立しうる形式を、少なくとも六つ挙げることができる。

(1) 文体ならざるもの。 われわれは、書法についての問いを立てるのを忘れたり拒絶したりするとき、ここに陥る。もし科学が文学に対立するならば、研究を「言葉にする」（「箱詰めにする」と言うのと同様に）ことは一つの苦役に、必要悪になる。重要なのは、どのようなやり方であれ結果を伝えることである。われわれはとりあえず服を着るように、言葉を伝えるのだ。文体ならざるものはまた、学識者の退屈さを意味する。一八八一年にセニョボスは、ドイツの教授が「展望や生命」[14]をないがしろにして細部を山ほど学生に詰め込むのを見て驚愕した。

(2) 快適な文体。 これはキケロが歴史家に推奨する中間体（*genus medium*）に近い文体である。それは源泉から湧き出て静かにあふれ、いつも変わらない（激しく張り詰めた弁論家の演説とは反対に）。クインティリアヌスはこのメタファーを再び取り上げ、穏やかに流れる大河のようだと述べた。十九世紀の方法的歴史家たちが認めた「純粋にして堅固、味があり充実した[15]」文体も、この変種である。それはある種の言い回しを用いて荘重さを装うもので、雄弁としての歴史の後継者であり、言葉を飾るために考案されたアカデミックな「美文」を体現したものである。われわれはこの慣例的な優美さに囲まれて、ひときわ見栄えがよくなるのである。

(3) ロマン主義的文体。 それは作家としての歴史家の天才の発露であり、征服者の声を響かせ、大砲の轟音をとどろかせ、民衆の叫びを反響させ、大文字の〈歴史〉の風を吹かせる。英雄たち（その名がアレクサンドロスであれ、地中海であれ、大革命であれ、アメリカであれ）の復活は、熱狂をかきたて、鳥肌を立たせる。この文体は、激しく、電撃的で、キケロの言葉を借りれば「崇高」で、読者を叙事詩としての歴史の中へ運び去る力を持ち、今日では多くの大衆向けの物語やドキュメンタリーに着想を与えている。

(4) アイロニー的文体。 それは世界の上にニーチェ的なずらされた視線をもたらし、それによって、勝利者の自己正当化の道具である〈歴史〉の罠を回避することを可能にする。それが自明のことに異議を唱えるやり方、すべてのものに対して取る距離、自分自身に対して持つ鋭い意識、これらは科学的精神に非常に近いものである。その不遜な態度と、だまされまいとする姿勢は、どこか反体制的な様子をしている。それはヘイドン・ホワイトの比喩論的理論の軸であり、一九六五年から一九七五年にかけての「反システム」の歴史や社会学が好んだ文体でもある。たとえば、アメリカの学校はいかなる解放のはたらきもしなかったが、恵まれない階級の子供たちを「社会的統制」の下に置くことで、不平等主義的で人種主義的な秩序を強化することに貢献した。学校が自称する進歩主義は、まやかしにすぎなかったのだ[16]。

(5) アッティカ的文体。 それはその簡素さと明晰さと合理的性格によって、トゥキュディデスや、カエサルや、教父たちや、ボダンや、ギヨーム・デュ・ヴェールや、ラ・ポプリニエールや、ベールや、テーヌや、被収容者としての作家や、民主主義時代の研究者を結びつける。それは完璧な言い回しと、ほとんど幾何学的な簡潔さを目指す。それは「飾り気のない」美のひそかなエレガンスによって輝き、「真理についての精神的、知的かつ美的な禁欲[17]」を表現するにいたる。それは科学としての歴史に適しているが、調査報告や、調書や、証言や、公正証書にも適している。文学的であると同時に認識的であるその資質は、ペレックがロベール・アンテルムについての記事の中で「文学における真理」と呼んだものに到達することを可能にする。

(6) 抑制された文体。 それは厳密さの規律に委ねられた情熱である。それはためらいを通してあふれ出る抒情である。それは決して腐敗しないが、無言の怒りに、素朴な驚きに、名もなき反抗に震えている。それは世界を正確に語ることによって涙を流す。そのようにして、アッティカ的な尊厳を否定し、ロマン主義的な情熱を飼いならし、アイロニー的な冷笑を拒絶するのだ。それはときには白日の下で感情を爆発させる。地下の水脈が一時的に地表に出るように、それは自らを圧迫する岩を貫いて噴き出し、別の流れを取る。言語は自ら進んで破綻する。言語は自分自身に譲歩し、別の調子、物語の別のレベル、別の音域を取るのだ。そこには一種のクリナメンがある。それは、必要に応じて、自分自身の規則を覆すことを受け入れることなのだ。

抑制された文体とは、超文体、つまり他のあらゆる文体を含むような文体なのだろうか。アリストテレスにとって、演説は平板でも大げさでもなく、明晰かつ適切で「しかるべき」ものでなくてはならない。キケロの言うところでは、理想的弁論家は、あらゆる文体を習得し、状況に応じて使い分けるべきである。この適切な話し方(*apte dicere*)は、樋《とい》について崇高な言葉で話したり、ローマの民衆について単純な文体で話したりすることを禁じるのだ。この着想を社会科学に移し替えたとしても、文体は扱われる主題に合わせるべきだとか、「形式」と「内容」

は一致するといった、文学的な相対主義に行き着いてはならない。それどころか、文体を組み合わせることも可能である。ジャン＝ピエール・アゼマは自らの『ミュンヘン会談からパリ解放まで』（一九七九）の末尾で、「故意に距離を置いた文体」を放棄し、自由フランスの男性たちや女性たちに敬意を表した。たとえば、青酸カリのカプセルを呑む数日前に、自分の最後の数か月は「驚くほど幸福であった」と書いたあのレジスタンス活動家に対して。ここには二重の感動がある。すなわち、胸を引き裂くような手紙と、自分が対独協力者のジャーナリストの息子であることを決して隠さない歴史家による、この調子の変化である。

このリストは網羅的なものではまったくない。しかし、この六つの文体のうち、最後の三つだけがテクストにおいて歴史の論理を活かすことができる。つまり、文学なき方法（文体ならざるものと快適な文体）と方法なき文学（ロマン主義的文体）の二者択一を払いのけることができる。われわれは、悲劇としての歴史や雄弁としての歴史の「文学的」な水増しを用いるのではなく、これらを用いることで、社会科学の書法を刷新することができる。

注の偉大さと悲惨さ

いかなる読者も認めるように、社会科学の本には脚注がある。注は、十七世紀に文学共和国で生まれ、十八世紀にギボンによって芸術の域に高められ、十九世紀にドイツの大学制度によって採用されて、科学の寺院への入場券となった(18)。注は、発言を裏づける書誌や古文書の参照物を示すことで、叙述において、そしてとりわけ認識において、物語の「外部に」連れ出す機能を持つ。つまり、歴史家は自分自身の原資料ではなく、彼が自らの発言を裏づけるために援用する原資料は検証可能である。このような〔第三者による検証を可能にする〕保護観察の制度は、支柱という以上のものであり、歴史の論理の骨組みそのものである。しかし注は他の機能も持っている。たとえば、教育的機能（「これは補足的な確認である。というのもあなたはたぶんこうした議論に慣れていないからだ」）、職業倫理的機能（「私はこの本を引用する、なぜなら他の者が私より前にそれを思いついたから、あるいは私よりうまくそれを表現したからだ」）、批判的機能（「私の主張に異議を唱えることもできる。これがその反例だ」）、さらに、カリスマ的機能（「私がいかに学術的であるか、私がどれほど多くの古文書の箱を精査したか見るがよい」）も認めねばならない。

それでもやはり、注が社会科学のすべてであると考えることはできない。まず、注はそれだけでは何も立証しない。それは他の物への参照にすぎず、論理の内部に置かれることで初めて意味を持つ。それに、学識豊かな多くの作品が注を含んでいる。たとえば、ユダヤ教やキリスト教の聖書の注釈、ローマの文法学者のウェルギリウスについてのコメント、ミシュナーの周囲を固めるユダヤ教のゲマーラー、そしてこれら自体もラシのテクストに取り巻かれている。注はまた、フィクションの世界にも属しており、早くも十七世紀には「ページ下部の反乱」がテクストにおいて勃発した。たとえば、アイロニーの言葉、自己コメント、否認、疑似的な発行者による注記、欄外の書き込み、叙述の分岐、美的実験、騙し絵のゲーム、考証資料のパロディーなどである。(19)

とりわけ、注は歴史家たちのあいだにおいてさえ、不信を、さらには嫌悪をかきたてた。十九世紀初頭のドイツ文献学の象徴的存在であったニーブールとランケは、衒学的態度を取り払った、注なしの直線的な歴史を書こうと試みた。ミシュレは『フランス革命史』の一八六八年の序文において、注記は「物語や思考の糸を断ち切る」という弊害があるので、自分はほとんど引用しないと予告した。一九二七年にカントーロヴィチは『皇帝フリードリヒ二世』(1)を刊行したが、引用にも、書誌にも、学術的議論にも、いかなる考証資料も付けなかった。同僚たちから指摘を受けると、彼は数年後に、全体が注と学術的コメントから成る『補遺』を刊行した。マルク・ブロックはかつて著書が刊行されたときに厳しい態度を取ったが、今度は称賛を述べた。『皇帝フリードリヒ二世』は「大量の明快に示された」参照物によって「一つの貴重な作業道具[20]」となったというのだ。とはいえ、ブロック自身の著書のいくつかも注に乏しい（たとえば『封建社会』）。

科学性の保証を与えるはずの活字記号を前にしたこの気詰まりを、どのように説明したらよいのだろうか。多くの歴史家としての作家が、物語を絶えず中断したり、自分のテクストに縫合跡を残したり、著書を余計なもので膨らませたりすることを嫌う。ユゴーは『クロムウェル』の末尾に置かれた注について、ある説明を行った。

これは詩人の作品であり、学者の仕事ではない。観客の前に劇場の舞台装置を示した後で、どうして観客を舞台裏に連れてゆき、スタッフや滑車を見せる必要があるだろうか。歴史の証言となる証拠によって、作品の詩的価値が増えるとでもいうのだろうか。［……］想像力の産物には、証拠書類など存在しない[21]。

スコット、シャトーブリアン、ユゴーは証拠書類を持っていたにもかかわらず、彼らがようやく原資料を示したのは後の版においてだった。十九世紀初頭以降、歴史を書こうとする者、あるいはそのふりをする者にとって、注は不可欠となった。

われわれは逆説的な状況に置かれている。注で遊ぶ作家がいるかと思えば、注を放棄する歴史家もいる。実際のところ、本当の境界線は、われわれがフィクションやテクストから逃れることを可能にするような、注の真理陳述の効力を受け入れるか拒絶するかにある。ベルナール・パンゴーが説明するように、注の存在は「情報や省察についての作品」では受け入れられるが、小説においてはショッキングである。それは小説の連続性を断ち切り、それを外部へと開くからである。ところが、「文学テクストの閉鎖性は、われわれがその『文学』性を識別する最初のしるしなのだ[22]」。より大まかに言えば、注は、「自立性」という作家にとって最も貴重な神話の一つを打ち砕く。注は、自分自身を生み出した天才的創造者という夢を否定する——誰の助けも借りず、ただ一人ですべてを発見し、おのれの想像力から全世界を引き出した、天才的創造者という夢を。

われわれはこのような注の拒絶を、外部の資料に基づいた、フィクションあるいはノンフィクションのいくつかの作品に見出すことができる。最上のケースにおいては、参照物が本の末尾に謝辞のかたちで姿を見せる。さもなくば、それは隠蔽のうちに忘れ去られる。その隠蔽は、作家が（高名な先人を除き）誰の債務者でもありたくないということを示している。負債を認めることは身を落とすことであり、詩人（*Dichter*）から学識者に、もしかしたら写字生に変わることである。たとえばダニロ・キシュは『ボリス・ダヴィドヴィチの墓』（一九七六）において、書物や歴史教科書から「借用」を行ったが、それを示していない。彼はカルロ・シュタイナーの『シベリアでの七千日』から自らの中編小説の主題の着想を得たが、ある章の冒頭で簡潔な献辞を捧げただけである。[23]

モディアノの傑作である『一九四一年。パリの尋ね人』（一九九七）[22]は、アウシュヴィッツに収容されたある少女についての調査としての書物であるが、歴史家で弁護士であるセルジュ・クラルスフェルトが彼の依頼によってパリとニューヨークのあいだで行った研究から材料を得ている。すなわち、一九四〇年の国勢調査に対する申告、警察の調書、両親の逮捕、少女のレ・トゥーレル収容所への収容、失踪、ピクピュス大通りの施設を知る証人の特定、写真などである。ところが、本の中では、この助力についていかなる言及もなされないばかりか、モディアノはクラルスフェルトの発見をわがものにするにいたった。クラルスフェルトは本が出版されたさいに驚愕した。「あなたが物語ると、この調査は現実よりも小説になってしまう。あなたが私を消してしまったのだから」。クラルスフェルトはこう自問する。この消去は「この研究において私の存在が大きすぎること」を意味するのか、「あるいは、文学の手法は著者が唯一のデミウルゴスとなることを許容するのか[24]」。

不誠実という言葉はここでは適切でない。いかなる文学も他のテクストの書き直しであり、意図的あるいは無意識的な借用であり、オマージュであり、死体冒瀆であり、フィクション化であるからだ。そして、歴史家の引用さえもが「テクストの拾い読み」[25]になってしまうからだ。反対に、キシュとモディアノは束縛――原資料を引用するという束縛――を緩めることを選んだのだと言うこともできる。しかしこの点について、文学はいかなる規則を受け入れることができるのか。ある者はこう答えるだろう、創造はいかなる束縛も、いかなるモラルも、とりわけ承認というモラルを許容しないと。そして注は、ユゴーが「スタッフと滑車」と呼んだものを見せることで、テクストを台無しにしてしまうと。しかしながら、注の倫理を重んじるという事実が社会科学を――その文学的な面も含めて――偉大なものにしている。というのも、「引用という隷属」[26]は新たな自由を生み出すからである。たとえば、論証の充実や、批判的論争の可能性や、テクストとその外部とのコミュニケーションや、著者のナルシシズムの拒絶や、信仰や大雑把な考えからの読者の解放などである。

とはいえ、注に向けられた非難がまったく妥当であることに変わりはない。注は学識によって硬直化して一種の技術的な場になってしまったので、読者がテクストというくつろげる場所の方を好むのは当然なのだ。それに、多くの社会科学の本は注を巻末の見えないところに押しやっている。今日の多くの研究が陥っている、物語と詳説のあいだ、歴史とその注解のあいだで引き裂かれたこの分裂状態から、どうすれば逃れることができるのだろうか。注にこだわり、それをうやうやしく叙述の中に統合するのか、あるいは、余計な学識の溜まり場にすぎないとして、注を廃止するのか。

注なき証拠

注にすべての尊厳を回復させようとするならば、参照物、反省的コメント、現況報告、学術的議論といった、テクストと関係のある複数のレベルに物語を拡散させることで、注を文学的対象にすることも可能である。それはベールの『歴史批評辞典』の天才的な特徴である。その迷宮的なページ構成は、審美家の気まぐれではなく、知的で叙述的な要請を反映している。それは慣習ではなく、一つの創造なのだ。

ギボンはそのローマ帝国史において、語義を明らかにしたり、曖昧さを強調したり、皮肉なコメントを挿入したり、読者との共犯関係を築いたりするために注を利用した。注は、話者の声を重ね合わせることで、物語を複雑にする。ギボンは(四世紀半ばの)新皇帝の妻であるコンスタンティナについてこう書いた。「彼女は女性の美徳を断念したが、虚栄心だけは保持していた。彼女が、無実の者の殺害の十分な代価として、真珠の首飾りを受け取るのが見られた」。その説明は注に記されている――つまり、これはアレクサンドリアのクレマティウスのことで、その義母は皇妃に首飾りを贈ることによって彼の首を手に入れたのだ。ようやく出典の指示が来る――アンミアヌス・マルケリヌスの『ローマ史』の第十四巻である[27]。ここには三つの話者の声がある。すなわち、一般的主張と、推論を可能にする実例と、参照物である。注は、直接性の幻影(歴史はわれわれの目の前で展開する)と、権威の幻影(歴史家は天賦の知恵を持つ)を一掃する。それは客観的モードを撹乱するのだ。

さらに大胆な、別の利用例がある。H・G・ウェルズは『世界史大系』(一九二〇)において協力者たちに、注において自らの言葉を補完し、正確にし、さらには否定するよう促した。彼はこうして活気ある書物を、複数の人間による一種の会話を手に入れた。マルク・ブロックはそれを「方法上の教訓」として称賛した。読者は目の前に、何らかの啓示の成果ではなく、「おのれ自身を知ろうとする集団的思考[28]」の結果があることを理解する。ベール、ギボン、ウェルズにおいて、注は文学的形式として受け止められ、その可能性――アイロニー、入れ子構造、読者を巻き込むこと、話者の声の反響――の何一つとしてないがしろにされていない。

反対に、われわれは純粋かつ単純に、レトリックの形式や学識の外的記号としての注を捨てて、その貴重な概念的機能のみを保持することもできる。十八世紀ならびに十九世紀初頭において、幾人かの歴史家は、自らの物語を学術的コメントによって補完した。たとえば、マブリの『フランス史考察』（一七六五）における「注記と証拠」、ロバートソンの『皇帝カール五世治世史』（一七六九）における「証拠と例証」、オーギュスタン・ティエリの『メロヴィング朝史話』（一八四〇）における「考察」などである。パトリック・ブシュロンは『レオナルドとマキアヴェッリ』の末尾に「負債、テクスト、原資料」と題された補遺を置いた。読者は物語の中に浸った後で、もし望むなら、歴史記述をめぐるより先鋭な議論に参加することができる。

われわれはまた、不可欠な情報をテクストの中に組み込むことで、注の使用を制限することもできる。たとえば、キシュやモディアノは、文章の途中で自分たちの負債について謝意を表することもできただろう。われわれは、注によって物語と証拠を分離する代わりに、両者を一つにして、叙述が真理陳述の全機能を引き受けるよう求めることもできる。本書において私は、引用の出典やアイディアの由来を示すためにのみ、注を用いることを選んだ。

コラージュの技術は、抜粋や引用の代わりに、由来を示しつつ資料そのものを複製して用いることを可能にする。二十世紀において、幾人かの作家がレアリスムの目的のためにこの技術を利用した。たとえば、マルタン・デュ・ガールの『ジャン・バロワ』（一九一三）におけるゾラ裁判の審議報告や、ドス・パソスの『U・S・A』三部作（一九三八）におけるポスター、演説、新聞記事ならびにその他の「ニュース」などである。キュビスム、ダダ、表現主義の領域において、ブラック、ピカソ、グロス、ハートフィールド、マックス・エルンストは、新聞や写真や日用品の切り抜きを用いてコラージュを実行した。『死都ブリュージュ』（一八九二）のジョルジュ・ローデンバックに続いて、小説家たちは自らの作品に挿絵や写真を挿入した。この点で最もよく知られているのは、W・G・ゼーバルトである。

歴史家は、専門的情報を作品の末尾に追放する代わりに、ウェブサイトを設置して、自分が発掘し根拠とした証拠にアクセスできるようにすることもできる。ピエール・ジェルヴェ、ポーリーヌ・ペレツ、ピエール・ステュタンが考案したサイト（www.affairedreyfus.com）は、ドレフュス事件に関連する主要な資料を無料で公開している。すなわち、ドレフュスを追い詰めるために対スパイ活動機関が作成した「秘密文書」。さまざまな裁判の資料、破毀院の調査と審理、アルフレッド・ドレフュスの回想録——これらは総計一万ページにわたり、テキストデータで検索可能である。事件に関連するあらゆる種類の作品。何百枚もの画像、とりわけ主要人物の肖像のギャラリー。今日インターネットは、無限の可能性と、読解のさまざまなレベルと、大量の資料や印刷物や写真や映画に開かれた見出しとリンクを備えた、新世代のベールにとっての歴史の道具である。ビッグデータは、狭義のストレージスペースを超えて、叙述のツリー構造と民主的な研究を結びつけることを可能にする。

社会科学はこれらの実験からアイディアを得ることができるだろう。それはレアリスムの幻影を増強するためではなく、テクストそのもののうちに保護観察の制度を組み入れるためである。われわれは、物語り、討論し、テクスト外のものを参照させる別のやり方を手に入れるだろう。いくつか例を挙げてみよう。

アルシーヴとしての物語は、原資料や、コーパスや、面会や、会話や、「宝物庫」を提示する。たとえば、奴隷物語《スレイヴ・ナラティヴ》や、ピエール・リヴィエールの回想録や、公的扶助におけるジュネの資料や、社会学者が収集した人生譚などである。やかんに投じられた茶葉のように、アルシーヴは煎じられる。それは本の主題になるのだ。それはティモシー・ギルフォイルが『スリの物語』（二〇〇六）——十九世紀半ばに中国人男性とアイルランド人女性のあいだに生まれたニューヨークの軽犯罪者の物語——で行ったことである。ギルフォイルの本は大部分、スリの回想録に基づいている。それは生涯の終わりに書かれ、南北戦争後のニューヨークの地下組織における犯罪と刑罰の世界を明るみに出す。われわれは主人公の後を追って、評判の悪い通りや、軽罪刑務所や、阿片窟や、賭博場を訪れる。その後、彼は自らの行いを改めて犯罪予防協会で働くことになる。

歴史の破片は、古文書の寄せ集めや、抜粋のアンソロジーや、新聞や回想録に基づくスクラップブックといった、物語を構成する総体を指し示す。このように生の素材を配置することは、歴史を語りながら、研究者の日常生活や、痕跡との接触が引き起こす感動を明らかにする。それは、「テクストの拾い読み」が行う再構成を極端にしたものである。それが『スターリングラード』(一九六四)の原理である。アレクサンダー・クルーゲはその中に、新聞や、無線電報や、指令や、軍隊規則の抜粋や、組織図を配置し、そこにあの有名な戦いが映し出される。フィリップ・アルティエールとドミニク・カリファによる伝記『女性殺害犯ヴィダル』(二〇〇一)は、テクスト(警察官や司法官や精神科医の報告書、新聞記事、ヴィダルの自伝)のモンタージュであり、殺人者に書類上のアイデンティティを与えようとする「書法の仕掛け」である。この本は書かれているのではなく、アルシーヴの中に切り分けられている。

視覚的な歴史は、素描や、版画や、古文書や、場所や人物の写真を、複製によって組み入れる。ここではイメージが物語る。この形式は、歴史と写真の関係を緊密化することを可能にするが、クラカウアーはこの両者を、それらが「現実に対して同等の関係」を持つかぎりにおいて比較した。どちらも現実を、現在の不完全な断片として、起こった物事への悔恨として、メディアに載せる。どちらの場合も、レアリスム的傾向(再現、現実への忠実さ、コピー)と造形的傾向(芸術的創造性、構成、想像力)のあいだで正しいバランスを見つけることが重要である。[29]

対話は、研究者たちが調査の枠内で行ったやりとりや意見交換や討論を提示する。歴史家のフィリップ・ブトリと精神分析医のジャック・ナッシフは、『大天使マルタン』(一九八五)において、一八一六年にボースの小耕作人が目撃した出現について、宗教や信仰や妄想や王政の歴史に関する自分たちの見解を突き合わせた。社会学者のハワード・ベッカーと同僚のロバート・フォークナーは、『ともに考える』(二〇一三)において、自分たちがジャズ・ミュージシャンについての書物を準備していたときに交わした、アイディアや直観や計画や冗談に満ちたeメールを公開した。これらの会話の中には、何かしらソクラテス的なものがある。われわれはそこで、暗中模索と反論によって、真実の方へ進んでゆくのだ。もしかしたらそこから、二者対談や、四手あるいは六手の練習曲や、散策のようなテクスト——その過程で知の対象が形成される——が生まれるかもしれない。

ドキュメンタリー作品は、テクストや、写真や、デッサンや、地図や、録音や、ビデオや、映画の抜粋を結びつける。今日、多くの歴史家は古文書を写真に撮り、それらをコンピュータに保存した後で、古文書保管庫におけるよりも心穏やかに、それらをデジタルファイルの状態で綿密に調べる。同様に、社会学者は証人の言葉を録音し、民族学者は儀式を撮影する。ウェブ上では、もはや注を使って引用する必要はない。アクティブリンクによって、PDFを開いたり、オンラインの記事を読んだり、ビデオを見たり、音楽や放送を聞いたり、講義に出席したりすることができる。古文書を拡大表示し、写真をクリックすることができる。デジタル時代の人文学は、現実を表現すると同時に説明するような、ハイパーテキストを生み出した。この全体的作品はおそらく、二十一世紀の社会科学が取るであろう形式であり、人文学者が原資料すなわち「アド・フォンテス」に捧げていた崇拝を現代化したものである。

社会科学の現代化

文学性の問題について、科学としての歴史はかなり遅れをとってきた。それはおそらく、資料が「痕跡」であること、あらゆる研究は「構成され」ていること、「学際的」であることに価値があることを理解している。しかし、書くこと《エクリチュール》はしばしば、歴史記述作業の非本質的な段階であり、純粋に技術的な側面とか、認識に役立たない気まぐれであると見なされてきた。小説の方は、『トリストラム・シャンディ』以来、「近代的」なものであった（『サテュリコン』までさかのぼることもできるだろう。そこでは引用とパロディーが読者に対し、フィクションの罠に捕らえられてはならないと警告する）。小説は名もなき人々や、どこにでもいる連中や、事件ならざるものや、人生の偶発時や、人知れぬ苦しみに向けて広く開かれている。小説はとりわけ、調子や視点を変えたり、アイロニーを用いたり、現実効果を断ち切ったり、実験を行ったり、直線性を解体したり、「ラバに乗ったラバ引きのようにひたすらまっすぐ」ローマからロレットへ進まないようにすることを学んだ[30]。

十九世紀初頭、歴史はスコットとシャトーブリアンに接して活力を取り戻した。一世紀後、歴史はプルースト、ウルフ、ジョイス、ムージル、フォークナー、ドス・パソス、セリーヌの革命の脇を通り過ぎた。とはいえ、一八三〇年頃、「少しずつ交錯する複数の声を持つヴァージニア・ウルフ風の物語[31]」において、労働者の言葉が出現していたことが確認できる。オスカー・ルイスの人類学的調査は、演劇にも（章の冒頭に人物表が置かれ各自の親族関係と年齢が示される）、黒澤明の『羅生門』の技術にも（同じ一つの事件がさまざまな証人の目を通して描かれ、「複数の側面からなる自伝[32]」が作り出される）、多くを負っている。

なぜ歴史は映画や現代小説によって、「ウェイヴァリー小説群」の時代のように揺るがされなかったのだろうか。それはおそらく、文学に対するコンプレックスのためである。科学としての歴史は、文学に嫉妬しながら文学を軽蔑した。社会科学は二十世紀の最初の三分の一のあいだに、自らの書法によってではなく、自らの方法によって近代に突入した。思い起こせば、一九二九年の『アナール』創刊号は、『審判』（一九二五）、『響きと怒り』（一九二九）、『特性のない男』（一九三〇）、『夜の果ての旅』（一九三二）とほぼ同時期に属する。歴史は、この出会いそこないによって、文体ならざるものとか客観的モードといった十九世紀の確信と完全に手を切ることができなかったのである。

したがって、社会科学の現代化について考えるのが有益だろう。それは、社会科学の存在理由である、理解と説明と真理陳述のための努力に、その書法を合致させることにある。このような野心は規範的ではありえず、予見的であるしかない。われわれが避けたいものはわかっている。すなわち、テクストならざるもの、無菌の文体、晦渋な学術用語、威厳を示す「われわれ」、仰々しい序論や結論、決まりきった全体構成の説明、重しとしての学識的注、主題と無関係に諸部分を決定する機械的な配置（*dispositio*）、書誌における網羅性の要求、研究者の疑似的中立性、「ガラスの家」のレアリスムなどである。しかし、われわれが壇上から説教すべきことは何もない。それでよい——というのも、作家としての歴史家の一人一人が、おのれに固有の文体を鍛え上げるのだから。われわれは、文学的技法や、叙述の構成や、読書の楽しみについていくらか述べるにとどめよう。

一つ確かなことがある——研究は叙述に反してではなく、叙述において展開されるということだ。社会科学は、小説や、悲劇や、詩や、物語（*muthos*）から、何でも望むものを借りることができる。したがって、アリストテレス『詩学』の第九章に反論することができる。いかなる手法も社会科学と無関係ではありえない。すなわち、筋立て、行為の配置、ならびに期待、サスペンスの効果（主人公を断崖に宙づりにするクリフハンガー）、驚きの効果（*paradoxon*）、逆転（*peripeteia*）、最高潮（*climax*）、対照、対話、視点のゲーム、リスト、アイロニー、読者との共犯関係、異化、内的独白、リゾーム状の声、間テクスト性、焦点化作用、フレーミング、舞台空間的構成にいたるまで。デイヴィッド・ロッジの言葉を借りれば、この「フィクションの技法」はすべて、作家一般によって、そしてとりわけ歴史家によって利用されうる。

われわれの素材である時間は、とりわけ注意に値する。いきなりの核心からの開始、突然の終了、不連続性、フラッシュバック、前兆、往復、テンポの変化、加速、減速、リズムの興奮——ここでもまた、証明の必要性に応じてすべてが可能である。重要なのは、歴史の物語は「時間の順序」に従い、「すべてがまっすぐに逆転なしに進行する」[33]と述べたバトゥー神父の誤りを正すことである。もしかしたらわれわれは、レトリックを破壊することで、つまり物語のモードをかぎりなく変化させることで、最上のレトリックに到達できるかもしれない。たとえば、経験効果、年代記の技法、脱線による断絶、肖像のギャラリー、ドキュメンタリー的活写法などによって。

フィリップ・アルティエールが『歴史の夢』（二〇〇六）において、廊下、階段、寄港地、港のバーといった「あいだの場所」に出没したように、パトリック・ブシュロンは『あいだの時間』（二〇一二）において「襞」について語った。そこでは、われわれが信じようとする大いなる同質性や、根源的な絆や、その他の連続性が廃止される――まるで「時間の垂れ幕をしわくちゃにする」[34]ように。アテナイはペリクレスの時代だけでなく、衰退の時期にも存在していた。言葉を替えて言えば、大文字の〈歴史〉が存在しないときにも、そしてとりわけそのようなときに、歴史は存在する。歴史家は、年譜を作り上げるというよりも、時間を書き記す。それどころか、彼はテクストに時間性を行きわたらせるのだ。

叙述の構成（十九世紀には「組み立て」と呼ばれた）は、全体を支える構造であり、無秩序の背後にある秩序である。それは物語となった論理である。『歴史』の九巻は一つの同じテーマに貫かれている。すなわち、ギリシア人とバルバロイの宿命的な対立である。ヘロドトスの書法はおそらく、キケロ風の静かな流れ（*fluens*）をもって、大河のように流れる。しかし叙述の流れ――水の筋、物語の筋――は、奔流や源泉や嵐によって激しさを増す。ヘロドトスはイオニア人の語り手のように、光景や、演説や、描写や、会話や、逸話をそこに書き入れる。しかし、どの脱線も理由がないわけではない。たとえば、エジプトはカンビュセスによって征服され、ペルシア帝国に属するようになった。したがって、ナイル川やピラミッドや死体防腐処理に関心を持つことは無駄ではない。一つの思いがけない事件が、戦争をその絶頂で見事に中断する。たとえば、ヒッピアスはアッティカに上陸したさいに砂の中に歯を失い、ロバの鳴き声がスキュティアでダレイオスの軍隊を守った。

このような脱線は、読者を楽しませることに役立つだけではない。それは問題のまとまりを豊かなものにする。それは叙述の精髄であり、それがトゥキュディデスを、そしてはるか後に十九世紀の方法的歴史家たちをいらだたせることになる（ギリシア社会はまだ「裸の真理への嗜好[35]」を持っていなかった）。もちろん、叙述の構成はそれが実行する論理に左右される。ポリュビオス風の世界史は天高く舞い上がらせる。サウル・フリートレンダーは一つの歌を管弦楽に編曲し、ピエール・ロザンヴァロンは骨格を組み立て、ロマン・ベルトランは天秤のバランスをとる。比較研究は二重三重に見ることを余儀なくさせる。そしていかなる研究も、過去の事物と現在の問いを結びつけるかぎり、いくらかはジグザグ歩きをすることになる。カテドラルのような書物、パズルのような書物、石碑のような書物、幾何学のような書物、丘の中腹を上る道のような書物が存在する。そのすべてが深遠な統一性を持つ。たとえばセザンヌの絵画において、一つ一つの点が「他のすべての点を知って[36]」いるように。

常に人物が行動し、行為が結果を生むとはかぎらない。レンブラントにおける暗闇のように、マネの肖像画における色彩の平塗りのように、不在が物語ることもありうる。懐疑の知性とか、沈黙の震えとか、断片の完全性とか、空虚の充実というものが存在する。そして物語は、雰囲気という、物語以外のものに場所を譲る。

社会科学における創造は、形式についての実験という形式を取るだろう。それは新たな方法としてのフィクションを調整することである。たとえば歴史を、過去の最も遠い時点から出発するのではなく、現在から少しずつ遠ざかるようにして、退行的なやり方で物語ること。肩にカメラを担いである人物を追いかけ、彼に対して開かれた可能性、いまだ開かれている彼の未来を尊重すること。いくつかの起点から物語を始めるが、結末を与えないこと（あるいはその反対）。人生の断片を突き合わせること。支離滅裂なものの歴史を作ること。対談の言葉どおりの記録と、イメージの引用と、映像資料を結びつけること。テクストの書式は、それがより衝撃的なものになるように、新聞記事か中編小説のように短くなるだろう。より長い物語の場合、その区切りはテレビシリーズの区切りになるだろう。リズムはスリラーのリズムになるだろう。また、歴史家は、事件の過去的性格とわれわれの懐古的視点の両方を包含する、前未来形を用いるようになるだろう。それはまた、モディアノの偏愛する時制でもある。「前未来、それは過去の再訪の時制、補償しえないものの時制である。それはさまざまな層、さまざまな厚さを持つ時制である」(37)。あるいは、過去から発せられる単純未来形が、あるいは、過去と今日の両方にとっての現在形が、用いられるようになるだろう。

真理の名において楽しみ——嗜好、関心、美的感動——を糾弾することは、またもや「劇場のいんちき芸」を嫌悪したトゥキュディデスにさかのぼる。啓蒙の時代以降、推論(déduction)は科学に、気晴らし(déduit)は文学《レットル》に結びつけられた。十九世紀にドイツ、フランス、アメリカにおいて、歴史が大学の学問分野に定められ、閉ざされた講義やゼミナールの周りに組織されるようになって以来、歴史家は極度に専門化されたグループの内部で、同業者のために書くようになった。自分の同僚以外の人々に接触しようと望むとしたら、それはよほどの自信過剰にちがいない！「読者」は疑わしい言葉、あるいはタブーとなった。アカデミックな環境において、研究者は雑誌論文しか、さもなくば職業的義務から読まれる本しか、生産することを許されなかった。

社会科学において、読者の楽しみを回復させることができるはずだ。読者の単なる知的利益だけでなく、その興味や、好奇心や、情熱を回復させること。われわれの十二歳のときの「最初の」読書を取り戻すこと——それはより距離を置いたアプローチを妨げるどころか、奨励するものである。ラブレーもそう言わなかっただろうか。われわれは、自分が素直に読みたいと思うような歴史を想像することができる。その理由は、それが新鮮で感動的だからであり、そしてさらに、そこで簡潔さと執拗さが結びついているからであり、その解読の努力が衝撃的なものだからであり、その探究が何か普遍的なものに達しているからである。それはおそらく、「小説のように」読める書物がなしとげているものであり、そしてそれは、おわかりのように、悲劇としての歴史のパトスを用いることでも、肉づけをする現実効果を用いることでもない。

楽しみを与える社会科学——このような考えは挑発的に見える。しかし、文学共和国においては、そして十九世紀半ばまでは、こうした発言はありふれたものであった。ベールが『歴史批評辞典』において行った区分——歴史の物語と主要な注釈——は、まさに「公衆の嗜好をうまくとらえる」ことを目指していた。この学者は、少し楽しい箇所を準備することで、辞書の無味乾燥さを和らげ、「読者の退屈を紛らせ[38]」ようとした。極度の厳格さと読者への配慮と——つまり、半世紀後の『百科全書』と同様に、ベールの知性と叙述に関する革命は、商業的成功、つまり読者の承認を条件としていた。十九世紀にスタンダールは『ラシーヌとシェイクスピア』において、バラント以前のフランス史は「読むには退屈すぎる」と指摘した。オーギュスタン・ティエリは中学生のときに『殉教者』をむさぼり読んだ後、「研究者にとってはためになるが、大多数の読者にとっては退屈な純粋科学の本[39]」を書くことを拒絶した。フランスでは、ルナンの『イエスの生涯』は十九世紀の書店における最大の成功の一つであった。今日、歴史の新たな対象を発明することは、中学校の授業の丸暗記では得られない楽しみを与えてくれる。たとえば、フィリップ・アルティエールのタトゥーや横断幕やネオンや落書きに関する研究や、ステファニー・ソジェの駅や幽霊屋敷に関する研究である。

楽しみを与えること、そしてさらにそれを得ること。われわれが研究することに幸福を感じるのは、調査や発見をするからであり、そしてさらに、自らの自由を猛烈に行使するからである。われわれの精神が数年のあいだ活動するであろう場所を選択するからである。それゆえに、個人的に関係のある主題を選ぶこと、個人的な事件に動機づけられた研究やアイデンティティに関する探究に取り組むことを、ためらってはならない。たとえば、称賛、愛情、欲望、子供時代の思い出、負い目の感情、そしてさらに、遺棄、自殺、喪失、追放、そして人種主義や反ユダヤ主義や女性蔑視や同性愛嫌悪や社会的支配による侮辱などである。研究者よ、おのれの傷を恐れることはない。おのれの人生についての本、おのれが何者かを理解する助けとなるような本を書くがよい。その他のこと——厳密さ、誠実さ、高揚、リズムなど——は後からついてくるだろう。

一八六〇年代に、ある大家が自らにこう命じた。「情熱を持つこと。私の本の中に一つの強烈な息吹を保ち、それが最初のページから立ち昇り、読者を最後のページまで運ぶようにすること。私の力強さを維持すること」[40]。この三つの言葉は、研究者にとってのモットーと言ってもよいだろう。これは新たな拘束なのだろうか——もちろんそうである。社会科学は、社会生活と同様に、権利と義務の混合物である。そして義務が存在するのは、ひとえに万人の自由を拡大するためなのだ。

第11章　研究としてのテクスト

私はここで、各自がおのれの理性をうまくはたらかせるために従うべき方法を教えるつもりはない。ただ、私がいかにして私の理性をうまくはたらかせようとしたかを示したいのだ。

——デカルト

私は本章において、私の『私にはいなかった祖父母の歴史』というテクストの隠れた意味を明らかにしたい[1]。この書物は文学的かつ認識論的な実験であり、それは方法を物語ることにある。それはもはや、十九世紀の方法的革命と二十世紀の小説の革命を結びつけることによって、社会科学の書法《エクリチュール》を刷新するものではない。むしろ、調査でも証言でも自伝でも物語でもあるような形式の中に、社会科学を組み入れるものである。それは、論理を実行するがゆえに歴史であり、テクストを活動させるがゆえに文学である。この交雑は、人間の行動を描くことを可能にするだけでなく、論理を用いて人間の行動を理解することを可能にする。テクストにおいて展開されるその論理が、感情を動かすのである。

研究者の状況

社会科学の文学的な可能性を現実化するためには、客観的モードと反対のことをする必要がある。現代小説の発明も、問題としての歴史の出現も、客観的モードを消し去ることはできなかった。このモードは話者の主観性を、偏在としての不在のうちに隠すことによって否認する。客観性が自己犠牲を意味すると仮定することで、「外的」現実でないすべてのものを厄介払いしようとするのである。そんなことは不可能なので、このモードは研究者の視点の代わりに、〈神〉としての話者の視点なき視点を置くことになる。

これらの手法は、断念に行き着かなかったとしても、大した結果をもたらしはしない。ポパーが説明するように、視点の問題を回避する科学者は、無意識のうちに一つの視点を採用する。そしてこの無知が、彼らのいわゆる客観性の努力を無効にしてしまう。というのも、おのれ自身の視点をはっきりと知らなければ、おのれの仕事に批判的視点を向けることはできないからだ[2]。そこから科学主義のあの欺瞞的態度が導かれる。なにしろ、価値判断についての検閲が価値観の侵入を妨げたことなど一度もないのである。叙述と認識に関するこのような弱点の他に、さらに政治的な性質の欠点が存在する。滑らかな歴史は、権威的言説に特有の欠点を持つ。つまり、その表面は歴史家が行う複雑な操作を読者の目から隠すものであり、脚注はその不透明さに対する貧弱な埋め合わせなのだ。研究は、研究そのものとしてではなく、最終的な製品として、出来合いの結果として提示される。ひとことで言うと、客観的モードはもはや社会科学の要求と両立しないのである。

科学者がこれほどまでに「私」を恐れるのは、彼らがそこに、あるタイプの主観性しか見ていないからである。それはパスカルの言う、あまりに内面的で、慎みがなく、自己満足的で、自己中心的な、憎むべき自我の主観性である。それは、賛辞としての歴史あるいは告発としての歴史における、不公平さとしての自我である。それはいたるところに見られる。たとえば、ギボンはコンスタンティヌス帝のキリスト教への改宗をこのように扱った。「卑屈で女性化した一世紀は、修道生活の聖なる無為を安易に受け入れた」(3)。考証資料の欠如は別にして、カントーロヴィチの『皇帝フリードリヒ二世』の真の欠点とは何だろうか。それがあまりにも聖人伝的であり、ナチスの源流であることだろうか。ともかく、歴史家もやはり一個人であり、カントーロヴィチは一九二〇年代末において、別の「偉人」の到来を期待していたがゆえに、皇帝の人物像について研究する権利を持っていた。方法的な観点から容認しがたいのは、彼が自らの原資料と確信について、まったく距離を取ることができなかったことである。彼はいかなる議論もなしに、おのれの個人的立場と歴史的知識をひそかに一致させた。不誠実さはそこにある——つまり、歴史家のエゴが秘密裡に物語を制御しているのだ。

　しかし、多くの歴史家が、おのれの自我が研究において活動していたと認めている。オーギュスタン・ティエリは第三身分を「孝心」から擁護した。ミシュレは『フランス史』の一八六九年の序文において、歴史と歴史家の密接な絡み合いを主張した。「どれほどモデルに忠実で正確な肖像画でも、芸術家が自身の一部を込めなかったものはない」。それは、話者が登場人物として自らのテクストの中に現れるように、歴史家が自らの歴史の中に現れるのを容認することである。一九三〇年代にビーアドは新ランケ学派の客観性の神話——「この高貴な夢」——を批判し、すべての歴史家は自らの教育、信仰、経験、階級の利害、性別、人種の影響を受けると指摘した。たとえば、ランケはプロイセンの保守反動派を体現していると(4)。

　このような告白は、単なる愛嬌や、ロマン主義的欲望や、過激主義者の挑発にすぎないと考えることもできるだろう。実際には、それはかなりの重要性を持っている。それは科学主義者の知らない、第二の主観性を明るみに出す——すなわち、ある状況に置かれた研究者の主観性である。この主観性は、打ち明け話をしたり自分の意見を述べたりすることにあるのではなく、自分がどこから語っているかを知ることにある。たとえば社会学において、その主観性は社会学者の視点を指し示す——その視点が社会学者に由来するかぎりにおいて、それが資料調査と分析の道具であるかぎりにおいて、そしてそれが自己反省へとうながすかぎりにおいて[5]。いかなる研究者もある状況に置かれている。しかしそう指摘するだけでは十分ではない。彼がさらに、おのれの自我や、空間的＝時間的な帰属や、社会的カテゴリーや、利害関係や、哲学や、分野における立場を引き受ける必要がある。つまり、自らの拠点と自分が選んだ研究対象とのあいだの距離を計算する必要がある。この位置決定の努力は、自らの偏見にとらわれたり、利害関係に縛られたり、おのれの操り人形になったりすることを防ぐうえで役に立つ。それは感情移入や理解（*Verstehen*）以上に、われわれを自分自身から解放することを可能にする。

したがって、歴史における客観性は、自我の消滅や、中立性（あるいはむしろ中立化）や、全知の話者というごまかしとは何の関係もない。それは反対に、話者の立場についての記述——それが彼の仮説に対して個人および集団が批判を行うための前提条件である——の上に成立する。問題は、相続者であることではなく、相続者であることを黙っていることにある。三つの「自我」が認識をめぐる裁判に貢献する。すなわち、(1)証人としての自我、(2)研究する自我、(3)反＝自我である。

(1) 証人としての自我。 研究者は研究対象と直接的な接触を持つ。たとえそれが、調査の作業——発掘、面会、実験——が現在形でなされるからにすぎないにせよ。われわれは歴史の同時代人なのである。学者が、自身が物語る事件に巻き込まれることもありうる。それはレー枢機卿からランズマンにいたる、回想録作者の場合である。さらに、ヘロドトス、トゥキュディデス、クセノポン、サッルスティウスといった、幾人かの古代の歴史家の場合である。ポリュビオスは自身の歴史の中に歴史家としても人物としても登場するが、「自分について語る場合は、用いる言葉にいくらか変化を付け」なくてはならないと率直に説明する。というのも、自分の名前を絶えず繰り返すと、しまいに退屈やいらだちをかきたてることになるからである。民族学者や、社会学者や、リポーターの状況も似たようなものである。彼らは関与しつつ観察するので、歴史家よりも積極的になるのだ。旅行者としての人類学者は、「個人的な係数を明るみに」出すことを推奨するだろう。彼はそうやって自らの証言の価値を高めるのだ[6]。「人々の中の証人」というのが研究者のモットーになるかもしれない。それは二十世紀の最も偉大なジャーナリストの一人であるケッセルのモットーであり、彼はそれを自分の作品集の冒頭に掲げた。

(2) 研究する自我。 ディルタイからリクールにいたる解釈学の流れにおいては、研究者が自分が描く世界に属するという事実に由来する、研究者の個人的なかかわりが強調された。解釈、理解、他者性の経験、他の人間への共感、感情移入、あるいは憤慨の感情は、知識の原動力である。事件が遠い昔のことであり、不可逆性のうちに凝固しているからといって、何かが変わるわけではない。歴史家は自らの歴史性を逃れることはできない。カール・ベッカーが一九三〇年代に述べたように、われわれは、それ自体が重要であるものについてではなく、われわれを感動させるもの、われわれの心を打つもの、われわれの知性に抗うものについて歴史を作るのだ。「歴史は歴史家と切り離せない[7]」のだから、主観性と客観性を対立させることは不毛である。一方は他方を批判的に深めたものにすぎないのだ。

(3) 反＝自我。 「中立性」は可能なものでも望ましいものでもない。どのようなものであれ、価値観が研究者の人間性を基礎づけるからである。したがって、価値観を明らかにした方がよい。つまり、自分自身や、自らの制作の秘密や、自らの偏愛や、自己愛的な自明性——それによって自分自身でいることが正常だと判断する——と戦う方がよい。それはいささか居心地の悪い局面である——とりわけ、自分が共産主義について研究する元共産主義者であったり、ショアーについて書く被収容者の孫であったりする場合には。研究者は他人について真理を述べると主張するが、このような内省は研究者の視線をより客観的にし、より乱暴でなくする。研究者は自らの方法を示すがゆえに、自分自身を非神話化し、自らの言説を非神聖化するのだ。

カール・マンハイムは、知識人は世界に自由な視線を向けるために伝統から解放されるべきだと考えた。ポパーは彼に対して、客観性は学者（「シリウスから来た人類学者」のような）の公平性にかかっているのではなく、科学の対立的で公共的な性格にかかっているのだと答えた。(8) 実際には、この対立性と公共性はもっと早く、研究者が知識のプロセスと自分自身のかかわりについて考えることを受け入れた瞬間から、すでに始まっている。研究者は、伝記的、家族的、学術的、社会的、政治的な立場、つまり自分が（調査の行程を示す以前に）語る立場を明らかにすることで、自分自身についての批判の条件を準備する。言説は、視点を備えているがゆえに、批判可能であり、したがって科学的なのである。研究者を状況の中に置くことが、彼の仮説を検証することの前提条件である。科学における絶対主義に対するこの批判は、文学においても有益である。ある歴史、ある環境、ある分野に帰属することは、ひとりでに生まれ、誰にも負債を持たず、シェイクスピアとランボーしか相続していない「捨て子」の神話に反論することなのだ。

したがって、社会科学における客観性は、集団的には批判的議論のうちに、個人的には状況分析のうちに存在すると言える。自我の拒絶が科学主義の特徴であるのと同様に、研究者の自己検証や客観化する者の客観化（ブルデュー的に言えば）は社会科学の方法に属する。「自分自身の視点についての視点」を採用することは、客観的モードの言外の意味と決別することを可能にする。(9) ブルデューがこの「反省的認知人類学のプログラム」を、ベアルン地方の独身者についての論文においても、カビリアの民族学の研究においても、実践しなかったのは残念なことだ。彼は『ホモ・アカデミクス』(1) においてもそれをほとんど実践しなかったが、そこではこの社会学者の個人的経験——彼の「土着の知識」——は決定的なものであった。

反省的実験という枠組みにおける自我の分析が、相対主義のしるしを帯びていないことがよくわかる。それどころか、その分析は知識をより客観的にする。これらすべての「自我」の活性化は、社会科学の方法に属する。そしてその方法は、自伝的な社会分析という形式において、文学に通じるのだ。

方法としての「私」

研究者の「自我」は彼の仕事を導き、豊かにする。しかしそれはかならずしも叙述において「私」という形式で現れるわけではない。自我（moi）と私（je）——この区別は重要である。というのも、認識論の著作や対談の本や晩年の自伝において主観性の役割を理論的に認めるのと、自らの学術的研究においてそれを引き受けるのとは別のことだからだ。「研究する自我」は、解釈学的伝統から受け継がれた理解のための力である。しかし「私」は、このような認識論を叙述の中心に投入することで、テクストを書くようにうながす。「私」はタブーの代名詞であり、われわれはそれによって客観的モードから反省的モードへ、ガラスのヴェリズモから調査の物語へ、アカデミックな非人称から研究ノートや批判的自伝へと移行する。

ヘロドトスにおいて、一人称単数は論理の大部分、つまり叙述の大部分を占める。「私」は、調査者としての旅行者である個人への参照というほかに、複数の機能を持つ。それは証人の肉体的存在を証明し（テーバイに行き、記念碑を描写し、フェニックスを絵画でのみ見たことがある者）、論理の連鎖を構成し（仮説、真実らしさについての議論、異なる解釈のあいだの比較、無力の告白）、著者の判断を表明する（クセルクセスの法外な傲慢さ、キュロスの賢明さ）。われわれはこれらの機能を、程度の差はあれ、古典主義時代の回想録作者のうちに、そして二十世紀のいくつかの作品のうちに、再び見出すことができる。C・L・R・ジェームズの著書『境界を越えて』（一九六三）[2]は、カリブ海社会におけるクリケットを対象にしているが、自伝の一部を引き受けている。それほどこのスポーツは、選手とスポーツジャーナリストという二重の経験を通して、著者の少年時代や、職業生活や、人種意識や、政治的立場に影響を与えたのである。デュビーもまた、証人として語っている。彼は『ブーヴィーヌの戦い』（一九七三）[3]において、自分は「農民たちを知っているが、彼らは悪天候のせいで日曜日に刈り入れをしなければならないとき、まだ少し震えていた」と語る。この「私」は、真実を宣言するよりも蓋然性を示唆するような、認識をめぐる慎みを示している。「それが読者に注意する私なりのやり方である」[10]。

その使用がいかに古いものであれ、「私」は社会科学のフロンティアであり、大きく開かれた展望であると考えることができる。その三つの機能は、叙述の流れに沿って絡み合っている。

第一に、状況を示すこと。この立場としての「私」は、家系や、帰属や、経歴や、所属や、動機や、嗜好や、偏愛や、価値体系を認識するのに役立つ。歴史は歴史家と不可分であるとか、比喩がビジョンを構築するという考えを受け入れるなら、われわれが選んだ研究対象、自分のために選んだ研究対象との特別で密接な関係を、テクストが明らかにするようにしなければならない。状況の中で行われるこの自己分析は、作家としての研究者が、普段は他者に対して実践する、文脈に当てはめるという操作を、自分自身に対して実行することを可能にする。

第二に、論理を展開すること。この調査する「私」は、発掘（シュリーマン、ルロワ＝グーラン、ミシェル・ブリュネが行ったこと）や、面会（マリノフスキやシカゴ学派の社会学者が行ったこと）や、実験（医師チームが報告書を書くときに行うこと）を描くことを可能にする。それは歴史の道理《レゾン》を示すのに役立つ。すなわち、賛成と反対を議論し、目の前の諸要因をはかりにかけ、仮説を次々と提示しては破棄し、説明し、自身を弁明し、自身に異議を唱え、反例に反対し、自らの方法を問いただし、最後に、自らの理由《レゾン》を示したうえで魂と良心にかけて裁断を下すのである。このような明示は、研究の使用法やそのソースコードを提供し、それゆえに批判的議論を準備する。そういうわけで、最も厳密な科学、物理学や生物学や医学や数理経済学といった非常に客観的とされる「ハードサイエンス」において、「私」（I）もしくは「われわれ」（we）の使用があれほど多いのである。「私は測定する、私は使用する、私は考える、私は研究する、私は発見する、私は発見しない、私は示す、私は観察する、私は比較する」[11]。

最後に、行程を示すこと。それは感動する「私」である。研究者はロボットではなく、人生の一部を研究に捧げた個人である。彼が調査の途上で何も感じず、何にも驚かず、何も学ばないとしたら、それは驚くべきことだろう。どうして彼が、最終的な「結果」を支えるあれらの下位の発見について話さないことがあろうか。どうして彼が、自分がある風景に感動し、ある面会に動転し、ある状況に困惑し、ある発見に動揺したと認めないことがあろうか。ここにあるのは自己中心主義ではまったくなく、単なる確認である。知識のプロセスはしばしば、われわれの確信を揺るがす効果を持つのだ。研究者のこのかかわり（それをわれわれは知の支配と呼ぶことができる）は、彼が研究のまとめ役であると同時に、その対象であり素材であることを示している。

立場としての「私」、調査する「私」、感動する「私」――これらは方法としての「私」の三つの形式を構成する。この三重の「私」は、距離を置くと同時に登場人物でもある話者に固有のものであり、社会科学を文学に結びつける架け橋の一つである。それはエッセーや、ルポルタージュや、調査や、証人の物語や、旅行日誌に属する。しかし、現実効果を高めるためにそれを隠すレアリスム小説や、自己中心的である古典的な自伝には属さない。作家としての研究者は、自分自身を厄介払いするため、他者についてより客観的に語るために、「私」と言う。それに対して、小説家は他者について客観性なしに語り、自伝作者は自分自身について主観的に語る。

方法としての「私」は、さまざまな力やグループや束縛や傾向が交差する点であり、主観性を屈曲させる場所である。それは、われわれが「われわれ自身」であるのは、われわれの単一性や自由によるのと同じくらい、われわれを超越したさまざまなプロセスがわれわれ自身のうちで出会うからであるということを教えてくれる。それは

「私、私、私」ではなく、私が私以外のものによって形成され構築されるかぎりでの「私という彼」であり、制度とか社会階級とか価値観とか基礎教育と呼ばれる一連のものの交差点である。私が獲得した自分自身への距離は、画面《タブロー》の中の小さな場所、私が飛躍するための支点を、私に与えてくれる。それゆえにこの「私」は、仰々しく空虚な威厳を示す「われわれ」とはまったく異なり、ある企画のもとに集まった集団として、チームとしての「われわれ」に容易に通じるのである。

　結論に移ろう。方法としての「私」は、研究の主題とは独立して実行されうる。その認識上の力を利用するために、自分の村や、自分の党派や、自分の家族について研究する必要はまったくない。というのも、それは論理でも形式でもあり、形式における論理だからである。それは、研究のプロセス全体をごまかし入念で滑らかな結果だけを示そうとする客観的モードに、脚注よりも巧みに亀裂を入れることを可能にする。それは物語をはめ込むことによって、ある状況に置かれた個人が探究に身を投じ、研究し、目撃し、感じ取る姿を指し示す。語るのはもはや大文字の〈歴史〉ではなく、研究者である。発言はついに発話者を持ったのだ。

『フランスの構成』において、モナ・オズーフのブルターニュ地方での子供時代は、この少女の教育を説明するのと同様に、地方のアイデンティティや、宗教の信仰や、社会的格差や、日常生活の地理学や、ジェンダー関係を明らかにする。このような個人と社会集団と国民のあいだの緊張は、ミシェル・ヴィノックの家族的自伝である『ジャンヌとその家族』においても、先駆的な試みである『瀕死の共和国』においても見出される。後者においては二十歳の学生が、プジャードからド・ゴールに、フルシチョフ報告からアルジェリアでの拷問にいたる、一九五〇年代末のフランスの国際政治についての発見を物語る。これらの書物は、自伝でも人生譚でも年代記でも歴史でもあり、感動させ魅了すると同時に理解させる。

　同様に、『悲しき熱帯』（一九五五）[4]は「私」の科学性と文学性を両立させる。この物語で文学的なのは、夕日の描写でも、著者自身が告白するように「コンラッドの出来損ない」を提供しようとする小説的な野心でもない。ここでの文学とは斬新な形式であり、旅行者としての人類学者はそれによって見慣れたものを揺さぶり、奇妙さを飼いならす。雲から出現する絶対的な眼になることはできない。反対に、レヴィ゠ストロースは方法としての「私」を体系的に用いるのだ。

彼は自分がある歴史の産物であると認める。すなわち、ユダヤ教、プロヴァンス地方の思い出、登山への嗜好、哲学教授資格、ソルボンヌでの退屈、中央ブラジルのサバンナの魅惑などである。彼は調査の準備について語る。すなわち、パリの卸売商での買い物、クイアバでの人間とラバの選択、ナンビクワラ語の学習、夜明けとともに起き夜遅くまで起きている義務などである。彼は、さまざまな相違を超えた、文化体制の類似や「未開人」の友愛について語る。自分の感情や、熱狂や、驚きや、欲望や、倦怠や、退屈や、疑念を、最も打ち明けがたいものにいたるまで表明する。「われわれはここに何をしに来たのか。いかなる希望をもって、いかなる目的のために？　民族誌の調査とはいったい何なのか」。彼は、われわれの「近代性」の反対物であり犠牲者である、絶滅を運命づけられたこの人間たちを前にして、自分が感じた憂鬱をあらわにする。

人類学者は、細部や、冒険者の逸話や、意味のない事件に対して免疫がなくてはならない。「われわれが遠くまで探しにゆく真理は、こうした不純物を取り除いて初めて価値を持つ」。レヴィ゠ストロースは序説でそう皮肉を言う。この本自体がその見事な反証である。つまり、その不純物と砂金採取者なしでは、黄金はもはやありふれた金属にすぎないのだ。三十年後に作家は、自らの学術的著作よりも『悲しき熱帯』の方に、より大きな真理があるのではないかと自問する。なぜなら、彼は「観察者を自らの観察対象の中に組み込んだ」からである。まるでカメラの魚眼レンズのように、そこから生じるゆがみとともに。(12)

「私」を用いることは、書法の選択である以前に、認識をめぐる自由である。われわれは、結果としての歴史よりも――科学的な理由により――プロセスとしての真理を、つまり合理的で説明可能で修正可能なやり方を好む。われわれはそのやり方で目的を目指してきたのだ。問い、調査、研究、証明は、認知の道筋における目印である。逆に言うと、事実は、証拠やそれを導く論理がなければ、たとえ「真実」であってもあまり興味深いものにはならない。ペレックが『物の時代』の末尾でマルクスを引用しつつ述べるように、「結果と同様に、手段もまた真理の一部である。真理の探究はそれ自体、真実でなくてはならない」。

ジュピターの頭部から鎧を着て生まれたパラスのような、結果としての歴史に不信を抱く者は、自らのアトリエを万人に開放するだろう。われわれは、閨房の秘め事や秘密の扉といった〈歴史〉の舞台裏には興味がないので、書物そのものの舞台裏を訪問させる。読者は、境界の向こうに進むよううながされ、今まさになされている研究――それはおのれの理由、公準、定義、観念連合を示したくてたまらず、おのれを織りなす論理的で古文書学的な諸作業を解きほぐそうとする――を、その論拠や、証拠や、手法や、調整や、欠落や、成功や、失敗とともに発見する。読者にとって、いかにして歴史が理解可能になるのかを理解するのは有益なことである。それは、言い換えれば、二重に理解することなのだ。

研究者にとって、いかにして知識が製造されるのかを示すのは喜ばしいことである。歴史はアトリエで作られるだけでなく、印象派が野外で絵を描いたように、外部でも作られるということを示すのは重要なことである。専門家ならざる者を受動的な鑑賞者の役割に閉じ込めるのではなく、友人として迎えるのは快いことだ。この腹心の友は、少しでも時間とやる気があれば、私と同じことができたであろう。われわれの試行錯誤の物語として歴史を書くことで、われわれはあるがままのわれわれになる。すなわち、真実を布告する権力者ではなく、真理についての記述を生産しようとする作家になる。

　このような知の共同生産の原理は、当然、叙述の構成に影響を与える。訪問者をアパルトマンに迎え入れる前に、彼を足場によじ登らせるのはよいことである。梁をむき出しにした天井があるように、証拠をむき出しにした物語や、木骨造建築《コロンバージュ》の歴史が存在する。それは、建築物全体がいかにして自らを支えているかを見せてくれる。研究は、その全体——構造、建築物、刳り型——において、その作業《トラヴァイユ》の持続（木材が「変形する《トラヴァイエ》」と言うように）において、その生成や実現や未完成の厚みにおいて、引き渡される。なぜなら研究は、それ自体が従う知的手続きのみならず、それ自体がかつて引き起こし、今も引き起こし続けているさまざまな困難と、切り離せないからである。歴史家も社会学者も人類学者も、自身の観察の条件を明確にすることができる。それは、「出来合いの結論を与えるだけで、それらの生成について何一つあらわにしない[13]」ことを好む研究者たちとは反対の態度である。調査の物語は自らの表面を触らせる。カンヴァスは、下絵や、絵具の集積や、絵筆の動きを読み取らせる。ここにおいて「仕上げの美学」との断絶が完遂される。その美学は社会科学においても、絵画におけるのと同様に、アカデミズムのしるしなのだ。

　結局のところ、客観的モードは逆説的である。それは科学としての歴史によって選ばれ、現実効果に満ちた物語を生産した。そしてそこから証拠やその他の批判的要素を排除し、最後尾の注の中に片づけた。われわれは社会科学の要求をよりよく満たすために、叙述の重心をずらして、物語の一部を研究そのものに——つまり、われわれが推論し、調査し、懐疑し、立証したそのやり方に——充てることもできるだろう。書物の中心はもはや歴史の物語ではなく、歴史の論理の物語になるだろう。それは知的活動のルポルタージュであり、歴史はそれなしでは単なる表面的な「叙述」にすぎないだろう。

われわれはこの変更からあらゆるものを得ることができる。ある調査が、社会科学の方法を採用しつつ読者を熱中させるという、この奇跡的な特性を備えている。それは、マリノフスキの一九一四年から一八年にかけてのパプアニューギニア沖合の群島での滞在である。そこでは何千組もの人々が、いかなる実用性もない腕章と貝殻の首飾りを交換する。ヌート・レヴェッリの「マールブルクの行方不明者」の足跡についての調査において、サン・ロッコの兵舎で暮らすこの孤独なドイツ人は、毎朝馬で散策し、子供たちに話しかけ、そして一九四四年の夏にパルチザンによって殺害された——英雄でも虐待者でもなく、むしろ勇敢な人間として。ルロワ＝グーランは、後期旧石器時代の洞窟の中で、大きな動物の構図に付随する抽象的なデッサン——点、線、溝、格子、蛇行模様——をわれわれに指し示す。彼はいくつかの検証の後で、それらの恒常的で規則的な性格に気づく。スペインのラス・モネダスでは、「旧石器時代全体で最も驚くべき『落書き』」が出現した。人が電話をしながら紙の隅に描く、統一はないが意味はあるあれらの形象に似た、円環と棒である。[14] あの「未完の輪郭の板絵」、あの「がっかりするようななぐり書きの残滓」、それは結局、あらゆる研究者が目の前にしているものである。そしてルロワ＝グーランはわれわれに、謎めいた痕跡と、それらが課す謎と、それらを解読しようとする自らの努力とを物語る。つまりひとことで言うと、理解するための自らの戦いを物語る。これが洞窟のもう一つのアレゴリーである。

社会科学のテクストは、ミメーシスを超越し完遂するために、二つのプロペラを備えた形態を取りうる。それは、（ナラティヴィストが言うように）事実を再現しかつ説明する物語と、これらの事実の解明をなしとげる調査の物語から構成される——つまり、事物の物語であると同時に、この事物の足跡を追う状況に置かれた個人の物語でもある。したがって研究としてのテクストは、形式として、同じ一つの物語の中で過去と証拠と調査を結びつける。その本当の主人公は、偉人でも、事件でも、歴史家でもなく、理論である。最終的に、脚注という恥ずかしさのあまり隠された傷跡は、解消される。それは叙述に取り込まれ、物語の素材そのものになる。この再編入は何かしら信仰告白に似ている。そう、歴史の論理こそがわれわれの活動の核心なのだ。

透明性と有限性

研究者のアトリエを開放し、梁をむき出しにした論理を組み立てること。これらの可視性のメタファーは、透明性の理想と密接な関係がある。それはもはや、自然主義の見せかけの「ガラスの家」でもなければ、全体主義の「透明性」、すなわち親密さの不在と強制的自己批判による透明性でもない。ガラスのヴェリズモと個人の粉砕は、同じ結果をもたらす――それらはいずれも批判的議論を抹殺するのだ。真の透明性とは、管理（あるいは決定）が公明正大で誰もが知る手続きに合致するとき、それが所有する民主的な性質である。

したがって論理は、それが分析的であるとき、つまり完全に明示され受け入れられたとき、透明になる。すなわち、それが明晰な定義や、仮説や、推論や、例示や、反例に立脚するときである。それが可視的になるほど、その歯車や、骨組や、限界が見えてくる。何も隠すまいとする努力は、露出癖とは何の関係もなく、議論への呼びかけ、あらゆる科学の基礎であるライバル関係という友情への呼びかけでもある。透明性がテクストを殺菌するのではないかと危惧する意見もあるだろう。しかし実際には、透明性はむしろテクストならざるものを食い止めているのだ。アカウンタビリティを要求したり、疑念を表明したり、未完成であると告白したりすることは、言説の「実証的」性格に、すなわち自己満足以外の何物も与えないあの完全さに亀裂を入れる。自分自身に対する厳格さは、一義的な「結果」を差し出すことを妨げ、そして研究者の不安は、テクストの叙述に深みを与える。(15)

この良心についての検討には、何かしらストイックなものがある。あらゆる歴史の書物は『エセー』を引き合いに出すことができるだろう。「読者よ、これは誠実な書物なのだ」。何人かの作家は、読者の前に自分自身を差し出し、自らの有限性を作品中に体現した。たとえば、モンテーニュ、聖アウグスティヌス、そして引退後のサッルスティウスである。ウィリアム・ヴォルマンは『プア・ピープル』において、自分はロンドンやオーウェルと違って貧困を知らないと、したがって何について話していいかわからないと言わずにいられなかった。楊継縄は、一九五八年から六一年までの飢餓による三千六百万人の中国人の犠牲者（著者自身の父親もそこに含まれる）を扱った『墓碑』の冒頭において、勇気をもってこう告白した。自分は共産党青年団におけるプロパガンダの責任者として、大躍進政策を最後まで称賛したと。「私は父の死を悲しんだが、党への信頼を弱めはしなかった」[16]。

この透明性の反対物は何だろうか。それは、ヤウスの秘密性である。彼は、歴史におけるフィクションの使用を理論化したが、武装親衛隊の元志願兵で将校であった彼自身がいかなる点でこの現実感喪失に関心を持つのかを自問しなかった。コンスタンツ大学における彼の後継者であるカールハインツ・シュティーレが言うように、戦後のドイツの大学において、「科学の客観性を前にした自己消去というスローガンは、たいていの場合、もう一つの沈黙、すなわち恐ろしいものを前にした沈黙を覆い隠していた」[17]。このような欺瞞性に対する対抗策は何だろうか。それは、研究者が他者の方へ向かう前に、自己自身の内部に降りてみることである。そもそも、人間について真理を述べる権利を主張するとは、研究者はいったい何者だというのか。ヴォルネーはこう尋ねた――探究者は証人たちを問いただし批判するが、彼自身は彼らの欠点や、不注意や、偏見を免れているのかと。「彼は彼らと同じ人間ではないのか」[18]。

自らの主観性を客観化すること、自分の家を家宅捜索すること、あらゆる優越性を放棄すること。これらの訓練は社会科学の方法に属している。われわれはひとたび他者に交じって世界の勝負の場に身を置くやいなや、社会学者として彼らと面会し、人類学者として彼らを観察し、歴史家として彼らを研究することができる。ペギーは、「歴史的地位」に身を置くことを拒絶する歴史家たちを馬鹿にした。それはまるで、病気になり死ぬことを拒絶する医者のようなものだ。われわれ歴史家もまた歴史的存在なのである。

社会科学の研究は、生者が生きる助けとなる。それは、彼らの過去や、彼らの経歴や、彼らが生きる世界を理解可能にする。それは、人々が遠い時代や空間を測量することを、そしてさらに彼ら自身の経験を取り戻すことを、トラウマ——遺棄、孤独、追放、貧困、差別、人種主義、戦争、死——が彼らから奪った言葉を回復することを、可能にする。歴史家とは、自分の同類を助ける人間（*Mensch*）であり、他の人間が行うことを理解しようとするがゆえにいっそう人間的な存在である。彼はあれらの時代の中の人間たちを、時代の中の人間の視点から研究する。歴史とは、われわれを他者と、われわれの子孫や先祖と結びつけるものである。それはわれわれが胸の中で温める問い、人生の冬になってそれまで問わずにいたことを後悔するような問いである。それは一人の生者が、自分もまた死にゆく前に、生者たちの名において死者たちに送るオマージュである。

ホイジンガの『中世の秋』（一九一九）[5]には胸を刺すような憂鬱が宿っている。「世界が五世紀若かったころ」、事件はよりはっきりした輪郭線を持っていた。逆境に対する慰めはあまりなかった。富はより貪欲に味わわれた。「当時の生活が持っていた嗜好の激しさと色彩の強烈さ」を理解するには、このような感情の単純さを覚えておく必要がある。「当時の生活」、「その頃は」、「今日よりも」といったホイジンガの表現は、過ぎ去ったという感覚がいかなる断絶も生み出していないことを示している。それどころか、自省によって現在と過去のあいだ、彼らとわれわれのあいだを往復しなければならない。その自省が、われわれに先立つ兄弟としての人間たちの奇妙さをいっそう明確なものにする。われわれはそれを祈りと呼ぶ。

反省的モード

議論を要約して、反省的モードの四つの原理を述べよう。これらは方法についての努力を叙述そのものの中に組み入れる効果を持つ。

(1) **研究者のかかわり**。たとえ何世紀もの時間が過ぎ去ったとしても、研究者は無数の見えない糸によって自らの主題になおも結びついている。彼の認識論は、パスカルの要求に忠実な「自我」の恩恵を受ける。それは、証人としての自我と研究する自我と反＝自我によって構成される反＝ナルシスである。

(2) **方法としての「私」**。研究者の主観性を叙述の中に組み入れることで、「私」はより客観的な言葉を発する。それはわれわれが話す立場や、調査の状況や、論理の顚末や、確信や、疑念を明らかにする。それは控えめで明晰で、科学のしきたりにかなうものである。

(3) **視点についての視点**。研究者は状況の中に存在するがゆえに、古文書保管庫や郊外において、墳墓の奥や大砂丘の真ん中において、痕跡を探し求めて現実と格闘する。彼は自らの状況を意識し、世界の上に立つことを拒絶し、ヘブライ語で「テシュヴァ」と呼ばれる自省を身に付け、真理について反駁可能な記述を生産する。

(4) **民主的透明性**。それは最大限の率直さを持つ論理である。それは明示されたとき、明確な定義、公準、仮説、推論、例示、証拠に立脚したとき、分析的なものになる。研究者は自分をさらけ出す必要はない。彼はただ物事について語り、それがいかになされたかを示すだけである。

反省的モードは、これらの原理の力を借りて、レアリスムの小説家やアカデミックな歴史家の物語と決別することができる。それは客観性よりも公正さを、中立性よりも率直さを、確信よりも不安を、充溢よりも空虚を、神が授けた知識よりも説明を選ぶ。客観的な話者がすべてを知り、情報を好きなように分配するのに対し、反省的な話者は何も知らず、論理を構築する。客観的モードは、文学を犠牲にして方法を実践し、そして——悲劇としての歴史、雄弁としての歴史、賛辞としての歴史というかたちで——方法を犠牲にして文学を実践する。反省的モードは、研究者の科学的活動をよりよく物語るために自らを文学にする。それは方法の名において、自分が研究であり形式であると主張する。それは死者をよみがえらせる代わりに、歴史を生きることを可能にする。

このような信仰告白は混乱を招くかもしれない。自分の明晰さを主張すること、現在なされている研究を紹介すること、「たぶん」や「おそらく」を連発することは、厳密さの保証にはならない。言い換えれば、反省的モードが別のスペクタクルを、自己演出を与えることをどうすれば避けられるのだろうか。現実効果や、〈歴史〉効果や、経験効果や、文体効果を激しく批判する者は、自分もまた「率直さの効果」を用いることにならないだろうか。

研究者がわがものと主張しうるただ一つの効果は、ブレヒトの言う異化効果（*Verfremdungseffekt*）である。この手法は、ユーモアと、アイロニーと、警告と、覚醒と、暗黙の了解によってできている。演劇において、V効果〔異化効果〕は、観客が「探究者や批評家の目」をもって場面について考えるようにうながす。すなわち、強烈な照明、光源を示すこと、俳優のずらされた演技、観客を相手にすることなどである。劇場からはあらゆる魔術が取り払われ、いかなる「催眠空間」も作られない。ブレヒトは異化効果と科学的視線のあいだに明確な対比を打ち立てた。両者とも、自明に見えるあらゆるものに対して「体系的な疑惑の技術」を構成する。すなわち、「歴史家が過去の事件や行動に対して取るあの距離[19]」を、俳優は自身と現在のあいだに置かねばならない。あらゆる神秘を拒絶することは、演劇を心ゆくまで体験することの妨げにはならない。ただ、感情が別の性質のものになるだけだ。

多くの芸術家や作家が、ブレヒトの理論や、受動的な賛同に対する拒絶や、読者を覚醒させようとする意志に影響を受けた。ペレックは『煙滅』が刊行された一九六九年にこう宣言した。「私はブレヒトの学校で学んだ。私は冷淡さや距離を置くことに賛成である」[20]。社会科学は、調査からアイロニーにいたるあらゆる道具を用いて、〈歴史〉の幻想や、「あたかもそこにいるかのような」経験の幻想を打ち砕こうとする。研究としてのテクストは、信じたいという欲求に迎合したりしない。それは、炉端で語る〈過去〉の声にうっとりとして責任を放棄することを、認知的かつ文学的な手法によって妨げる。満足は、信じることのうちにあるのではなく、信じることの拒絶や、覚醒の楽しみや、少しは理解したという感情のうちにあるのだ。

このような代価を払うことで、有名無名の主要人物のうちに体現される劇的な叙述が、再び受け入れ可能なものになるのである。それが引き起こす同一化は、同時に異化効果によって打ち消される。それは読者を熱中させるが、決して悲劇としての歴史の中に読者を閉じ込めることはない。クリナメンへの目配せもある。すなわち、歴史家としての作家は、現存効果やその他の現実効果が実際の研究によって否認された以上、好きなだけそれらを用いることができる。その研究は、生きた反省的なプロセスとして、いわば社会科学のR効果〔反省効果〕として語られるのだ。これこそがまさに、方法としてのフィクションの定義である。あらゆる作家と同様に、研究者はいくらか魔術師である権利を持つ——ただし彼はトリックを明かさねばならない。

第12章　二十一世紀の文学について

私は映画とは何かがわからない。
だから映画を作り続けるのだ。——黒澤明

社会科学の書法《エクリチュール》についての省察は、研究の形式に興味を持つことを、さらに文学と現実の関係という問題に新たな光を当てることを可能にする。われわれは、文学を小説と、社会科学をアカデミックなテクストならざるものと同一視することを拒絶し、テクストにおいて論理を具体化することを選んだ。われわれはそれによって、社会科学を作る別のやり方、文学を理解する別のやり方に到達した。

調査あるいは脱専門化の時代

今日、歴史と社会学は、大学にも市民社会にも当然のものとして根付いており、文学に対して再び開かれる準備ができている。ところが一世紀半前には、それらは認められるために、文学から「浄化される」必要があると信じていたのである（明らかに達成されなかったが）。十九世紀に方法的歴史が出現したのは、わかりやすい制度的戦略によるものであったが、それはまたきわめて性的な分業によるものでもあった。科学には、困難きわまりない真理を。そして文学には、人生の魅惑を。科学者は当時もっぱら男性であり、苦行僧が女性を見ることを自らに禁じるように、文学と決別した。

それ以降専門化されたさまざまな学問分野の貢献を否定することはできないが、この制度化がある代償を払ったことを隠してはならない。パイオニアたちの声の反響は二十世紀を通じて——一九〇〇年のアンリ・ベールの『総合雑誌』から一九九四年の『アナール　歴史、社会科学』にいたるまで——続いていたが、次第に弱くなっていった。一つの研究プログラムの中に、特定の学問分野に所属する専門家を集めるのは実り豊かなことである。しかし、学際性が、境界線上で研究したり、道具を交換したり、習慣を撹乱したり、同一のテクスト内でさまざまなアプローチを交差させたりするのをうながすということを指摘するのも重要なことである。

私は「社会科学」とか「歴史の論理」という言葉を用いて、歴史や、古生物学や、社会学や、人類学について語った。一般的な歴史の論理と個別的な歴史が、大文字の〈歴史〉と有機的な関係を持たないということを、それらが過去の研究に限定されるものではなく、現代社会や無名の人々や事件ならざるものを理解するのを可能にするということを、私は示そうと努めた。これらの用語を選択したのは、（私が「人文科学」について語ることもできたとはいえ）決して不正確さによるものでも、何らかの歴史学の帝国主義によるものでもない。それはひとえに、これらすべての知的活動を結びつけるものを明らかにするためである。

調査のパラダイムによって、社会科学と、今日では文学に属する物語とが連合することが可能になる。これらの形式はいずれも、テクストにおいて論理を展開することができる。それは、ペレックもフリートレンダーも同じだとか、ブルデューもフォークナーも同じだということではない。ただ、文学が社会科学にとって有益であり、社会科学が文学にとって有益であるというだけである。

方法的革命の後を継ぐ脱専門化の時代とは、次のようなものになるだろう。たとえば、知や書法についてのさまざまな実験を一つのテクスト内に共存させること。羽根で身を飾るように（あるいは苦行僧がついに女性を見ることを自らに許すように）「文学」を装った歴史ではなく、調査や論理や方法や社会科学であるがゆえにいっそう鋭敏で心のこもった歴史を実践すること。テクストにおいて、あの必死の探究のあらゆる武器を用いて、痕跡と面会、仮説と旅行、「私」と方法としてのフィクション――これらはいずれも文学性をつかさどる――のあいだの戦いが交えられること。私がより文学的な歴史と言うとき、それはより厳密で、より透明で、より反省的で、より自分に率直な歴史を意味する。というのも、歴史は文学的であるがゆえにいっそう科学的だからである。

歴史の物語が今日まで続いているのは、歴史が〈歴史〉と特別な関係を持たないのは、社会科学が調査を行わせるのは、歴史家が旅行したり証人と面会したりするのは、言うまでもなく、テクストが新たな実験に開かれているからである。歴史家は、手に入れた道具を用いて、時事や、同時代の現象や、社会問題や、周囲の環境や、専門領域を取り込むことができる。そして彼が視覚芸術や聴覚芸術の協力を自分に禁じる理由はどこにもない。

社会科学は、脱専門化の時代に入ることによって、現代性や、ポストモダニズムなき現代性や、アカデミズムなき厳格さや、フィクションへの全権委任が行われなかった文学に、到達することができる。社会科学の研究が用いる道具のただ一つとして、権力の簒奪に役立つものはない。これらの手段は、知識の生産という唯一の目的のためにだけ用いられる。小説と詩はかつて、文学における近代性のるつぼであった。今日ならそれは社会科学になるだろう。この逃避の文学は、いまや証拠の力によって、おのれ自身から逃れることができる。

社会科学はこの自由を、事情を承知のうえで自らに課した規則のおかげで獲得した。これらの規則の中には――ときに――すべての規則に違反することを許可する規則がある。ロマン主義の絶対自由主義的な公式聖典《ウルガタ》の教えとは反対に、われわれは方法に従いつつ自分自身を解放することができる。それは、十九世紀のレアリスムの歴史の代わりに、現代文学による歴史を作ることを可能にする。それは話者の声を混ぜ合わせ、空隙を縁取り、コードを暴露し、規則をあからさまに遵守しながら最後にそれを覆す。社会科学は自由の学校であり、研究者は自分を否定することなく作家になることができる。彼がキャリアの終わりに白髪になってようやくそれに気づくのでなければよいが！

一九三〇年代から五〇年代にかけての幾人かの人類学者、アルフレッド・メトロ、ミシェル・レリス、クロード・レヴィ＝ストロースは、自らの現場の一つから帰還すると、文学作品（自伝、日記）を刊行した。それは彼らの学術的な出版物と対をなす「第二の書物」であった[1]。誰もがこのような勇気を持っていたわけではない。二十世紀初頭、人類学者のポール・リヴェはエクアドルに派遣された。彼はインディアンの困窮に動転し、スペイン人による征服がもたらした混乱を前にして反抗的感情でいっぱいになり、詩や、この悲劇の原因についてのテクストや、貧窮に支配された北部の小都市の描写を書いた。彼がそれらを刊行することは決してないだろう。なぜかと言うと、リヴェにとって、文学は科学的野心や学者としての名声と両立しないからである。彼は感情を避け、怒りを呑み込み、インディアンのもとでの派遣医師としての活動を語ることを怠った。彼は、学識とアカデミックな課程における「科学的に正しいこと」を選ぶことにしたのだ。制度化の途上にある若きフランスの民族学にとって、詩と旅行文学は「憎むべき手本[2]」であった。

リヴェのキャリアは輝かしいものである（彼は人類博物館や、同名のレジスタンス組織網を設立した）。しかし、この経歴のために、どれほどの自己検閲や、断念や、改竄があったことだろう。今日、世界中の大学にどれほどのリヴェがいることか。彼らは制度と文学のあいだで前者を選択した。しかし、両方を手にすることも可能なのだ。なぜなら文学とは、社会科学が今日取ることができる、わくわくするような新たな形式なのだから。

『アナール』が一九八九年の論説で述べたように、「実験を試みよう」。私は、それが必要だとか、上等だとか、義務だと言うつもりはない。それが可能だと言うだけだ。社会科学の研究は、それ自体の形式についての研究でもある。それは、ジャンルを撹乱し、疑惑を吹き込み、境界線をずらし、整理されたものをひっくり返すのに役立つ。真の学際性とは、雑種への称賛である――それは不安定な形式、不確定なテクストであり、同時に調査にも、証言にも、資料にも、観察にも、旅行記にも、死者たちの歴史にも、その精神的子孫であるわれわれの歴史にもなりうる。いくつかの規則の枠の中で、われわれが学んだやり方を忘れよう。

新たなキケロ主義のために

われわれは、多様な提案と豊富な実験の彼方にある二、三の主要な原理について合意することができるだろうか。いかなる伝統を汲み取ればよいのか。ヘロドトスがトゥキュディデスの軽蔑の対象となり、文学が科学としての歴史の不安材料になったように、キケロ主義は引き立て役となりうる。それが雄弁としての歴史や賛辞としての歴史に帰着するなら、間違いなくそうなるだろう。われわれの誰もが知っているように、歴史の目的は、強者を称えることでも、人生を送るための実践的な処方箋を与えることでもないのだ。

幸いなことに、これらの時代遅れの形式と退屈なアカデミズムのあいだには、広大な空間がある。歴史は市民権を教育すると言われる。歴史家もまた、市民社会において活動することができる。彼らは研究者として、二十世紀をいろどるさまざまな真理をめぐる戦いに参加した。彼らはここではキケロ風の弁論家の後継者である。その言葉はある効力を有し、法廷や公共広場で「真の戦い」を交えることを可能にする。歴史は、アリストテレスやキケロのレトリックと同様に、闘争的なものだ。それは無関心や、健忘症や、虚偽や、反真理と戦うのに役立つ。研究者は弁論家と同様に、公的な責任を持つ。その責任を引き受けるために、組織に加入したりテレビのスタジオを駆け回ったりする必要はまったくない。知識を生産し拡散することは、すでに社会参加することなのだ。しかしそのためには、公衆に向けて語ることを受け入れる必要がある。ここから、社会科学に最も適した「雄弁」というジャンルについて省察する必要が出てくる。

キケロ風弁論家は、判事や傍聴者を感動させるすべを知っている。歴史家はいかなる点で読者の心に触れるのだろうか。彼が行うのは、真実の研究を唯一の目的とする理性的活動ではないか。悲壮感や大言壮語は、読者への暴力ではないか——。それでもやはり、研究は感動的でありうる。それはかならずしもその内容によって感動的なのではなく、その形式によって、つまりその形式が引き受けられ、調査が成功や失敗とともに語られるとき、感動的なのである。というのも、われわれはそのとき、われわれ自身について、われわれの自由や有限性について、ひとことで言うとわれわれの歴史について、研究しているからだ。

古代の雄弁と同様に、社会科学は自らに三つの任務を与えることができる。すなわち、(1)立証すること、(2)好意を得ること、(3)感動させることである。

研究においては、論理が常に第一である。論理は証拠に基づくことで、テクストの基礎的要素となる。他のすべてのものはそれに付随する。キケロにとって、立証する (*probare*) ことは説得を、言葉の力を経由する。二十一世紀において、歴史家は説得するのではなく、証明しようとする。キケロにとって最高の才能は動転させることにあり、それが弁論家にとっての「勝利」であった。歴史家はただ一つの勝利しか持たない。それは、理解したいことを理解すること、つまり説得的なやり方で問題に取り組むことである。

テクストを書くことは、読者の関心を考慮に入れることを意味する。研究者は、きわめて簡単な問いを自分に出すことでそれに成功する。「それを読む必要がある同僚や学生を別にして、誰が私の本を読みたいと思うだろうか」。しかし、好意を得る (*conciliare*) とは、センセーショナルなもので引きつけようとしたり、パラテクストや考証資料で強烈な印象を与えたりして、大衆を丸め込むことではない。われわれは読書の楽しみ――調査の興奮、主題の独創性、学習への意欲、美的感動――によって、読者の好意を得るのである。

弁論家が「判事の心に火を」[3]つけるように、歴史家は自らの聖なる火を読者に伝える。この火は、感動させる（*movere*）ことの悲壮感によって直接伝わるのではなく、一徹なまでの正確さや、真理陳述への努力や、旅行者としての調査者の謙遜によって、付随的に伝わるのである。抑制された文体にはときおり、内部に渦巻く熱狂や悲嘆が染みわたる。このようにして簡潔さから「崇高さ」（キケロ風に言うと）が溢れ出る。感動とは真理についての絶望なのだ。

立証すること、好意を得ること、感動させること。この三つのスローガンは、「文学化した」歴史の代わりに文学としての歴史を置くことを可能にする。立証することは、ある種の伝記の信用を失わせるような、賛辞への傾向に歯止めをかける（「それは幻視者、巨人、反抗者、殉教者であった」）。称賛の代わりに、理解しようとする意志を置くこと。オマージュの代わりに、われわれが死者たちに負う単純な真理と、回顧のための控えめな祈りを置くこと。テクストの楽しみに基づいて好意を得ることは、学校制度や学識の威信や職業的義務といった外的な刺激物によって読者をとらえようとする、雄弁としての歴史に対する対抗策である。最後に、悲劇としての歴史やストーリーテリングといった策略の代わりに、研究そのものに由来する感動が置かれる。

この新たなキケロ主義の三位一体は、社会科学が新しい読者を獲得するための助けになるだろう。

反＝文学

今日では、小説が文学において君臨している。われわれはこの事実に反論することも、それを残念がることもできない。しかし、明確な名を持たない別の文学が存在する。それは、現実に密着した性質を持つ、実用的な文学である。これらのテクストは、散文的だとか下品だといって蔑まれているが、理解のための文学を形成している。それらは歴史の論理の刻印を帯びている。ここにもまた、社会科学の書法が存在するのだ。

社会科学の文学性を証明することは、現実についての文学を基礎づけることに等しい。それは何よりもまず、世界との関係によって特徴づけられる。この文学は、その対象（「事実」）やその欠如（「ノンフィクション」）によって定義されるのではなく、その理解への欲求や潜在的な説明能力によって定義される。言い換えれば、もし現実についての文学が存在するなら、それはレアリストであるよりも認知的なものになるだろう。ここには開示としての書法についての理論がある――すなわち、文学は、現実を模倣したり物語を創作したりする代わりに、世界について真実を述べようとすることができる。

これらの評価されざるテクストは、すべて金鉱である。フィクションが条件なしのテクストであるなら、科学としての文学は条件つきのテクストと定義できる。それは、自身を形成し解放する諸規則を自覚しているテクストである。これらの条件自体が、テクストの力を増大させる。この文学は、あらゆる現実効果を粉砕するものであり、自身が何でできているかを知っており、自己反駁したり、自己批判したり、自身の外に出たり、増殖したり、幾度も自己否定することに時間を費やす。この文学は、資料や、引用や、抜粋や、断片や、痕跡でできている。それは粉々になった文学、いわば反＝文学であり、研究であるがゆえに、「文学であろう」とせずして文学なのである。

現実の中の研究、おのれについての研究——この文学は社会科学の反省性と、その並外れた実験能力を利用する。こうして、研究としてのテクストとか、道筋としての自伝とか、過去における調査とか、社会的＝歴史的ルポルタージュとか、視聴覚的書法とか、ドキュメンタリー的演劇といった、さまざまな雑種的形式が出現する。これらの文学的形式はまた、歴史学的、社会学的、人類学的なものでもある。それらは、社会科学の書法を刷新するとともに、世界について書くこと《エクリチュール》を提案するという、二重の挑戦に解決をもたらす。

ジュネットが言うとおり、今日、小説は「基本的」な文学である。しかし、フィクションがそれほどの特権を持つからこそ、そしてそれがお気に入りの長女で制度的な存在であるからこそ、別の道を取る方が面白い。それは、フロンティアへ、ノーマンズランドへ、雑種の周辺部へと通じる道である。戯れに、批判的社会参加《アンガジュマン》やR効果といった方法を用いて、フィクションを活性化し、脱フィクション化してみよう。歴史と文学を別のやり方で行うためには、おそらく歴史と文学に背を向けることから始めなければならない。書くために、作家ではなく、化学者や、ジャーナリストや、司祭や、医師や、探検家や、弁護士や、研究者や、あるいは単なる無名のインターネット利用者になろう。エヴリマン氏〔十五世紀末のイギリスの道徳劇の主人公〕がおのれ自身の歴史家であるように、われわれはみなおのれの人生を理解することができる。

十七世紀初頭、作家は一種の写字生であり、書類を書いたり組んだりする公務員にすぎなかった。それは今日でもなお、プリーモ・レーヴィの言う「作家ならざる作家」——すなわち職業に従事したり、報告書を書いたり、人々と面会したり、情報を伝達したり、実験を報告したりする何者か——として存在しているかもしれない。預言者や、占い師や、見者としての詩人や、シャーマンとしての作家は幸いである！　しかし、たとえこれらの選ばれし者に属さなくても、われわれは常に、調査者や、闘士や、測量士や、判事（*histôr*）や、証人や、代書人や、ペレックの言う「代書家」（scrivain）になる可能性を持っている。あるいは、自分が失ったものや、失われた世界や、目に見えぬ構造や、忘れられた人々の痕跡を追う研究者になる可能性を持っている。これが、二十世紀が社会科学と文学に対してもたらしたものである。われわれはこのような路銀を持って、新たな世紀に向かって旅立つのだ。

現代の書き手によるテクストは、「〈神〉としての〈著者〉の『メッセージ』」を公表するものではなく、「文化の無数の源に由来する、引用の織物」[4]である。〈著者〉を永遠に葬るよい方法は、社会科学を行い、その原資料を引用し、集団に加入し、他者の批判を受けることである。そして、社会科学を読ませるよい方法は、それを書くことである。知の民主化は「作家の聖別」を解体する。それは幸福な少数者のセナークルと専門家のゼミナールを大衆に開放する。

機は熟した

文学においても社会科学においても、実験はそれを受け入れる場所と切り離すことができない。一九八九年以降、［スイユ社の］「二十世紀ライブラリー」（二〇〇一年からは「二十一世紀ライブラリー」）叢書は、小説家や、歴史家や、劇作家や、社会学者や、詩人や、人類学者にそのページを開放し、知の書法を根本的に刷新した。

十五年ほど前から、特定の研究空間においてではなく、過去や現在の世界を書くやり方において、多くの自発的な試みがなされてきた。私が挙げたいのは、グラッセ社の「われらのヒロイン」叢書やベル・レットル社の「横顔の歴史」叢書であり、そこでは伝記と文学と歴史が入り交じっている。雑誌『歴史を書く』（*Écrire l'histoire*）は、「歴史を語り、描き、映像化し、上演し、歌う」努力を行うことで、常に歴史について再考している。雑誌『ラビリンス』（*Labyrinthe*）は、「文学的、哲学的、歴史的、社会的な知の領域における研究と実験の場」となっている。

マルク・パージュ協会がヴェルディエ社との共催によりラグラスで開催する「書物の饗宴」には、あらゆる領域、あらゆる年齢の読者が訪れる。ヴィラ・ジレが開催するウォールズ・アンド・ブリッジズ・フェスティヴァルでは、社会科学や文学や舞台芸術出身のアーティストや思想家が一堂に会する。オンライン雑誌『思想の生命』（*La Vie des idées*）は、われわれがコレージュ・ド・フランス以来、学際的なチームによって運営している討論の場である。雑誌『XXI』は、世界を理解するための文学の構成要素である、ルポルタージュや、インタビューや、バンドデシネや、写真を結びつける。プロジェクト『人生を語る』（Raconter la vie）は、集団で「今日の社会についての真実の小説」を書くための、書物とウェブサイトによる活動である。これらの熱狂的な活動は、すべて自由から生まれた。それは、さまざまなアプローチや、さまざまな形式や、いくつかのタイプの論理を混ぜ合わせて、過去と現在に別のやり方で取り組むための選択である。

私は本書において、社会科学と文学の出会いについて語った。ビジュアルアートと映画について語るには、別の書物が必要だろう。[5] しかし、アイディアはすでにある——新たな実験を行うだけでなく、われわれの先人が鍛え上げ、われわれが受け継いだ理解のための道具を、無数のメディアの上に投影するのだ。いつか、写真展や、バンドデシネや、ビデオゲームや、演劇の上演において、歴史の論理を具体化することが突飛に思われない時代が来るだろう。この点において、インターネットはわれわれの最も忠実な盟友である。

作家やジャーナリストやイラストレーターや写真家が、社会を語り現実を理解するための新たな形式を発明しているとしても、社会科学が主に大学で作られることを忘れてはならない。「大学」は爆弾を抱えた言葉であり、研究の貴族性と、アカデミズムの偽善と、貧弱な施設の悲惨さを同時に意味している。この制度は、〔グランゼコールの〕準備学級や専門家養成の競争にさらされており、変化を余儀なくされている。大学は多くの教員と学生に恵まれているが、LSHS（「文学《レットル》・人文科学・社会科学」）の定員は絶えず縮小している。いくつかの学科はいまやすでに危機的状況にある。

別の未来を想像してみよう。書法のアトリエが、文学《レットル》のみならず社会科学においても開催される。現場研修の周囲が学際的な指導者チームによって固められる。博士論文と教授資格審査が、順応主義のゆえにではなく、それが社会科学の一つの顔であるがゆえに、クリエイティヴ・ヒストリーを部分的に含むようになる。ＬＳＨＳの諸学科が、脱専門化の場へと、すなわち、芸術や映画やジャーナリズムの学校と提携した、実験と交換の場へと変貌する。研究としてのテクストが、雑誌や出版社のウェブサイトにおいて、公衆に向けて公刊される。フランスが自らの「アイデンティティ」にいらだち、凋落にうなされながら、それでもこの国で知や出版に関する自発的な試みがきわめて盛んであるのは、驚くべきことである。それは偶然ではない。フランスの研究者たちは、危機を正面から受け止めたからこそ、あえて実験を行い、新たな形式という危険を冒したり、奇妙なものを組み立てたりするのだ。疑念はわれわれのチャンスである。ともあれ、それはフランス語によって研究を続けることを正当化する。

「若い」文学が存在するように、「若い」歴史や「若い」社会学が存在する。それらは、社会科学の企ての中、さまざまな学問分野が混合されるこのるつぼの中に、自分自身を認める研究者たちの仕事である。今日、演劇や、舞台芸術や、写真や、ビデオや、グラフィックアートとの新たな融合が姿を現している。この世代による効果は実に喜ばしいものだが、その背景の方はあまりそうではない。われわれは、大学や社会科学の出版界を襲う危機に応えるために、新たな知的対象を創造しなくてはならない。学生や、読者や、新たな公衆を引きつけなくてはならない。そして、われわれの職業を創り直さなくてはならない。

社会科学は公共のサービスである。それは、われわれがどこから来たのか、われわれが何者であるのかを理解する助けとなる。それは社会に、その過去や、その機能や、その複数性や、その複雑さや、その行く末を指し示す。それは自由な言葉を聞かせるものであり、それゆえに脚注と同様に「悲劇的」な起源を持つ。この職業は、真理に興味を持つがゆえに、危険をともなう。ヴィダル＝ナケがタキトゥスを引用するシャトーブリアンを引用しながら指摘するように、専制下ではなおさらそうである。

とはいえ、今日、その危険が政治的、宗教的な抑圧であるとはかぎらない。社会科学が抵抗すべきものは、あまり目立たず、きわめて狡猾である。たとえば、物事の秩序や、盲目的な同意や、公然たる自明性や、そしてさらに、意味を持たない言葉や、空虚なレトリックや、紋切型や、メディアの雑音や、スローガンというかたちの虚偽や、率直さと真理について語りつつそれらを腐敗させる演説などである。

十九世紀において、小説はその読者に、社会を解読し、彼らを苦しめる混乱を理解することを可能にした。それは、社会の民主化や、平等への挑戦や、産業資本主義と都市文明の到来を把握した最初のものであった。二世紀後、再び不透明になった世界を理解するのに、フィクションだけでは十分でない。今日われわれは、通信《コミュ》や広告《ピュブ》の専制に立ち向かい、実験を見えなくするような状況を解消し、無関心と戦うために、社会科学を必要とする。それゆえに重要なのは、社会科学が、市民社会の中に存在し、社会に対して適応可能であり、それに出資しそれを必要とする民衆《いい》（*demos*）にとって利用可能であり、言葉が意味を持つようなテクストにおいて具体化されることである。社会科学ができるかぎり厳密かつ文学的であることが重要なのだ。

言葉が何も意味しないとき、現実はそれ自体から排除される。社会科学が言語に住まうことを、テクストにおいて、テクストによって、真理についての記述を生産することを受け入れたときから、社会科学は再び公的で、民主的で、共和的で、反専制的な言葉になる——つまり、スタール夫人が与えた意味において、文学となる。

しかし、今日われわれは何をしても何を信じてもよいというのに、いかにして違反を犯せばよいのだろうか。調査は真理を、つまり異議申し立てをもたらす。社会がなぜ「都市の若者」に悩まされるかを説明すること、財産管理人が銀行の機密の背後に何を隠しているかを示すこと、「防衛機密」の過度の拡大に関心を持つこと、産業家がタバコや食品や医薬品の中に何を入れているかを暴露すること、これらはすでに一つの抵抗の行為なのだ。

今日、真の反逆者とは、ニーチェが学者に認めたあの勇気と誠実さ（*Redlichkeit*）でもって、物事を述べる者のことである。それはパレーシアを述べる者、つまり人間の袖を引っ張るあの「耐えがたい質問者」である[6]。それはフーコーの言う花火師、すなわち古い世界の寺院を燃やすよりも古い世界を内側から爆破する者である。それは自由の教師、たとえば、ブーヘンヴァルト強制収容所から帰還したがゆえに生徒によって「ブーヘンヴァルト」とあだ名をつけられた、あの陰気なブルターニュの数学教師である。彼は、社会的決定論を乗り越えることに成功し、十五歳の機械仕上げ工であったロベール・カステルが現代の偉大な社会学者の一人になることを可能にした。ブーヘンヴァルトの遺産とはまさしく、「抵抗の精神を生かし続けること」である——たとえそれが抵抗すべきものを現実化することになったとしても[7]。

反体制的であるとは、人間が実際に行うことを理解しようとすること、拘束や、モデルや、信仰や、ステレオタイプや、不平等や、危機や、憎悪がいかにして存続するかを説明しようとすることである。それはわれわれの人生を少し理解しやすくすることである。真理の勇気とは、大胆な言葉と自由な創造であり、そしてさらに、慣習を離れようとする意志や、既存の規則を曲げることでアカデミズムから逃れようとする努力でもある。われわれはこうして撹乱《かくらん》に成功するのだ。

研究者は、ジャーナリストや司法官と並んで、真理についての言説を公的に担いうる限られた存在の一つである。彼はおのれの方法と良心を資本にして、私的財産ではなく公的財産を生産する。この使命を企てることで、彼が投獄や追放の危険に身をさらすことはもはやない。彼の危険はむしろ、聴かれないこと、無関心の中に埋もれること、解読不能性の中に閉じ込められることにある。社会科学は、自らの民主的な使命をよりよく引き受けるために、書くという手段を持っている。研究者は作家としておのれの声を聞かせることができ、作家は研究者として真実を述べることができる。

現実とは新しい考え方のことなのだ。

謝辞

本書の執筆にあたり、サラ・アル゠マタリ、リュディヴィーヌ・バンティニー、クリストフ・シャルル、カンタン・ドリュエモズ、ポーリーヌ・ペレツ、クレール・ザルクの各氏から有益な忠告や指摘をいただいた。

また、セヴリーヌ・ニケルはその関心と支援によって私を大いに助けてくれた。

歴史家のモーリス・オランデルは、私の編集者であると同時に、助言者かつ対話者であり友人でもあった。

訳者あとがき

本書は、Ivan Jablonka, *L'histoire est une littérature contemporaine. Manifeste pour les sciences sociales*, Seuil, 2014 の全訳である。著者は一九七三年にパリに生まれ、高等師範学校で学んだ後、現在はパリ第十三大学の教授を務めている。伝統にとらわれない斬新なスタイルで歴史研究の新たな地平を切り拓く、気鋭の歴史家である。本書の姉妹作とも言うべき『私にはいなかった祖父母の歴史』（二〇一二）の邦訳がすでに名古屋大学出版会から刊行されており、本書は二冊目の邦訳書となる。

著書としては、ジャン・ジュネの伝記『ジャン・ジュネの明かしえぬ真実』（二〇〇五）の他に、『父もなく母もなく』（二〇〇六）、『異国の子供たち』（二〇〇七）、『共和国の子供たち』（二〇一〇）など、児童福祉に関する歴史書を立て続けに刊行している。

ジャブロンカはさらに『私にはいなかった祖父母の歴史』と本書『歴史は現代文学である』を刊行し、大きな話題を呼んだ。前者は第二次大戦中にアウシュヴィッツ強制収容所で亡くなった自らの祖父母の伝記であり、歴史書とも文学書ともつかない独自のスタイルで書かれている。後者は歴史記述についての史学史的な考察かつ実践的な提言であり、前者の理論的な基礎をなすものである。前者は学界において高い評価を受け、アカデミー・フランセーズ・ギゾー賞、歴史書元老院賞、オーギュスタン・ティエリ賞を受賞した。

近年の著作としては、『他人の身体』（二〇一五）というエステティシャンについての社会学的な研究がある。また、『レティシア』(二〇一六)は、二〇一一年にフランスで実際に起きた少女の殺人事件についての調査である。『祖父母の歴史』と同様に独創的なスタイルで書かれた同書は、文学的な観点からも高い評価を受け、同年のメディシス賞とル・モンド文学賞を受賞した。歴史と文学の両方の領域で受賞歴を持つことからも、ジャブロンカの作品が既成のジャンルの枠組みを超えた革新的な仕事として高い評価を得ていることがうかがえる。

*

ジャブロンカは本書『歴史は現代文学である』において、歴史と文学の関係という古くて新しい問題を取り上げる。歴史というジャンルはヘロドトス以来、常に曖昧な地位を占めてきた。それは近代においては文学と科学のあいだの「第三の教養」と見なされた。十九世紀後半に歴史は大学において実証科学としての地位を確立したが、それは自らの文学性を切り捨てることによってであった。二十世紀の言語論的転回は、歴史の文学性に再び光を当てたが、その反面で歴史は真実を語りえないという懐疑主義を蔓延させる結果となった。今日なお、歴史の物語性は真理の探究の妨げとされており、歴史は科学と文学のあいだで居心地の悪い立場に置かれている。

このような袋小路から脱出するために、ジャブロンカは歴史ジャンルの根本的な再検討を試みる。歴史の目的は、社会科学の論理に従って過去についての知識を生産することにある。歴史家は、そのための一定の手続きに拘束されるが、それに従うかぎりにおいてはあらゆる自由を保障される。ジャブロンカはここで、従来文学の特性とされてきたフィクションを、社会科学の方法として活用することを提案する。創造の手段ではなく認知の道具として用いられた「方法としてのフィクション」は、歴史家が新たな現実を開拓するための強力な武器となるだろう。

ジャブロンカはこうして、事実／フィクションの二項対立を超えた、科学でも文学でもあるような歴史の新たなスタイルを提案する。その方法の一つは調査を物語ること、すなわち研究の行程そのものを読者に開示することである。歴史家は自分自身を批判の対象とすることで、歴史の方法についての反省をうながすことができる。また、研究の過程を可視化することは、歴史研究を民主化することにもつながる。彼は最後に、近年、歴史を刷新する試みがさまざまな領域を横断する学際的なやり方で行われていることを指摘し、読者に向かってこのような脱専門化の潮流に加わるよう呼びかける。

以上のように、「歴史は現代文学である」という本書のタイトルは、伝統的な物語的歴史への回帰を訴えるものではなく、書法の刷新によって歴史の社会科学としての可能性を拡張しようとするものである。このようなジャブロンカの主張は、彼の歴史家としての実践に深く裏づけられている。たとえば、『私にはいなかった祖父母の歴史』において、彼は会ったことのない祖父母の足跡を、ポーランドのユダヤ人村からフランスのパリへ、さらにドランシー収容所からアウシュヴィッツ収容所へとたどってゆく。並行して、歴史家自身の調査の過程が、その時々の思考の流れや感情の動きとともに語られる。それゆえにこの作品は単なる歴史研究ではなく、調査の行程を描いたドキュメンタリーとして、あるいは私的な喪の作業についてのエッセーとしても読むことができる。過去と現在が絶えず交錯し、互いに干渉し合うような叙述スタイルは、大文字の〈歴史〉の直線的な物語とは対照的なものである。そこに浮かび上がる祖父母の生涯は、きわめて断片的で不確かなものでありながら、それだけにいっそう強烈なきらめきに満ちている。

また、『レティシア』は、二〇一一年に実際に起きた殺人事件を題材に、被害者の少女レティシアの生涯を再構成する試みである。叙述スタイルはさらに複雑なものとなり、レティシアの殺害前後の数日間の物語と並行して、一方では彼女の誕生から死に至るまでの生い立ちが、他方では事件の発覚から犯人の逮捕を経て裁判に至る経過が、さらには歴史家自身の調査の行程が、複雑に絡み合いながら語られる。ジャブロンカは、ありふれた三面記事を取り上げることで、どこにでもある日常が研究者の視線によって学問的な研究対象になりうること、そしてその解明が社会の不正を正すためのアンガジュマンになりうることを証明してみせる。無名の少女の平凡な生活が、歴史家の視線を通過することで、より普遍的な意味を持つものに——そしてよりかけがえのないものに——変貌するさまはきわめて印象的である。その意味で同書もまた、世界について新たな視点から語ることの実践であり、『祖父母の歴史』に続く歴史記述の刷新の試みであると言える。

*

本書『歴史は現代文学である』は、一方では、リュシアン・フェーヴル、ミシェル・ド・セルトー、ポール・ヴェーヌらの歴史家による史学史的考察の系譜につながっている。他方では、ロラン・バルト、ジェラール・ジュネット、ヘイドン・ホワイトらの物語論的なテクスト分析を批判的に継承している。そしてさらにこれら二つの流れを統合することで、歴史研究の新たな地平を切り拓こうとするものである。このようなジャブロンカの仕事は、今日の歴史研究にとっていかなる意味を持ちうるのだろうか。

近年において、記憶の問題がさまざまなかたちで注目を集めている。ピエール・ノラ編集の『記憶の場』(一九八四—九二)は、集団的記憶をめぐる大規模な共同研究であり、記憶の問題が市民権を得たことを示す記念碑的な企画であった。しかし、記憶の問題の政治的な重要性が認知されるにつれ、それは多くの論争や摩擦を引き起こすようになった。たとえば、ヘイドン・ホワイトとカルロ・ギンズブルクのホロコーストをめぐる論争、あるいはクロード・ランズマンとジョルジュ・ディディ=ユベルマンのアウシュヴィッツをめぐる論争が挙げられる。また、フランスでは二〇〇五年の引揚者法の制定の際に、過去の植民地主義の功罪をめぐる論争が起こり、公権力が歴史解釈に介入することについて、歴史家や知識人が賛否両論を繰り広げる一幕もあった。日本でも現在、南京大虐殺や従軍慰安婦の記憶をめぐって、学問的であると同時に政治的な論争が続いている。そこでは、歴史は科学として真理を述べるべきという要求と、歴史は物語であるがゆえに真理を確定しえないという懐疑主義のあいだで、議論はともすれば硬直に陥りがちである。

歴史は科学でも文学でもあるというジャブロンカの主張は、このような閉塞状況を打破し、歴史についての開かれた議論をうながすものである。それは研究の現場に光を当てることで、歴史を専門家の占有物ではなく、万人に対して開かれた場所にする。歴史は他のさまざまなジャンルと交錯し、新たな技術や形式を獲得することで、思いがけない変化を遂げるだろう。それはより多彩な内容と、より自由な形式と、世界とのより密接な関係を手に入れるだろう。ジャブロンカはこうして、歴史がかつて持っていた生き生きとした魅力を取り戻そうとするのである。もちろん、それによってわれわれの抱える問題が一気に解決するわけではない。しかし重要なのは、歴史がより民主的なものになり、誰もが容易に参加できる営みになることだ。歴史の未来はまさにその点にかかっている。

＊

本書は、歴史の書法《エクリチュール》を認識論的な観点から分析した理論書であると同時に、哲学、文学、歴史、社会学、人類学などを横断し、古代ギリシアからポストモダニズムに至る広範な知識を扱った総合的な研究でもある。このような博識な著作を翻訳することは、浅学な訳者にとって手に余る仕事であった。それでも翻訳を引き受けたのは、歴史と文学を統一的に把握しようとする着想の面白さに感銘を受けたからにほかならない。翻訳の作業が進むにつれて、本書が歴史研究と文学研究の双方にとって真に意義のある仕事だという確信は深まるばかりであった。

翻訳に当たっては、補足が必要と思われる箇所に最小限の情報を〔 〕で補った。さらに、本文で論及される文献のうち原著の注に記載はないが邦訳があるものについては、邦訳の書誌情報を訳注に掲げることにした（ただし著名な作品は除く）。また、原著には人名索引のみ付されているが、本訳書においては読者の便宜のために作品名索引も作成した。

訳者の非力にもかかわらず完成に漕ぎつけたのは、さまざまな人々の支援と激励のおかげである。著者のジャブロンカ氏には不明な点について丁寧なご教示をいただいた。また、名古屋大学出版会の三原大地氏には訳文について多くの助言をいただいた。心より感謝申し上げる。本書が日本で多くの読者を得て、歴史や文学をめぐる議論を活性化することを願ってやまない。

真野 倫平

二〇一八年二月

《訳者略歴》

真《ま》野《の》倫《りん》平《ぺい》

1965年，名古屋市に生まれる。パリ第8大学博士課程修了（文学博士）。
現在，南山大学外国語学部教授
著訳書 『死の歴史学　ミシュレ「フランス史」を読む』（藤原書店，2008年）
『近代科学と芸術創造』（編著，行路社，2015年）
『グラン＝ギニョル傑作選』（編訳，水声社，2010年）
ジャブロンカ『歴史家と少女殺人事件』（訳，名古屋大学出版会，2020年）
ミシュレ『フランス史Ⅰ・Ⅱ　中世』（共編訳，藤原書店，2010年）他

歴史は現代文学である

2018年5月10日　初版第1刷発行
2020年7月20日　初版第2刷発行

定価はカバーに
表示しています

訳　者　真　野　倫　平
発行者　西　澤　泰　彦

発行所　一般財団法人 名古屋大学出版会
〒464-0814　名古屋市千種区不老町1名古屋大学構内
電話(052)781-5027 / FAX(052)781-0697

印刷・製本　亜細亜印刷㈱　ISBN978-4-8158-0908-9
乱丁・落丁はお取替えいたします。

人名索引

ア 行

カ 行

サ　行

タ 行

ナ 行

ハ 行

マ 行

ヤ　行

ラ・ワ行

作品名索引

ア 行

カ 行

サ　行

タ　行

ナ　行

ハ　行

マ　行

ヤ　行

ラ　行

ワ　行

注

序　説

（1）Voltaire, « Histoire », in D'Alembert, Denis Diderot, *Encyclopédie ou Dictionnaire raisonné des sciences, des arts et des métiers* [...], tome VIII, Neuchâtel, Faulche, 1765, p. 220–225.

（2）以下に引用。« Les carnets de route de François Busnel », France 5, 17 novembre 2011.

（3）Cicéron, *De oratore*, II, 15, 63〔キケロー『弁論家について』（上下）大西英文訳，岩波文庫，2005 年〕.

〔1〕プリーモ・レーヴィ『アウシュヴィッツは終わらない　これが人間か』竹山博英訳，朝日選書，2017 年。

（4）Paul Veyne, *Comment on écrit l'histoire. Essai d'épistémologie*, Paris, Seuil, 1971, p. 22〔ポール・ヴェーヌ『歴史をどう書くか　歴史認識論についての試論』大津真作訳，法政大学出版局，1982 年〕.

（5）Pierre Vidal-Naquet, « Lettre ». 以下に引用。Luce Giard (dir.), *Michel de Certeau*, Paris, Centre Georges-Pompidou, 1987, p. 71–74.

（6）Clifford Geertz, *Ici et là-bas. L'anthropologue comme auteur*, Paris, Métailié, 1996, p. 138–139〔クリフォード・ギアーツ『文化の読み方／書き方』森泉弘次訳，岩波書店，1996 年〕.

（7）Georges Perec, « Pour une littérature réaliste », in *L.G. Une aventure des années soixante*, Paris, Seuil, « La Librairie du XXe siècle », 1992, p. 47–66.

（8）Jacques Rancière, *Les Noms de l'histoire. Essai de poétique du savoir*, Paris, Seuil, « La Librairie du XXe siècle », 1992, p. 203.

第 1 章　歴史家，弁論家，作家

（1）Strabon, *Géographie*, Paris, Hachette, 1867, XI, 6, 3〔ストラボン『ギリシア・ローマ世界地誌』飯尾都人訳，龍溪書舍，1994 年〕.

（2）Thucydide, *Histoire de la guerre du Péloponnèse*, Paris, Flammarion, 1966, I, 10 et 22〔トゥキュディデス『歴史』（上下）小西晴雄訳，ちくま学芸文庫，2013 年〕. 以下を見よ。François Hartog, *Évidence de l'histoire. Ce que voient les historiens*, Paris, EHESS, 2005, chap. IV.

（3）Polybe, *Histoire*, Paris, Gallimard, « Quarto », 2003, II, 56〔ポリュビオス『歴史』（全 4 冊）城江良和訳，京都大学学術出版会，2004–2013 年〕.

（4）Polybe, IX, 1–2.

（5）Tite-Live, *Histoire romaine. Livres I à V*, Paris, GF Flammarion, 1995, p. 552〔リウィウス『ローマ建国以来の歴史』（全 14 冊）岩谷智他訳，京都大学学術出版会，2008 年～〕. この議論については以下を見よ。Adriana Zangara, *Voir l'histoire. Théories anciennes du récit historique (IIe siècle avant J.-C.-IIe siècle après J.-C.)*, Paris, EHESS, Vrin, 2007, p. 56 sq.

（6）以下を見よ。Jacques Gaillard, « La notion cicéronienne d'historia ornata », in Raymond

Chevallier (dir.), *Colloque histoire et historiographie*, Paris, Les Belles Lettres, 1980, p. 37–45 ; Eugen Cizek, « La poétique cicéronienne de l'histoire », *Bulletin de l'association Guillaume Budé*, 1, 1988, p. 16–25.

（7）Tite-Live, Histoire romaine. Livres I à V, *op. cit.*, p. 152. 以下を見よ。François Hartog, *Évidence de l'histoire...*, *op. cit.*, chap. II ; Adriana Zangara, *Voir l'histoire...*, *op. cit.*, p. 91 *sq*.

（8）Quintilien, *Institution oratoire*, X, 1, 31〔クインティリアヌス『弁論家の教育』(全 5 冊) 森谷宇一他訳，京都大学学術出版会，2005 年〜〕.

（9）Cicéron, *De l'orateur*, livre II, XIII–XIV ; *L'Orateur*, IX, 30–32.

（10）Michel Reddé, « Rhétorique et histoire chez Thucydide et Salluste », in Raymond Chevallier (dir.), *Colloque histoire et historiographie*, *op. cit.*, p. 11–17.

（11）Bernard Guenée, *Histoire et culture historique dans l'Occident médiéval*, Paris, Aubier, 1981, p. 215 *sq*.

（12）Cicéron, *Ad familiares*, V, 12 ; *Pro Archia*, XI. 以下を見よ。Laurent Pernot, *La Rhetorique dans l'Antiquité*, Paris, LGF, Le Livre de poche, 2000, p. 236–237.

（13）Polybe, VIII, 8–9.

（14）Lucien de Samosate, *Comment écrire l'histoire*, Paris, Les Belles Lettres, 2010, §7, 12 et 38–41〔ルキアーノス「歴史は如何に記述すべきか」山田潤二訳，『神々の対話　他六篇』，岩波文庫，1953 年〕.

（15）以下を見よ。Roland Barthes, « L'ancienne rhétorique », *Communications*, n° 16, 1970, p. 172–223.「文学的実演」としての「演示」(エピデイクシス) については以下を見よ。 Adriana Zangara, *Voir l'histoire...*, *op. cit.*, p. 135 *sq*.

（16）Marc Fumaroli, *L'Âge de l' éloquence. Rhetorique et* res literaria *de la Renaissance au seuil de l'époque classique*, Genève, Droz, 1980, p. 42 *sq*.

（17）以下に引用。Raymond Picard, *La Carrière de Jean Racine*, Paris, Gallimard, 1961, p. 318–320. シャプランの引用は p. 79 にある。

（18）ル・モワーヌの言葉。以下に引用。Béatrice Guion, « "Une narration continue de choses vraies, grandes, et publiques" : l'histoire selon le père Le Moyne », *Œuvres et critiques*, XXV, 2, 2010, p. 91–102. より一般的には以下を見よ。Marc Fumaroli, « Les mémoires, ou l'historiographie royale en procès », in *La Diplomatie de l'esprit. De Montaigne à La Fontaine*, Paris, Hermann, 1994, p. 217–246.

（19）Jacques-Bénigne Bossuet, « Oraison funèbre de Louis de Bourbon, prince de Condé » (1687), in *Œuvres choisies*, Paris, Firmin-Didot, 1941, p. 520.

（20）Pierre Bayle, « Usson », *Dictionnaire historique et critique*, Rotterdam, 3e éd., 1715, vol. 3, p. 848–854, note F〔ピエール・ベール『歴史批評辞典』(I〜III) 野沢協訳 (『ピエール・ベール著作集』第 3 巻〜第 5 巻)，法政大学出版局，1982–1987 年〕.

（21）Voltaire, « Littérature », *Dictionnaire philosophique*, in *Œuvres complètes*, vol. 37, Paris, Crapelet, 1819 (1765), p. 136–139〔ヴォルテール『哲学辞典』高橋安光訳，法政大学出版局，1988 年〕. 以下を見よ。Philippe Caron, *Des « Belles Lettres » à la « Littérature ». Une archeologie des signes du savoir profane en langue française (1680–1760)*, Paris, Société pour l'information grammaticale, 1992.

（22）Alain Viala, *Naissance de l'écrivain. Sociologie de la littérature à l'âge classique*, Paris, Minuit, 1985, chap. IX.

(23) Philippe Lacoue-Labarthe, Jean-Luc Nancy (dir.), *L'Absolu littéraire. Théorie de la littérature du romantisme allemand*, Paris, Seuil, 1978 ; Jean-Marie Schaeffer, *La Naissance de la littérature. La theorie esthétique du romantisme allemand*, Paris, Presses de l'ENS, 1983.

(24) 以下を見よ。Paul Bénichou, *Le Sacre de l'écrivain, 1750–1830. Essai sur l'avènement d'un pouvoir spirituel laïque dans la France moderne*, Paris, José Corti, 1973〔ポール・ベニシュー『作家の聖別　フランス・ロマン主義 I』片岡大右他訳，水声社，2015 年〕.

(25) Germaine de Staël, *De la littérature considérée dans ses rapports avec les institutions sociales*, Paris, GF-Flammarion, 1991 (1800), p. 90 et p. 66.

(26) Jacques-Bénigne Bossuet, « Oraison funèbre d'Henriette d'Angleterre » (1670), in *Œuvres choisies*, *op. cit.*, p. 237.

(27) Mme de Staël, *Essai sur les fictions*, Londres, Colburn, 1813 (1795), p. 37–41.

(28) 以下に引用。Philippe Lacoue-Labarthe, Jean-Luc Nancy (dir.), *L'Absolu littéraire...*, *op. cit.*, p. 54.

(29) 以下を見よ。Philippe Caron, *Des « Belles Lettres » à la « Littérature »...*, *op. cit.*, p. 281 *sq*.

(30) Abbé Batteux, *Principes de la littérature*, vol. 4, Paris, Saillant et Nyon, 1774 (5e ed.), p. 332–333.

(31) Voltaire, lettre à l'abbé Dubos (30 octobre 1738), in *Œuvres complètes*, vol. 43, *Correspondance générale*, tome II, Paris, Armand-Aubrée, 1830, p. 83.

(32) Edward Gibbon, *Essai sur l'étude de la littérature*, Londres, Becket, 1762, p. 65.

(33) この区分については以下を見よ。Charles Snow, *The Two Cultures and the Scientific Revolution*, Cambridge, Cambridge University Press, 1959〔チャールズ・P・スノー『二つの文化と科学革命』松井巻之介訳，みすず書房，2011 年〕; Wolf Lepenies, *Les Trois Cultures. Entre science et littérature, l'avènement de la sociologie*, Paris, MSH, 1990.

(34) Louis de Bonald, « Sur la guerre des sciences et des lettres », *Mélanges littéraires, politiques et philosophiques*, vol. 2, Paris, Le Clère, 1819, p. 305–310. 以下を見よ。Jean-Luc Chappey, « De la science de l'homme aux sciences humaines : enjeux politiques d'une configuration de savoir (1770–1808) », *Revue d'histoire des sciences humaines*, nº 15, 2006, p. 43–68.

第 2 章　小説は歴史の父か

(1) Anthony James West, *The Shakespeare First Folio : The History of the Book*, Oxford, Oxford University Press, 2001.

(2) François-René de Chateaubriand, *Mémoires d'outre-tombe*, Paris, Garnier, Le Livre de poche, 1998 (1847), vol. 1, p. 401 et p. 758 ; vol. 2, p. 104 et p. 394.

(3) *Ibid.*, vol. 2, p. 48, p. 69 et p. 76.

(4) Augustin Thierry, préface aux *Récits des temps mérovingiens* (1840), in *Œuvres complètes*, vol. 4, Paris, Lévy frères, 1868, p. 10〔オーギュスタン・ティエリ『メロヴィング王朝史話』(上下) 小島輝正訳，岩波文庫，1992 年〕.

〔1〕ウォルター・スコット『アイヴァンホー』(上下) 菊池武一訳，岩波文庫，1964 年。

(5) Leslie Stephen, *Hours in a Library* [...], Grosse Pointe, Scholarly Press, 1968 (1894), p. 220.

(6) J.-J. V., « De la réalité en littérature », *Le Mercure du XIXe siècle*, vol. 11, 1825, p. 502–509.

(7) Augustin Thierry, *Le Censeur européen* (27 mai 1820), in *Œuvres complètes*, vol. 3, Paris, Lévy frères, 1867, p. 442.

(8) Walter Scott, *Waverley*, Paris, Gallimard, « Bibliothèque de la Pléiade », 2003, p. 287. 以下を見よ。Louis Maigron, *Le Roman historique à l'époque romantique. Essai sur l'influence de Walter Scott*, Paris, Hachette, 1898, p. 86–95.

(9) Augustin Thierry, *Dix Ans d'études historiques* (1834), in *Œuvres complètes*, vol. 3, *op. cit.*, p. 337.

〔2〕A・マンゾーニ『いいなづけ』(上中下) 平川祐弘訳, 河出文庫, 2006 年。

(10) Augustin Thierry, *Considérations sur l'histoire de France* (1840), in *Œuvres complètes*, vol. 4, *op. cit.*, p. 133.

(11) Augustin Thierry, préface aux *Récits des temps mérovingiens*, *op. cit.*, p. 7. 以下を見よ。Marcel Gauchet, « Les *Lettres sur l'histoire de France* d'Augustin Thierry », in Pierre Nora (dir.), *Les Lieux de mémoire*, vol. 2, La Nation, tome I, Paris, Gallimard, 1986, p. 247–316.

(12) François-René de Chateaubriand, *Mémoires d'outre-tombe*, vol. 2, *op. cit.*, p. 664.

(13) Honoré de Balzac, préface à *La Peau de chagrin*, Paris, Gosselin, 1831, p. 29〔『バルザック「人間喜劇」セレクション第 10 巻　あら皮　欲望の哲学』小倉孝誠訳, 藤原書店, 2000 年〕.

(14) Alfred de Vigny, « Réflexions sur la vérité dans l'art » (1827), in *Œuvres complètes*, vol. 2, Paris, Gallimard, « Bibliothèque de la Pléiade », 1993, p. 5–11.

(15) 以下に引用。Pascal Melka, *Victor Hugo, un combat pour les opprimés*, Paris, La Compagnie littéraire, 2008, p. 166–167.

(16) 以下に引用。Cicely Wedgwood, *The Sense of the Past*, Cambridge, Cambridge University Press, 1957, p. 10–11.

(17) François Guizot, *Cours d'histoire moderne. Histoire générale de la civilisation en Europe*, Bruxelles, Hauman, 1838 (1828), p. 215〔フランソワ・ギゾー『ヨーロッパ文明史』安士正夫訳, みすず書房, 1987 年〕.

(18) Louis-Mathieu Molé, *Réponse au discours de M. le comte Alfred de Vigny* [...], Paris, Firmin Didot, 1846.

(19) Thomas Carlyle, *Histoire de la Révolution française*, vol. 3, Paris, Baillière, 1867 (1837), p. 325.

(20) Jules Michelet, « Éclaircissement », in *Histoire de France*, tome II, Paris, Hachette, 1833, p. 701–702〔ミシュレ『フランス史』(全 6 巻) 大野一道他訳, 藤原書店, 2010–2011 年〕.

(21) Léopold Ranke, *Histoire de France, principalement pendant le XVI*^{e} *et le XVII*^{e} *siècle*, Paris, Klincksieck, 1854, p. 93.

(22) Rudolf Vierhaus, « Historiography Between Science and Art », in Georg Iggers, James Powell (dir.), *Leopold von Ranke and the Shaping of the Historical Discipline*, Syracuse, Syracuse University Press, 1990, p. 61–69.

(23) Alexandre de Saint-Chéron, introduction à Léopold Ranke, *Histoire de la papauté pendant les XVI*^{e} *et XVII*^{e} *siècles*, Paris, Debécourt, 1838, p. xxiii.

(24) Jules Michelet, « Préface de 1869 », in *Histoire de France*, vol. 1, Paris, Librairie internationale, 1871, p. xxx.

(25) Benjamin Guérard, « Notice sur M. Daunou », *Bibliothèque de l'École des chartes*, 1842, tome III, p. 209–257.

(26) Jérôme David, « Une “réalité à mi-hauteur”. Exemplarités littéraires et généralisations savantes au XIXe siècle », *Annales HSS*, n° 2, mars-avril 2010, p. 263-290.

〔3〕ヘンリー・メイヒュー『ヴィクトリア朝時代　ロンドン路地裏の生活誌』（上下）植松靖夫訳，原書房，2011年。

(27) Henry James, « Honoré de Balzac » (1902), in James Miller, *Theory of Fiction : Henry James*, Lincoln, University of Nebraska Press, 1972, p. 79-80. 以下を見よ。Judith Lyon-Caen, *La Lecture et la vie. Les usages du roman au temps de Balzac*, Paris, Tallandier, 2006.

(28) Honoré de Balzac, préface aux *Fragments des études de mœurs au XIXe siècle*, vol. 1, *La Femme supérieure* [...], Paris, Werdet, 1838, p. liii ; *Béatrix ou les amours forcés*, Bruxelles, Méline, 1839, p. 6〔『バルザック全集 15　ベアトリックス／捨てられた女』市原豊太訳，東京創元社，1974年〕.

(29) Louis Chevalier, « *La Comédie humaine* : document d'histoire ? », *Revue historique*, vol. 232, juillet-septembre 1964, p. 27-48.

(30) Augustin Thierry, préface *à Dix Ans d'études historiques*, *op. cit.*, p. 347.

(31) Sainte-Beuve, *Panorama de la littérature française de Marguerite de Navarre aux frères Goncourt*, Paris, LGF, Le Livre de poche, 2004, p. 1199 et p. 1213.

第3章　科学としての歴史と「文学という黴菌」

(1) Erich Auerbach, *Mimésis. La représentation de la réalité dans la littérature occidentale*, Paris, Gallimard, 1977, chap. II et III〔エーリッヒ・アウエルバッハ『ミメーシス　ヨーロッパ文学における現実描写』（上下）篠田一士他訳，ちくま学芸文庫，1994年〕.

(2) Gustave Flaubert, lettre à Louise Colet (6 avril 1853), *Correspondance*, vol. 2, Paris, Gallimard, « Bibliothèque de la Pléiade », 1980, p. 298.

(3) ポール・アレクシの言葉。以下に引用。Jules Huret, *Enquête sur l'évolution littéraire* [...], Paris, Charpentier, 1891, p. 188 *sq*.

(4) 以下に引用。Clémentine Gutron, « *Salammbô* : une leçon d'archéologie par Flaubert », in Alban Bensa, François Pouillon, *Terrains d'écrivains. Littérature et ethnographie*, Toulouse, Anacharsis, 2012, p. 35-66.

〔1〕アプトン・シンクレア『ジャングル』大井浩二訳，松柏社，2009年。

〔2〕ゾラ『ジェルミナール』小田光雄訳，論叢社，2008年。

(5) Émile Zola, « Le sens du réel » (1878), in *Le Roman naturaliste. Anthologie*, Paris, Le Livre de poche, 1999〔ゾラ「現実感覚」佐藤正年訳，『ゾラ・セレクション 8　文学論集 1865-1896』，藤原書店，2007年〕; *Carnets d'enquêtes. Une ethnographie inédite de la France*, Paris, Plon, « Terre humaine », 1986.

(6) Émile Zola, *Le Roman expérimental* (1880), in *Le Roman naturaliste...*, *op. cit.*, p. 90.

(7) Gabriel Monod, « Du progrès des études historiques en France depuis le XVIe siècle », Revue historique, tome I, janvier-juin 1876, p. 5-38.

(8) 以下を見よ。Georg Iggers, « The Image of Ranke in American and German Historical Thought », *History and Theory*, vol. 2, n° 1, 1962, p. 17-40. より一般的には以下を見よ。Peter Novick, *That Noble Dream. The « Objectivity Question » and the American Historical Profession*, Cambridge, Cambridge University Press, 1988, chap. 1-3.

(9) 以下を見よ。Charles-Olivier Carbonell, *Histoire et historiens. Une mutation idéologique des*

historiens français, 1865-1885, Toulouse, Privat, 1976. より一般的には以下を見よ。Christophe Charle, Jacques Verger, *Histoire des universités*, Paris, PUF, 2012, chap. V et VI.

(10) Edmond et Jules de Goncourt (24 octobre 1864), *Journal*, vol. 1, Paris, Robert Laffont, « Bouquins », p. 1112〔『ゴンクールの日記』(上下) 斎藤一郎編訳, 岩波文庫, 2010年〕.

(11) Émile Zola, « Premier plan remis à Lacroix », in *Les Rougon-Macquart* [...], vol. 5, Paris, Gallimard, « Bibliothèque de la Pléiade », 1967, p. 1757.

(12) *Annales internationales d'histoire. Congrès de Paris, 1900*, Paris, Armand Colin, 1901, p. 7.

(13) Numa Denis Fustel de Coulanges, *Questions contemporaines*, Paris, Hachette, 1919 (1893), p. 26.

(14) Marianne Bonwit, *Gustave Flaubert et le principe d'impassibilité*, Berkeley, Los Angeles, University of California Press, 1950 ; Bruna Donatelli, « Taine lecteur de Flaubert. Quand l'histoire rencontre la littérature », *Romantisme*, nº 111, 2001, p. 75-87.

(15) 以下を見よ。Lorraine Daston, Peter Galison, *Objectivité*, Paris, Les Presses du réel, 2012, chap. III et IV.

(16) Gustave Flaubert, lettre à Amélie Bosquet (20 août 1866), *Correspondance*, *op. cit.*, vol. 3, p. 517.

(17) Numa Denis Fustel de Coulanges, « Comment il faut lire les auteurs anciens », in Camille Jullian, *Extraits des historiens français du XIX*ᵉ *siècle*, Paris, Hachette, 1908, p. 659 *sq.*

(18) Pierre Bourdieu, *Science de la science et réflexivité. Cours du Collège de France, 2000-2001*, Paris, Raisons d'agir, 2001, p. 222〔ピエール・ブルデュー『科学の科学　コレージュ・ド・フランス最終講義』加藤晴久訳, 藤原書店, 2010年〕.

(19) Guy de Maupassant, « Le roman » (1887), in *Pierre et Jean*, Paris, Ollendorff, 1888. 以下を見よ。Philippe Hamon, « Zola, romancier de la transparence », *Europe*, nº 468-469, avril-mai 1968, p. 385-391.

(20) 以下を見よ。Gérard Genette, Tzvetan Todorov (dir.), *Littérature et réalité*, Paris, Seuil, 1982. 特に以下を見よ。Roland Barthes, « L'effet de réel » (1968), p. 81-90〔ロラン・バルト「現実効果」花輪光訳,『言語のざわめき』, みすず書房, 1987年〕; Philippe Hamon, « Un discours contraint », p. 119-181.

(21) Ernest Lavisse, *Histoire de France depuis les origines jusqu'à la Révolution*, tome VII, Paris, Hachette, 1905, p. 155-156.

(22) Pierre Bourdieu, *Manet. Une révolution symbolique*, Paris, Seuil, Raisons d'agir, 2013.

(23) Patrizia Lombardo, « Hippolyte Taine Between Art and Science », *Yale French Studies*, nº 77, 1990, p. 117-133 ; Nathalie Richard, *Hippolyte Taine. Histoire, psychologie, littérature*, Paris, Classiques Garnier, 2013, p. 140 *sq.* et p. 245 *sq.*

(24) 以下を見よ。Christophe Charle, *Naissance des « intellectuels », 1880-1900*, Paris, Minuit, 1990, p. 24 *sq*〔クリストフ・シャルル『知識人の誕生　1880-1900』白鳥義彦訳, 藤原書店, 2006年〕.

(25) Gustave Lanson, « L'immortalité littéraire » (1894), in *Hommes et livres. Études morales et littéraires*, Genève, Slatkine, 1979 (1895), p. 295-315.

(26) Gustave Lanson, « La littérature et la science » (1892), in *Hommes et Livres...*, *op. cit.*, p. 317-364. 以下を見よ。Antoine Compagnon, *La Troisième République des Lettres, de Flaubert à Proust*, Paris, Seuil, 1983, p. 35-51.

(27) ジュール・ミシュレのテーヌ宛の書簡（1855）。以下に引用。Roland Barthes, *Michelet*, Paris, Seuil, « Points », 1988 (1954), p. 76〔ロラン・バルト『ミシュレ』藤本治訳，みすず書房，1974 年〕.

〔3〕フュステル・ド・クーランジュ『古代都市』田辺貞之助訳，白水社，1995 年。

(28) François Hartog, *Le XIXe Siècle et l'histoire. Le cas Fustel de Coulanges*, Paris, Seuil, « Points histoire », 2001, p. 156–157.

(29) Gabriel Monod, « Du progrès des études historiques... », art. cit., p. 29–30.

(30) Gabriel Monod, *Les Maîtres de l'histoire. Renan, Taine, Michelet*, Paris, Calmann-Lévy, 1894, p. 181. 以下を見よ。Yann Potin, « Les fantômes de Gabriel Monod. Papiers et paroles de Jules Michelet, érudit et prophète », *Revue historique*, n° 664, 2012, p. 803–836.

(31) Lucien Febvre, *Michelet et la Renaissance*, Paris, Flammarion, 1992, p. 53〔リュシアン・フェーヴル『ミシュレとルネサンス　「歴史」の創始者についての講義録』石川美子訳，藤原書店，1996 年〕.

(32) Amédée Pichot, avant-propos à Macaulay, *Œuvres diverses. Biographies, essais historiques, critiques et littéraires. Première série*, Paris, Hachette, 1860, p. ix.

(33) Lucien Febvre, « Les morts de l'histoire vivante : Gaston Roupnel », *Annales ESC*, n° 4, 1947, p. 479–481.

(34) エリゼ・ルクリュの編集者宛の書簡。以下に引用。*Histoire d'une montagne*, Gollion, Infolio, 2011 (1880), p. 18–19.

(35) Henri Franck, « Henri Houssaye », in *La Danse devant l'arche*, Paris, NRF, 1912, p. 219–222.

(36) Jacques Rancière, *Les Noms de l'histoire...*, *op. cit*., p. 21.

(37) Charles-Victor Langlois, Charles Seignobos, *Introduction aux études historiques*, Paris, Kimé, 1992 (1898), p. 252〔セニョボス，ラングロア『歴史学研究入門』八本木浄訳，校倉書房，1989 年〕.

(38) Charles-Victor Langlois, « L'histoire au XIXe siècle », in *Questions d'histoire et d'enseignement*, Paris, Hachette, 1902, p. 229.

(39) Gabriel Monod, « Histoire », in *De la méthode dans les sciences*, Paris, Alcan, 1909, p. 360.

(40) Alice Gérard, « Philippe Sagnac revu et corrigé par Ernest Lavisse : un modèle de censure discrète », *Revue d'histoire moderne et contemporaine*, vol. 48, n° 4, octobre-décembre 2001, p. 123–159.

(41) Charles Seignobos, *L'Histoire dans l'enseignement secondaire*, Paris, Armand Colin, 1906, p. 38–39.

(42) Gustave Lanson, « La littérature et la science », art. cit., p. 346.

〔4〕マルク・ブロック『奇妙な敗北』平野千果子訳，岩波書店，2007 年。

(43) François Simiand, « Méthode historique et science sociale » (1903), repris dans *Annales ESC*, 15e année, n° 1, 1960, p. 83–119.

(44) 以下に引用。Wolf Lepenies, *Les Trois Cultures...*, *op. cit*., p. 296.

第 4 章　抑圧された文学の回帰

(1) Carl Becker, « Everyman His Own Historian », *American Historical Review*, vol. 37, n° 2, 1931, p. 221–236.

(2) Paul-André Rosental, « Métaphore et stratégie épistémologique : *La Méditerranée* de Fernand

Braudel », in Daniel Milo, Alain Boureau (dir.), *Alter histoire. Essais d'histoire expérimentale*, Paris, Les Belles Lettres, 1991, p. 109–126.

（3）Georges Duby, *L'Histoire continue*, Paris, Odile Jacob, 1991, p. 192–193〔ジョルジュ・デュビー『歴史は続く』松村剛訳，白水社，1993 年〕.

（4）Siegfried Kracauer, *L'Histoire. Des avant-dernières choses*, Paris, Stock, 2006 (1969), p. 100〔ジークフリート・クラカウアー『歴史　永遠のユダヤ人の鏡像』平井正訳，せりか書房，1977 年〕.

（5）Paul Ricœur, *Temps et récit*, vol. 1, Paris, Seuil, « Points Essais », 1983, p. 165 et p. 255 *sq*〔ポール・リクール『時間と物語』（I〜III）久米博訳，新曜社，1987–1990 年〕.

（6）Jacques Rancière, *Les Noms de l'histoire...*, *op. cit.*, p. 9.

（7）Michel de Certeau, *L'Écriture de l'histoire*, Paris, Gallimard, « Folio histoire », 1975, p. 111 et p. 119〔ミシェル・ド・セルトー『歴史のエクリチュール』佐藤和生訳，法政大学出版局，1996 年〕.

（8）« Entretien avec Paul Veyne », *L'Homme*, nº 175–176, juillet-septembre 2005, p. 233–249.

〔1〕ヘイドン・ホワイト『メタヒストリー　19 世紀ヨーロッパにおける歴史的想像力』岩崎稔監修，作品社，2017 年。

（9）Hayden White, « The Historical Text as Literary Artifact » (1974), in Brian Richardson (dir.), *Narrative Dynamics : Essays on Time, Plot, Closure, and Frames*, Ohio State University Press, 2002, p. 191–210〔ヘイドン・ホワイト「文学的製作物としての歴史的テクスト」上村忠男訳，『歴史の喩法　ホワイト主要論文集成』，作品社，2017 年〕.

(10) Roland Barthes, « Le discours de l'histoire » (1967), in *Le Bruissement de la langue. Essais critiques IV*, Paris, Seuil, « Points Essais », 1984, p. 163–177〔ロラン・バルト「歴史の言説」花輪光訳，『言語のざわめき』，みすず書房，1987 年〕.

(11) *Ibid.*, p. 176.

(12) Arnaldo Momigliano, « The Rhetoric of History and the History of Rhetoric : on Hayden White's Tropes » (1981), *Settimo contributo alla storia degli studi classici e del mondo antico*, Rome, Edizioni di storia e letteratura, 1984, p. 49–59 ; Roger Chartier, *Au bord de la falaise. L'histoire entre certitudes et inquiétude*, Paris, Albin Michel, 1998, chap. III et IV.

(13) 以下を見よ。Saul Friedländer (dir.), *Probing the Limits of Representation. Nazism and the « Final Solution »*, Cambridge, Harvard University Press, 1992, notamment Carlo Ginzburg, « Just One Witness », p. 82–96〔ソール・フリードランダー編『アウシュヴィッツと表象の限界』上村忠男他訳，未来社，1994 年〕.

〔2〕ピエール・ブルデュー『芸術の規則』（I・II）石井洋二郎訳，藤原書店，1995–1996 年。

(14) Jean-Claude Passeron, *Le Raisonnement sociologique. Un espace non poppérien de l'argumentation*, Paris, Albin Michel, 2006 (1991), p. 355–356.

〔3〕第 1 章原注（24）を見よ。

(15) Jean-Jacques Rousseau, *Les Confessions*, in *Œuvres complètes*, vol. 1, Paris, Gallimard, « Bibliothèque de la Pléiade », 1959, p. 278〔ルソー『告白』（上中下）桑原武夫訳，岩波文庫，1965–1966 年〕.

(16) Milan Kundera, *L'Art du roman*, Paris, Gallimard, 1986, p. 17–18 et p. 138–139〔ミラン・クンデラ『小説の技法』西永良成訳，岩波文庫，2016 年〕.

〔4〕ジョナサン・リテル『慈しみの女神たち』菅野昭正他訳，集英社，2011年。ヤニック・エネル『ユダヤ人大虐殺の証人ヤン・カルスキ』飛播祐規訳，河出書房新社，2011年。

〔5〕ロベール・メルル『死はわが職業』村松剛訳，講談社，1957年。

(17) Yannick Haenel, « Le recours à la fiction n'est pas seulement un droit, il est nécessaire », *Le Monde*, 26 janvier 2010.

〔6〕イポリット・テーヌ『英国文学史　古典主義時代』手塚リリ子他訳，白水社，1998年。

(18) Lucien Febvre, « La sensibilité et l'histoire », in *Combats pour l'Histoire*, Paris, Armand Colin, « Agora », 1992, p. 221–238〔リュシアン・フェーヴル「感性と歴史」大久保康明訳，フェーヴル，デュビィ，コルバン『感性の歴史』，藤原書店，1997年〕.

(19) Louis Chevalier, *Classes laborieuses et classes dangereuses à Paris pendant la première moitié du XIX*ᵉ *siècle*, Paris, Hachette, « Pluriel », 1984 (1954), p. 19–21〔ルイ・シュヴァリエ『労働階級と危険な階級』喜安朗他訳，みすず書房，1993年〕.

(20) Roland Barthes, « Histoire ou littérature ? », in *Sur Racine*, Paris, Seuil, 1963, p. 145–167〔ロラン・バルト『ラシーヌ論』渡辺守章訳，みすず書房，2006年〕. この「文学の再歴史化」の動きについては以下を見よ。Le numéro spécial des *Annales HSS*, « Littérature et histoire », dirigé par Christian Jouhaud, vol. 49, nº 2, mars-avril 1994.

(21) 以下を見よ。Catherine Bidou-Zachariasen, *Proust sociologue. De la maison aristocratique au salon bourgeois*, Paris, Descartes, 1997 ; Jacques Dubois, *Pour Albertine. Proust et le sens du social*, Paris, Seuil, 1997.

(22) Mona Ozouf, « Récit des romanciers, récit des historiens », *Le Débat*, nº 165, mai-août 2011, p. 13–25.

(23) 以下を見よ。Le numéro spécial des *Annales HSS*, « Savoirs de la littérature », dirigé par Étienne Anheim et Antoine Lilti, vol. 65, nº 2, mars-avril 2010.

第5章　歴史とは何か

(1) Edmond et Jules de Goncourt (24 novembre 1861), *Journal*, vol. 1, *op. cit.*, p. 750.

(2) Roman Jakobson, « Le réalisme en art » (1921), in *Questions de poétique*, Paris, Seuil, 1973, p. 31–39.

(3) Erich Auerbach, *Mimésis...*, *op. cit.*, p. 487.

(4) Dante Alighieri, *La Divine Comédie*, Paris, Diane de Selliers, 2008, chant XXVIII, p. 158〔ダンテ『神曲』(上中下) 山川丙三郎訳，岩波文庫，1952–1958年〕.

(5) Louis Maigron, *Le Roman historique...*, *op. cit.*, p. 42–43.

(6) Joseph Roth dans la *Frankfurter Zeitung* (1932), 以下に引用。*La Marche de Radetzky*, Paris, Seuil, « Points », 1995, p. ii〔ヨーゼフ・ロート『ラデツキー行進曲』(上下) 平田達治訳，岩波文庫，2014年〕.

(7) Jean-Jacques Becker, Serge Berstein, *Victoire et frustrations, 1914–1929*, Paris, Seuil, « Points Histoire », 1990, p. 20.

(8) Giovanni Levi, *Le Pouvoir au village. Histoire d'un exorciste dans le Piémont du XVII*ᵉ *siècle*, Paris, Gallimard, 1989 ; Clifford Geertz, « La description dense », *Enquête. Anthropologie, histoire, sociologie*, nº 6, 1998, p. 73–105.

（9）Arthur Danto, *Analytical Philosophy of History*, Cambridge, Cambridge University Press, 1965, p. 131〔ダントー『物語としての歴史　歴史の分析哲学』河本英夫訳，国文社，1989 年〕.
（10）Marcel Detienne, *Les Maîtres de Vérité dans la Grèce archaïque*, Paris, Le Livre de poche, 2006（1967）.
（11）Carl Becker, « Everyman His Own Historian », art. cit.
〔1〕R・G・コリングウッド『歴史の観念』小松茂夫他訳，紀伊国屋書店，1970 年。
（12）Paul Veyne, *Comment on écrit l'histoire...*, *op. cit.*, chap. II.
（13）Velcheru Narayana Rao, David Shulman, Sanjay Subrahmanyam, *Textures du temps. Écrire l'histoire en Inde*, Paris, Seuil, « La Librairie du XXIe siècle », 2004.
〔2〕S・スブラフマニヤム『接続された歴史　インドとヨーロッパ』三田昌彦・太田信宏訳，名古屋大学出版会，2009 年。
（14）Romain Bertrand, *L'Histoire à parts égales. Récits d'une rencontre Orient- Occident, XVIe–XVIIe siècle*, Paris, Seuil, 2011, p. 12.
（15）Jean Guilaine, *Archéologie, science humaine. Entretiens avec Anne Lehoërff*, Actes Sud, Errance, 2011, p. 22 et p. 150.
（16）Marc Bloch, *Les Caractères originaux de l'histoire rurale française*, Oslo, Institut pour l'étude comparative des civilisations, 1931, p. 250〔マルク・ブロック『フランス農村史の基本性格』河野健二他訳，創文社，1959 年〕.
（17）Henry Adams, « The Tendency of History », *Annual Report of the American Historical Association*, 1894, p. 17–23.
（18）Carl Hempel, « The Function of General Laws in History », *The Journal of Philosophy*, vol. 39, n° 2, 15 janvier 1942, p. 35–48.
（19）Polybe, III, 6.
（20）Henri Lancelot-Voisin de La Popelinière, *L'Histoire des histoires, avec L'Idée de l'histoire accomplie* [...], Paris, Fayard 1989（1599）, vol. 2, p. 94–95.
（21）以下を見よ。Clifford Geertz, « La description dense », art. cit.
（22）Karl Popper, *La Connaissance objective*, Paris, Aubier, 1991（1972）, p. 267–287〔カール・R・ポパー『客観的知識　進化論的アプローチ』森博訳，木鐸社，1974 年〕.
（23）Paul Ricœur, *Temps et récit*, vol. 1, *op. cit.*, p. 339. 以下も見よ。Arthur Danto, *Analytical Philosophy of History*, chap. VII.
（24）François Hartog, *Le Miroir d'Hérodote. Essai sur la représentation de l'autre*, Paris, Gallimard, « Folio histoire », 2001（1980）, p. 72.
（25）Claude-Gilbert Dubois, *La Conception de l'histoire en France au XVIe siècle*（*1560–1610*）, Paris, Nizet, 1977, p. 94 *sq*.

第 6 章　科学としての歴史を書く作家たち

（1）Marcel Detienne, *Les Maîtres de Vérité...*, *op. cit*.
（2）以下を見よ。Amédée Hauvette, *Hérodote, historien des guerres médiques*, Paris, Hachette, 1894, p. 500 ; Arnaldo Momigliano, « La place d'Hérodote dans l'histoire de l'historiographie »（1958）, in *Problèmes d'historiographie ancienne et moderne*, Paris, Gallimard, 1983, p. 169–185.

(3) Hérodote, *L'Enquête*, Paris, Gallimard, « Folio », 1964, IV, 81〔ヘロドトス『歴史』(上中下）松平千秋訳，岩波文庫，1971-1972 年〕.
(4) *Ibid.*, II, 130.
(5) 以下を見よ。Catherine Darbo-Peschanski, *Le Discours du particulier. Essai sur l'enquête hérodotéenne*, Paris, Seuil, 1987, p. 127 *sq*.
(6) Hérodote, IV, 95-96.
(7) *Ibid.*, VII, 213-214 et 229-230.
(8) Carlo Ginzburg, « Traces. Racines d'un paradigme indiciaire », in *Mythes, emblèmes, traces. Morphologie et histoire*, Paris, Flammarion, 1989, p. 139-180〔カルロ・ギンズブルグ『神話・寓意・徴候』竹山博英訳，せりか書房，1988 年〕.
(9) Carlo Ginzburg, « Aristote et l'histoire, encore une fois », in *Rapports de force. Histoire, rhétorique, preuve*, Paris, Gallimard, Seuil, « Hautes études », 2003, p. 43-56〔カルロ・ギンズブルグ『歴史・レトリック・立証』上村忠男訳，みすず書房，2001 年〕. 以下も見よ。Adriana Zangara, *Voir l'histoire*..., *op. cit*., p. 112-116.
(10) Carlo Ginzburg, « Lorenzo Valla et la donation de Constantin », in *Rapports de force*..., *op. cit*., p. 57-70.
(11) Cicéron, *De l'orateur*, livre II, XV, 62-63.
(12) Pierre Grimal, *Cicéron*, Paris, Fayard, 1986, chap. VI.
(13) Bernard Guenée, « Histoires, annales, chroniques. Essai sur les genres historiques au Moyen Âge », *Annales ESC*, vol. 28, nº 4, 1973, p. 997-1016.
(14) Ernest Renan, *Vie de Jésus*, Paris, Lévy, 1863, p. lii〔E・ルナン『イエスの生涯』忽那錦吾他訳，人文書院，2000 年〕.
(15) Marc Fumaroli, *L'Âge de l'éloquence*..., *op. cit*., p. 489 *sq*. et p. 686 *sq*.
(16) Philippe Desan, *Penser l'histoire à la Renaissance*, Caen, Paradigme, 1993, chap. V.
(17) F. Smith Fussner, *The Historical Revolution : English Historical Writing and Thought, 1580-1640*, Londres, 1962 ; G. Wylie Sypher, « Similarities Between the Scientific and the Historical Revolutions at the End of the Renaissance », *Journal of the History of Ideas*, vol. 26, nº 3, juillet-septembre 1965, p. 353-368.
(18) Henri Lancelot-Voisin de La Popelinière, *L'Idée de l'histoire accomplie*..., vol. 2, *op. cit*., p. 258.
(19) Emmanuèle Lesne, *La Poétique des mémoires (1650-1685)*, Paris, Honoré Champion, 1996, p. 42-49.
(20) René Descartes, lettre à Hogelande (8 février 1640), 以下に引用。Yvon Belaval, *Leibniz critique de Descartes*, Paris, Gallimard, 1978, p. 91.
(21) Louis Davilé, « Le développement de la méthode historique de Leibniz », *Revue de synthèse historique*, XXIII, nº 69, décembre 1911, p. 257-268.
(22) Mabillon, *Brèves Réflexions sur quelques règles de l'histoire*, Paris, POL, 1990.
(23) Arnaldo Momigliano, « L'histoire ancienne et l'antiquaire » (1950), in *Problèmes d'historiographie ancienne et moderne*, *op. cit*., p. 244- 293 ; Marc Fumaroli, « Historiographie et épistémologie à l'époque classique », in Gilbert Gadoffre (dir.), *Certitudes et incertitudes de l'histoire*, Paris, PUF, 1987, p. 87-104.
(24) Anthony Grafton, *Les Origines tragiques de l'érudition. Une histoire de la note en bas de page*,

Paris, Seuil, « La Librairie du XXe siècle », 1998.

(25) Olivier Dumoulin, « Les historiens », in Michel Drouin (dir.), *L'Affaire Dreyfus*, Paris, Flammarion, 2006, p. 389–396.

(26) Pierre Vidal-Naquet, *Face à la raison d'État. Un historien dans la guerre d'Algérie*, Paris, La Découverte, 1989, p. 45.

〔1〕カルロ・ギンズブルグ『裁判官と歴史家』上村忠男他訳，ちくま学芸文庫，2012 年。

(27) Augustin Thierry, préface à *Dix Ans d'études historiques*, *op. cit.*, p. 353.

(28) Primo Levi, *La Trêve*, Paris, Grasset, Le Livre de poche, 1966, p. 245–246〔プリーモ・レーヴィ『休戦』竹山博英訳，岩波文庫，2010 年〕.

(29) Paul Ricœur, *Histoire et vérité*, Paris, Seuil, « Essais », 1955, p. 32–39.

第 7 章　真理陳述の作業

(1) Siegfried Kracauer, *L'Histoire...*, *op. cit.*, p. 145.

(2) 以下を見よ。Pierre Bourdieu *et al.*, *Le Métier de sociologue. Préalables épistémologiques*, Berlin, New York, Mouton de Gruyter, 2005 (1968).

〔1〕『ロラン・バルト著作集 3　現代社会の神話』下澤和義訳，みすず書房，2005 年。

(3) Henri-Irénée Marrou, *De la connaissance historique*, Paris, Seuil, 1954, p. 132 *sq*.

(4) Hérodote, VII, 152.

(5) Lucien Febvre, « Examen de conscience d'une histoire et d'un historien » (1933), in *Combats pour l'Histoire*, *op. cit.*, p. 3–17〔リュシアン・フェーヴル「歴史と歴史家の反省」長谷川輝夫訳，『歴史のための闘い』，平凡社ライブラリー，1995 年〕.

(6) Jacques Le Goff, *Saint Louis*, Paris, Gallimard, 1996〔ジャック・ル・ゴフ『聖王ルイ』岡崎敦他訳，新評論，2001 年〕.

(7) Henri-Irénée Marrou, *De la connaissance historique*, *op. cit.*, p. 77.

(8) Charlotte Beradt, *Rêver sous le Troisième Reich*, Paris, Payot & Rivages, 2002. 引用は以下にある。Lucien Febvre, « Vers une autre histoire » (1949), in *Combats pour l'histoire*, *op. cit.*, p. 419–438〔リュシアン・フェーヴル「新しい歴史へ向かって」長谷川輝夫訳，『歴史のための闘い』，平凡社ライブラリー，1995 年〕.

(9) Michel Brunet, *D'Abel à Toumaï. Nomade, chercheur d'os*, Paris, Odile Jacob, 2006, p. 60–61 et p. 124–125.

(10) Alain Corbin, « Ne rien refuser d'entendre », *Vacarme*, n° 35, printemps 2006.

(11) Richard Holmes, *Footsteps : Adventures of a Romantic Biographer*, New York, Viking, 1985.

(12) 私はここで以下の書物に言及している。Georges Duby, *Guillaume le Maréchal ou le meilleur chevalier du monde*, Paris, Fayard, 1984 ; Carlo Ginzburg, *Le Fromage et les vers. L'univers d'un meunier du XVIe siècle*, Paris, Flammarion, 1980〔カルロ・ギンズブルグ『チーズとうじ虫　16 世紀の一粉挽屋の世界像』杉山光信訳，みすず書房，1984 年〕; Emmanuel Le Roy Ladurie, *Saint-Simon ou le système de la cour*, Paris, Fayard, 1997 ; Jean Fourastié, *Les Trente Glorieuses ou la révolution invisible de 1946 à 1975*, Paris, Fayard, 1979. そしてさらに私の 2 冊の書物に。*Enfants en exil. Transfert de pupilles réunionnais en métropole, 1963–1982*, Paris, Seuil, 2007 ; *Histoire des grands-parents que je n'ai pas eus. Une enquête*, Paris, Seuil, « La Librairie du XXe siècle », 2012〔イヴァン・ジャブロンカ『私にはいなかった祖父母の歴史』田所光男訳，名古屋大学出版会，2017 年〕.

(13) Polybe, III, 33.
(14) Voltaire, « Histoire », in *Encyclopédie*, art. cit.
(15) Pierre Bayle, « Épicure », in *Dictionnaire historique et critique*, Rotterdam, Bohm, 3e éd., 1720, vol. 2, p. 1077, note E.
(16) Jorge Luis Borges, « Deux livres », in *Enquêtes*, Paris, Gallimard, « Folio », 1967, p. 169〔ボルヘス「二冊の本」中村健二訳,『続審問』, 岩波文庫, 2009 年〕.
(17) Philippe de Commynes, *Mémoires*, Paris, Les Belles Lettres, 1965, vol. 2, p. 129.
(18) Charles Seignobos, *La Méthode historique appliquée aux sciences sociales*, Paris, Alcan, 1901, p. 34–35.
(19) Ernest Labrousse, *Esquisse du mouvement des prix et des revenus en France au XVIIIe siècle*, vol. 2, Paris, Éditions des archives contemporaines, 1989 (1933), p. 315.
(20) Claire Lemercier et Claire Zalc, « Le sens de la mesure : nouveaux usages de la quantification », in Christophe Granger (dir.), *À quoi pensent les historiens ? Faire de l'histoire au XXIe siècle*, Paris, Autrement, 2013, p. 135–148.
(21) Karl Popper, *La Logique de la découverte scientifique*, Paris, Payot, 1973 (1934), p. 26〔カール・R・ポパー『科学的発見の論理』(上下) 大内義一他訳, 恒星社厚生閣, 1971–1972 年〕.
(22) Ivan Jablonka, *Ni père ni mère. Histoire des enfants de l'Assistance publique, 1874–1939*, Paris, Seuil, 2006, chap I.
(23) Francesco d'Errico, « *Nassarius Kraussianus* Shell Beads from Blombos Cave : Evidence for Symbolic Behaviour in the Middle Stone Age », *Journal of Human Evolution*, no 48, 2005, p. 3–24.
(24) Jean-Claude Gardin, *Une archéologie théorique*, Paris, Hachette, 1979, p. 214.
(25) Pierre Bayle, lettre à son frère Joseph (30 janvier 1675). http://bayle-correspondance.univ-st-etienne.fr/ にて参照可能。
(26) Karl Popper, *Misère de l'historicisme*, Paris, Presses Pocket, « Agora », 1988 (1945), p. 168–169〔カール・R・ポパー『歴史主義の貧困　社会科学の方法と実践』久野収他訳, 中央公論社, 1961 年〕.
(27) Karl Popper, *La Logique de la découverte scientifique*, *op. cit.*, p. 287.
(28) Pierre Bayle, « Dissertation » (1692), in *Dictionnaire historique et critique*, Rotterdam, Bohm, 3e éd., 1720, vol. 4, p. 2983–2984.
(29) Alexandre-Dimitri Xénopol, *Les Principes fondamentaux de l'histoire*, Paris, Leroux, 1899, p. 32.
(30) Carlo Ginzburg, *Un seul témoin*, Paris, Bayard, Vacarme, 2007, p. 94〔カルロ・ギンズブルグ「一人だけの証人　ユダヤ人大量虐殺と現実原則」上村忠男訳,『歴史を逆なでに読む』, みすず書房, 2003 年〕.
(31) Jean Guilaine, *Archéologie, science humaine...*, *op. cit.*, p. 53.

第 8 章　方法としてのフィクション

(1) Ann Banfield, *Phrases sans parole. Théorie du récit et du style indirect libre*, Paris, Seuil, 1995 (1982), p. 384.
(2) Roland Barthes, « La mort de l'auteur » (1968), in *Le Bruissement de la langue...*, *op. cit.*,

p. 63–69〔ロラン・バルト「作者の死」花輪光訳，『物語の構造分析』，みすず書房，1979 年〕.

(3) Roland Barthes, *Sade, Fourier, Loyola*, Paris, Seuil, 1971, p. 13–16〔ロラン・バルト『サド，フーリエ，ロヨラ』篠田浩一郎訳，みすず書房，1975 年〕.

(4) Gérard Genette, *Fiction et diction*, Paris, Seuil, « Points Essais », 2004 (1991), p. 226〔ジェラール・ジュネット『フィクションとディクション　ジャンル・物語論・文体』和泉涼一他訳，水声社，2004 年〕.

(5) Louis Chevalier, « La Comédie humaine : document d'histoire ? », art. cit.

(6) Lucien de Samosate, *Histoire véritable. Sur des aventures que je n'ai pas eues*, Paris, Gallimard, « Folio », 2013, p. 11〔『本当の話　ルキアノス短篇集』呉茂一訳，ちくま文庫，1989 年〕.

(7) Jorge Luis Borges, « Le premier Wells », in *Enquêtes*, *op. cit.*, p. 122–126〔ボルヘス「初期のウェルズ」中村健二訳，『続審問』，岩波文庫，2009 年〕.

(8) 以下を見よ。Gérard Genette, « Vraisemblance et motivation », in *Figures II*, Paris, Seuil, « Essais », 1969, p. 71–99〔ジェラール・ジュネット『フィギュール II』和泉涼一他訳，水声社，1989 年〕; John Lyons, « La triple imperfection de l'histoire », *Dix- Septième Siècle*, n° 246, 2010, p. 27–42.

(9) Jean Jamin, « Fictions haut régime. Du théâtre vécu au mythe romanesque », *L'Homme*, n° 175–176, juillet-septembre 2005, p. 165–201.

(10) Victor Hugo, *La Légende des siècles*, Paris, Gallimard, « Bibliothèque de la Pléiade », 1950 (1859), p. 5.

(11) Jules Michelet, *Principes de la philosophie de l'histoire, traduits de la « Scienza Nuova » de J. B. Vico*, Paris, Renouard, 1827, p. xxiv et p. 272.

(12) 以下に引用。Annie Epelboin, Assia Kovriguina, *La Littérature des ravins. Écrire sur la Shoah en URSS*, Paris, Robert Laffont, 2013, p. 176.

(13) 以下を見よ。Frédérique Aït-Touati, « Penser le ciel à l'âge classique. Fiction, hypothèse et astronomie de Kepler à Huygens », *Annales HSS*, n° 2, mars-avril 2010, p. 325–344.

(14) Christian Jouhaud, Dinah Ribard, Nicolas Schapira, *Histoire, littérature, témoignage. Écrire les malheurs du temps*, Paris, Gallimard, « Folio histoire inédit », 2009, chap. IV.

〔1〕アンナ・ラングフュス『砂の荷物』村山光彦訳，晶文社，1974 年。

〔2〕ハンス・ファラダ『ピネベルク，明日はどうする!?』赤坂桃子訳，みすず書房，2017 年。

〔3〕アーサー・ケストラー『真昼の暗黒』中島賢二訳，岩波文庫，2009 年。

〔4〕ジョージ・オーウェル『1984 年』高橋和久訳，ハヤカワ epi 文庫，2009 年。

〔5〕ヴォルフガング・ヒルデスハイマー『マルボー　ある伝記』青地伯水訳，松籟社，2014 年。

(15) Julian Barnes, *Une histoire du monde en 10 chapitres ½*, Paris, Stock, 1989, p. 318〔ジュリアン・バーンズ『10 1/2 章で書かれた世界の歴史』丹治愛他訳，白水 U ブックス，1995 年〕.

(16) Peter Brown, « Science et imagination », in *La Société et le sacré dans l'Antiquité tardive*, Paris, Seuil, « Points Histoire », Paris, 1985, p. 26.

(17) 指向的フィクションと遊戯的フィクションのあいだの対立については以下を見よ。

Jean-Marie Schaeffer, « Quelles vérités pour quelles fictions ? », *L'Homme*, nº 175–176, juillet-septembre 2005, p. 19–36.

(18) 彼の友人のサミュエル・コールリッジが『文学的自叙伝』(1817) の第 14 章で語っている。http://www.gutenberg.org/ebooks/6081. にて参照可能。〔サミュエル・テイラー・コウルリッジ『文学的自叙伝　文学者としての我が人生と意見の伝記的素描』東京コウルリッジ研究会訳，法政大学出版局，2013 年〕. 以下を見よ。Carlo Ginzburg, « L'estrangement. Préhistoire d'un procédé littéraire », in *À Distance. Neuf essais sur le point de vue en histoire*, Paris, Gallimard, 2001, p. 15–36〔カルロ・ギンズブルク『ピノッキオの眼　距離についての九つの省察』竹山博英訳，せりか書房，2001 年〕.

(19) 以下を見よ。François Hartog, *Le Miroir d'Hérodote...*, *op. cit.*, p. 364.

〔6〕A・ルロワ＝グーラン『先史時代の宗教と芸術』蔵持不三也訳，日本エディタースクール出版部，1985 年。

(20) Daniel Spoerri, *Topographie anecdotée du hasard*, Paris, Éditions du Centre Pompidou, 1990 (1961).

(21) Georges Perec, « Pour une littérature réaliste », in *L. G. Une aventure des années soixante*, *op. cit.*, p. 52 ; *Espèces d'espaces*, Paris, Galilée, 1974, p. 70–74〔ジョルジュ・ペレック『さまざまな空間』塩塚秀一郎訳，水声社，2003 年〕.

(22) Samuel Coleridge, *Biographia Literaria*, *op. cit.*

(23) Quintilien, *Institution oratoire*, V, 10, 50 et 95–96.

(24) Yan Thomas, « *Fictio legis*. L'empire de la fiction romaine et ses limites médiévales », *Droits. Revue française de théorie juridique*, nº 21, 1995, p. 17–63.

(25) Max Weber, *Économie et société*, Paris, Plon, « Pocket », 1995 (1925), vol. 1, p. 51.

(26) Reinhart Koselleck, *Le Futur passé. Contribution à la sémantique des temps historiques*, Paris, Éditions de l'EHESS, 1990 (1979), chap. V.

(27) Marcel Proust, *Le Temps retrouvé*, Paris, Gallimard, 1927, vol. 2, p. 40〔マルセル・プルースト『失われた時を求めて 10　第 7 篇 見出された時』井上究一郎訳，ちくま文庫，1993 年〕.

〔7〕エドワルト・マイヤー，マックス・ウェーバー『歴史は科学か』森岡弘道訳，みすず書房，1987 年。

(28) これらの例はすべて以下の書物から引かれた。Robert Cowley (dir.), *More What If ? Eminent Historians Imagine What Might Have Been*, Londres, Macmillan, 2002. 以下を見よ。Quentin Deluermoz, Pierre Singaravélou, « Explorer le champ des possibles. Approches contrefactuelles et futurs non advenus en histoire », *Revue d'histoire moderne et contemporaine*, nº 59, 2012, p. 70–95.

〔8〕フィリップ・K・ディック『高い城の男』土井宏明訳，ハヤカワ文庫，1984 年。

(29) Antoine Prost, *Douze Leçons sur l'histoire*, Paris, Seuil, « Points Inédit Histoire », 1996, p. 280. 以下を見よ。Nicole Loraux, « Éloge de l'anachronisme en histoire », *Le Genre humain*, nº 27, 1993, p. 23–39.

(30) Hans Robert Jauss, « L'usage de la fiction en histoire », *Le Débat*, nº 54, mars-avril 1989, p. 89–113.

〔9〕マーカス・レディカー『奴隷船の歴史』上野直子訳，みすず書房，2016 年。

〔10〕ティモシー・ブルック『フェルメールの帽子　作品から読み解くグローバル化の夜

明け』本野英一訳，岩波書店，2014 年。

(31) Nicolas Lenglet-Dufresnoy, *De l'usage des romans* [...], Amsterdam, De Poilras, 1734, vol. 1, p. 43.

〔11〕ハンス・マグヌス・エンツェンスベルガー『がんこなハマーシュタイン』丘沢静也訳，晶文社，2009 年。

〔12〕マイケル・ヤング『メリトクラシー』窪田鎮夫他訳，至誠堂選書，1982 年。

〔13〕アラン・コルバン『知識欲の誕生　ある小さな村の講演会 1895–96』築山和也訳，藤原書店，2014 年。

(32) Nathalie Richard, *Hippolyte Taine*..., *op. cit*., p. 248–250.

〔14〕クレール・ド・デュラス夫人『ウーリカ　ある黒人娘の恋』湯原かの子訳，水声社，2014 年。

〔15〕ジョルジュ・ペレック『W あるいは子供の頃の思い出』酒詰治男訳，水声社，2013 年。

(33) Maurice Olender, *Matériau du rêve, Abbaye d'Ardenne*, IMEC, 2010, p. 30.

(34) Claude Lanzmann, « Le lieu et la parole » (1985) et « *Hier ist kein warum* » (1988), in Michel Deguy (dir.), *Au sujet de « Shoah », le film de Claude Lanzmann*, Paris, Belin, 1990.

第 9 章　ノンフィクションから真理としての文学へ

(1) 以下を見よ。Antoine Prost, « Charles Seignobos revisité », *Vingtième Siècle. Revue d'histoire*, nº 43, juillet-septembre 1994, p. 100–118.

(2) 以下を見よ。Pierre Lassave, *Sciences sociales et littérature. Concurrence, complémentarité, interférences*, Paris, PUF, 2002.

〔1〕W・G・ゼーバルト『アウステルリッツ』鈴木仁子訳，白水社，2003 年。

(3) Entretien avec W. G. Sebald, « Ich fürchte das Melodramatische », *Der Spiegel*, 12 mars 2001.

〔2〕ミシェル・レリス『成熟の年齢』松崎芳隆訳，現代思潮社，1996 年。ロマン・ガリ『夜明けの約束』岩津航訳，共和国，2017 年。リチャード・ライト『ブラック・ボーイ　ある少年期の記録』（上下）野崎孝訳，岩波文庫，2009 年。ジョルジュ・ペレック『エリス島物語　移民たちの彷徨と希望』酒詰治男訳，青土社，2000 年。ジョルジュ・ペレック『ぼくは思い出す』酒詰治男訳，水声社，2015 年。ジョー・ブレイナード『ぼくは覚えている』小林久美子訳，白水社，2012 年。クロード・ランズマン『パタゴニアの野兎　ランズマン回想録』（上下）中原毅志訳，人文書院，2016 年。ギュンター・グラス『玉ねぎの皮をむきながら』依岡隆児訳，集英社，2008 年。

〔3〕ネルス・アンダーソン『ホーボー　ホームレスの人たちの社会学』（上下）広田康生訳，ハーベスト社，2000 年。

〔4〕ジェイコブ・リース『向こう半分の人々の暮らし　19 世紀末ニューヨークの移民下層社会』千葉喜久枝訳，創元社，2018 年。

〔5〕ジャック・ロンドン『どん底の人びと　ロンドン 1902』行方昭夫訳，岩波文庫，1995 年。

〔6〕ジョージ・オーウェル『パリ・ロンドン放浪記』小野寺健訳，岩波文庫，1989 年。ジョージ・オーウェル『ウィガン波止場への道』土屋宏之他訳，ちくま学芸文庫，1996 年。

(4) James Agee, Walker Evans, *Louons maintenant les grands hommes*, Paris, Pocket, « Terre

humaine / Poche », 2002 (1939), p. 30.

〔7〕ジョン・リード『世界を揺るがした十日間』伊藤真訳，光文社古典新訳文庫，2017年。ジョージ・オーウェル『カタロニア賛歌』都築忠七訳，岩波文庫，1992年。ロベルト・サヴィアーノ『死都ゴモラ　世界の裏側を支配する暗黒帝国』大久保昭男訳，河出書房新社，2008年

〔8〕ニコラ・ブーヴィエ『世界の使い方』山田浩之訳，英治出版，2011年。

〔9〕トルーマン・カポーティ『冷血』佐々田雅子訳，新潮文庫，2006年。ノーマン・メイラー『死刑執行人の歌　殺人者ゲイリー・ギルモアの物語』（上下）岡枝慎二訳，同文書院，1997年。エマニュエル・カレール『嘘をついた男』田中千春訳，河出書房新社，2000年。

〔10〕ミシェル・フーコー編著『ピエール・リヴィエール　殺人・狂気・エクリチュール』慎改康之他訳，河出文庫，2010年。

〔11〕ロベール・アンテルム『人類　ブーヘンヴァルトからダッハウ強制収容所へ』宇京頼三訳，未来社，1993年。

〔12〕ソルジェニーツィン『収容所群島　1918–1956 文学的考察』（全6巻）木村浩訳，新潮文庫，1974–1977年。

(5) Anatoli Kouznetsov, *Babi Yar. Roman-document*, Paris, Robert Laffont, 2011 (1970), p. 30〔クズネツォーフ『バービイ・ヤール』草鹿外吉訳，大光社，1967年〕.

(6) Leonid Heller, « Le mirage du vrai. Remarques sur la littérature factographique en Russie », *Communications*, nº 71, 2001, p. 143–177.

(7) Varlam Chalamov, *Récits de la Kolyma*, Paris, Verdier, 2003, p. 155〔ヴァルラーム・シャラーモフ『極北　コルィマ物語』高木美菜子訳，朝日出版社，1999年〕; *Tout ou rien*, Paris, Verdier, 1993.

(8) Georges Perec, « Le Nouveau Roman et le refus du réel » et « Pour une littérature réaliste », in *L. G. Une aventure des années soixante*, *op. cit.*, p. 25–45 et p. 47–66.

(9) *Ibid.*, « Robert Antelme ou la vérité de la littérature », p. 87–114.

〔13〕ジョルジュ・ペレック『物の時代　小さなバイク』弓削三男訳，文遊社，2013年。

(10) Charles Reznikoff, « Nommer, nommer, toujours nommer » (1977), in *Holocauste*, Paris, Prétexte éditeur, 2007 (1975), p. 151.

(12) B. S. Johnson, *Aren't You Rather Young to be Writing Your Memoirs ?*, Londres, Hutchinson, 1973, p. 14.

〔14〕ハンター・S・トンプソン『ヘルズエンジェルズ』石丸元章訳，リトル・モア，2011年。

〔15〕トム・ウルフ『クール・クール　LSD交感テスト』飯田隆昭訳，太陽社，1996年。

〔16〕ノーマン・メイラー『夜の軍隊』山西英一訳，早川書房，1970年。

(13) 以下に引用。Florence Noiville, « Le siècle de Tom Wolfe », *Le Monde des livres*, 12 avril 2013.

〔17〕トム・ウルフ『虚構の篝火』（上下）中野圭二訳，文藝春秋，1991年。

(14) Barbara Lounsberry, « The Realtors », in *The Art of the Fact : Contemporary Artists of Nonfiction*, Westport, Greenwood Press, 1990, p. xi *sq*.

(15) Lee Gutkind, « The Creative Nonfiction Police ? », in *In Fact : The Best of Creative Nonfiction*, New York, Norton & Co, 2005.

(16) 以下を見よ。Ann Banfield, *Phrases sans parole...*, *op. cit.*, p. 377–379. そして特に以下を見よ。Dorrit Cohn, Le Propre de la fiction, Paris, Seuil, 2001, chap. VII.

〔18〕ウィリアム・スタイロン『ナット・ターナーの告白』大橋吉之輔訳，河出書房新社，1970年。

〔19〕マルグリット・ユルスナール『ハドリアヌス帝の回想』多田智満子訳，白水社，2008年。

(17) Fernand Braudel, *La Méditerranée et le monde méditerranéen à l'époque de Philippe II*, Paris, Armand Colin, 1979 (1949), vol. 2, p. 514〔フェルナン・ブローデル『地中海』(全5巻)浜名優美訳，藤原書店，1991–1995年〕.

(18) Georges Duby, *Guillaume le Maréchal...*, *op. cit.*, p. 7–8.

(19) John Searle, « Le statut logique du discours de la fiction » (1975), in *Sens et expression. Études de théorie des actes de langage*, Paris, Minuit, 1982, p. 101–119〔ジョン・R・サール『表現と意味　言語行為論研究』山田友幸訳，誠信書房，2006年〕; John Austin, *Quand dire, c'est faire*, Paris, Seuil, « Points Essais », 1970, notamment p. 55 et p. 116.

(20) Gérard Genette, *Fiction et diction*, *op. cit.*, p. 105–110.

〔20〕ジョナサン・フランゼン『フリーダム』森慎一郎訳，早川書房，2012年。

(21) Dorrit Cohn, *Le Propre de la fiction*, *op. cit.*, p. 173.

〔21〕『ジャック・ロンドン放浪記』川本三郎訳，小学館，1995年。

(22) Georges Perec, *La Disparition*, Paris, Gallimard, « L'Imaginaire », 1969, p. 128〔ジョルジュ・ペレック『煙滅』塩塚秀一郎訳，水声社，2010年〕.

〔22〕アラン・コルバン『記録を残さなかった男の歴史』渡辺響子訳，藤原書店，1999年。

(23) Lionel Ruffel, « Un réalisme contemporain : les narrations documentaires », *Littérature*, n° 166, 2012, p. 13–25 ; Marie-Jeanne Zenetti, « Factographies. Pratiques et réception des formes de l'enregistrement littéraire à l'époque contemporaine », thèse de littérature comparée, université Paris VIII, 2011.

(24) Jean-Louis Jeannelle, *Écrire ses mémoires au XXe siècle. Déclin et renouveau*, Paris, Gallimard, 2008, p. 321–324.

(25) Gérard Genette, *Fiction et diction*, *op. cit.*, p. 91 et p. 105.

〔23〕ジョルジュ・ペレック『人生使用法』酒詰治男訳，水声社，2010年。

(26) 以下を見よ。Christophe Charle, « Situation du champ littéraire », *Littérature*, n° 44, décembre 1981, p. 8–20 ; Antoine Compagnon, *Le Démon de la théorie. Littérature et sens commun*, Paris, Seuil, « Points », 2001, p. 48 sq〔アントワーヌ・コンパニョン『文学をめぐる理論と常識』中地義和他訳，岩波書店，2007年〕.

(27) Arlette Farge, *Le Goût de l'archive*, Paris, Seuil, « La Librairie du XXe siècle », 1989.

第10章　歴史は拘束された文学なのか

(1) Alain Robbe-Grillet, *Pour un nouveau roman*, Paris, Minuit, 1963, p. 30〔アラン・ロブ゠グリエ『新しい小説のために』平岡篤頼訳，新潮社，1967年〕.

(2) Michel Leiris, *Roussel l'ingénu*, Paris, Fata Morgana, 1987, p. 39.

(3) Raymond Queneau, « Qu'est-ce que l'art ? » (1938), in *Le Voyage en Grèce*, Paris, Gallimard, 1973, p. 94.

(4) Georges Perec, *Entretiens et conférences*, vol. 1, Nantes, Joseph K., 2003, p. 208, ainsi que

p. 228 et p. 243-246.

(5) David Lodge, *The Art of Fiction : Illustrated From Classic and Modern Texts*, Londres, Penguin Books, 1992, p. 94〔デイヴィッド・ロッジ『小説の技巧』柴田元幸他訳，白水社，1997 年〕.

(6) Lucien de Samosate, *Comment écrire l'histoire*, *op. cit.*, §41 et 51.

(7) Henri Lancelot-Voisin de La Popelinière, *L'Idée de l'histoire accomplie...*, *op. cit.*, vol. 2, p. 107-108. 以下を見よ。Claude-Gilbert Dubois, *La Conception de l'histoire...*, *op. cit.*, p. 124 *sq*.

(8) Karl Popper, « Raison ou révolution ? », in Theodor Adorno, Karl Popper *et al.*, *De Vienne à Francfort. La querelle allemande des sciences sociales*, Bruxelles, Complexe, 1979 (1969), p. 237-247.

(9) Joseph Conrad, « En dehors de la littérature », in *Le Naufrage du Titanic et autres écrits sur la mer*, Paris, Arléa, 2009 (1924), p. 65.

(10) Primo Levi, « L'écrivain non-écrivain » (1976), in *L'Asymérie et la Vie*, Paris, Robert Laffont, 2004, p. 181-187.

(11) Primo Levi, « Une étoile tranquille », in *Lilith et autres nouvelles*, Paris, Liana Levi, Le Livre de poche, 1989, p. 87-88〔プリーモ・レーヴィ『リリス　アウシュヴィッツで見た幻想』竹山博英訳，晃洋書房，2016 年〕.

(12) Primo Levi, *La Trêve, op. cit.*, p. 120.

(13) Bernard Lamy, *La Rhétorique ou l'art de parler*, Paris, Poirion, 1741, p. 117.

(14) Charles Seignobos, « L'enseignement de l'histoire dans les universités allemandes », *Revue internationale de l'enseignement*, vol. 1, 1881, p. 563-601.

(15) Charles-Victor Langlois, Charles Seignobos, *Introduction aux études historiques*, *op. cit.*, p. 252.

(16) 以下を見よ。Michael Katz, *The Irony of Early School Reform : Educational Innovation in Mid-Nineteenth-Century Massachusetts*, Boston, Beacon Press, 1968.

(17) Marc Fumaroli, *L'Âge de l'éloquence...*, *op. cit.*, p. 689.

(18) Anthony Grafton, *Les Origines tragiques de l'érudition...*, *op. cit.*

(19) Andréas Pfersmann, *Séditions infrapaginales. Poétique historique de l'annotation littéraire* (*XVIIe-XXIe siècles*), Genève, Droz, 2011.

〔1〕エルンスト・カントーロヴィチ『皇帝フリードリヒ二世』小林公訳，中央公論新社，2011 年。

(20) 以下に引用。Peter Schöttler, « L'érudition... et après ? Les historiens allemands avant et après 1945 », *Genèses*, n° 5, 1991, p. 172-185.

(21) Victor Hugo, « Note sur ces notes », in *Cromwell*, in *Œuvres complètes. Drame*, vol. 2, Paris, Renduel, 1836, p. 410.

(22) 以下に引用。Andréas Pfersmann, *Séditions infrapaginales...*, *op. cit.*, p. 18-19.

(23) 以下を見よ。Alexandre Prstojevic, « Un certain goût de l'archive (sur l'obsession documentaire de Danilo Kiš) ». www.fabula.org. にて参照可能。

〔2〕パトリック・モディアノ『1941 年。パリの尋ね人』白井成雄訳，作品社，1998 年。

(24) 以下に引用。Maryline Heck et Raphaëlle Guidée (dir.), *Patrick Modiano*, Paris, L'Herne, 2012, p. 186.

(25) Michel de Certeau, *L'Écriture de l'histoire*, *op. cit.*, p. 130.

(26) Pierre Bayle, préface de la première édition (1696), *Dictionnaire historique et critique*, vol. 16, Paris, Desoer, 1820, p. 6.

(27) Edward Gibbon, *Histoire du déclin et de la chute de l'Empire romain*, Paris, Robert Laffont, « Bouquins », 1983 (1776), p. 504〔エドワード・ギボン『ローマ帝国衰亡史』(全 10 巻) 中野好夫訳, ちくま学芸文庫, 1995-1996 年〕.

(28) Marc Bloch, « Une nouvelle histoire universelle : H. G. Wells historien », in *L'Histoire, la Guerre, la Résistance*, Paris, Gallimard, « Quarto », 2006, p. 319-334.

(29) Siegfried Kracauer, *Théorie du film. La rédemption de la réalité matérielle*, Paris, Flammarion, 2010 (1960), p. 63-77.

(30) Laurence Sterne, *La Vie et les opinions de Tristram Shandy, gentleman*, Paris, Gallimard, « Folio classique », 2012, p. 101〔ロレンス・スターン『トリストラム・シャンディ』(上中下) 朱牟田夏雄訳, 岩波文庫, 1969 年〕.

(31) Jacques Rancière, « Histoire des mots, mots de l'histoire » (1994), in *Et tant pis pour les gens fatigués. Entretiens*, Paris, Amsterdam, 2009, p. 76.

(32) Oscar Lewis, *Les Enfants de Sánchez. Autobiographie d'une famille mexicaine*, Paris, Gallimard, 1963, p. 14.

(33) Abbé Batteux, *Principes de la littérature*, vol. 2, *op. cit.*, p. 329.

(34) Patrick Boucheron, « Apologie pour une histoire inquiète. Entretien », *nonfiction.fr*, 19 juin 2012.

(35) Amédée Hauvette, *Hérodote...*, *op. cit.*, p. 505.

(36) Rainer Maria Rilke, 以下に引用。Françoise Cachin *et al.*, *Cézanne. Paris, Galeries nationales du Grand Palais* [...], Paris, RMN, 1995, p. 172.

(37) パトリック・モディアノとの対談。*Madame Figaro*, 9-10 novembre 2012.

(38) Pierre Bayle, préface de la première édition (1696), art. cit., p. 2 ; « Dissertation » (1692), art. cit., p. 2979.

(39) Augustin Thierry, préface aux *Récits des temps mérovingiens*, *op. cit.*, p. 5.

(40) Émile Zola, « Notes générales sur la nature de l'œuvre », in *Les Rougon-Macquart...*, vol. 5, *op. cit.*, p. 1742.

第 11 章　研究としてのテクスト

(1) 私は以下においてそのことを始めた。« Écrire l'histoire de ses proches », *Le Genre humain*, septembre 2012, p. 35-59. そしてさらに以下において。*Nouvelles Perspectives sur la Shoah*, Paris, PUF, 2013 (avec Annette Wieviorka) ; *L'Enfant-Shoah*, Paris, PUF, 2014 (en collaboration).

(2) Karl Popper, *Misère de l'historicisme*, *op. cit.*, p. 190-191.

(3) Edward Gibbon, *Histoire du déclin et de la chute de l'Empire romain*, *op. cit.*, p. 1157.

(4) Charles Beard, « That Noble Dream », *American Historical Review*, vol. 41, nº 1, octobre 1935, p. 74-87.

(5) Richard Brown, *Clefs pour une poétique de la sociologie*, Arles, Actes Sud, 1989 (1977), p. 85.

(6) Michel Leiris, *L'Afrique fantôme*, in *Miroir de l'Afrique*, Paris, Gallimard, « Quarto », 1995,

p. 395〔ミシェル・レリス『幻のアフリカ』岡谷公二他訳，平凡社ライブラリー，2010年〕.

（7）Henri-Irénée Marrou, *De la connaissance historique*, *op. cit.*, p. 51.

（8）Karl Popper, « La logique des sciences sociales », art. cit.

（9）Pierre Bourdieu, « L'objectivation participante », *Actes de la recherche en sciences sociales*, n° 105, décembre 2003, p. 43–58.

〔1〕ピエール・ブルデュー『ホモ・アカデミクス』石崎晴己他訳，藤原書店，1997年。

〔2〕C・L・R・ジェームズ『境界を越えて』本橋哲也訳，月曜社，2015年。

〔3〕ジョルジュ・デュビー『ブーヴィーヌの戦い　中世フランスの事件と伝説』松村剛訳，平凡社，1992年。

（10）Georges Duby, *L'Histoire continue*, *op. cit.*, p. 81.

（11）無数にある例の中から2つ挙げる。Michelangelo von Dassow *et al.*, « Surprisingly Simple Mechanical Behavior of a Complex Embryonic Tissue », *PLOS ONE*, vol. 5, n° 12, décembre 2010 ; et Alwyn Young, « Inequality, the Urban-Rural Gap and Migration », *The Quarterly Journal of Economics*, vol. 128, n° 4, 2013.

〔4〕レヴィ＝ストロース『悲しき熱帯』川田順造訳，中央公論新社，2001年。

（12）クロード・レヴィ＝ストロースとの対談。*Apostrophes*, Antenne 2, 4 mai 1984.

（13）Bronislaw Malinowski, *Les Argonautes du Pacifique occidental*, Paris, Gallimard, « Tel », 1989 (1922), p. 58–60〔ブロニスワフ・マリノフスキ『西太平洋の遠洋航海者』増田義郎訳，講談社学術文庫，2010年〕.

（14）André Leroi-Gourhan, *Préhistoire de l'art occidental*, Paris, Citadelles et Mazenod, 1995 (1965), p. 204–206.

（15）以下を見よ。Patrick Boucheron, « On nomme littérature la fragilité de l'histoire », *Le Débat*, n° 165, mai-août 2011, p. 41–56.

（16）Yang Jisheng, *Stèles. La grande famine en Chine, 1958–1961*, Paris, Seuil, 2012, p. 14–16〔楊継縄『毛沢東大躍進秘録』伊藤正他訳，文藝春秋，2012年〕.

（17）以下に引用。Maurice Olender, « Le silence d'une génération », in *Race sans histoire*, Paris, Seuil, « Points Essais », p. 249–291.

（18）Volney, *Leçons d'histoire prononcées à l'École normale...*, *op. cit.*, p. 21.

〔5〕ホイジンガ『中世の秋』（I・II）堀越孝一訳，中公クラシックス，2001年。

（19）Bertolt Brecht, « Nouvelle technique d'art dramatique » (1935–1941), in *Écrits sur le théâtre*, Paris, L'Arche, 1963, p. 330–337〔ブレヒト「俳優術の新しい技法に関する短い記述」千田是也訳，『今日の世界は演劇によって再現できるか　ブレヒト演劇論集』白水社，1962年〕.

（20）Georges Perec, *Entretiens et conférences*, *op. cit.*, p. 106.

第12章　21世紀の文学について

（1）Vincent Debaene, *L'Adieu au voyage. L'ethnologie française entre science et littérature*, Paris, Gallimard, 2010.

（2）Christine Laurière, « "Détestables écoles d'ethnographie". Littérature interdite, poésie censurée », *L'Homme*, n° 200, octobre 2011, p. 19–41.

（3）Cicéron, *De l'orateur*, livre II, xlv, 188.

（4）Roland Barthes, « La mort de l'auteur », art. cit.

（5）バンドデシネについては以下を見よ。Art Spiegelman, *Maus. Un survivant raconte*, Paris, Flammarion, 1987〔アート・スピーゲルマン『マウス　アウシュヴィッツを生きのびた父親の物語』小野耕世訳，晶文社，1991 年〕; Alan Moore, Eddie Campbell, *From Hell. Une autopsie de Jack l'Éventreur*, Paris, Delcourt, 2011 (1991)〔アラン・ムーア，エディ・キャンベル『フロム・ヘル』（上下）柳下毅一郎訳，みすず書房，2009 年〕. 映画については以下を見よ。Natalie Zemon Davis, Jean-Claude Carrière, Daniel Vigne, *Le Retour de Martin Guerre*, Paris, Robert Laffont, 1982 ; Antoine de Baecque, *L'Histoire-caméra*, Paris, Gallimard, 2008.

（6）Michel Foucault, *Le Courage de la vérité. Le gouvernement de soi et des autres, II*, Paris, Gallimard, Seuil, « Hautes études », 2009, p. 19〔『ミシェル・フーコー講義集成 13　真理の勇気　コレージュ・ド・フランス講義 1983-1984 年度』慎改康之訳，筑摩書房，2012 年〕.

（7）Robert Castel, « À Buchenwald », *Esprit*, juillet 2007, p. 155-157.